시민학과
시민교육

시민교육 연구총서 7

시민학과 시민교육

이동수 편

인간사랑

차례

서문

'21세기는 NGO의 시대'라고 한다. 그동안 정부(혹은 국가)와 시장이 전체사회를 구성하는 두 개의 하위영역으로 간주되었는데, 이제는 시민사회가 또 하나의 하위영역으로 포함되며 이 영역에 속한 집단들 예컨대 NGO, NPO, CSO 등의 활동과 역할에 주목하게 되었다.

시민사회 영역은 근대화와 더불어 발전했다. 특히 시장과 구별되는 사회영역으로 시민들 간의 공동세계를 형성하고 아래로부터 시민들의 의사를 사회적으로 반영함으로써 민주주의 확대에 기여해 왔다. 물론 정부(혹은 국가)영역에서의 민주주의 제도 정착이 제일 중요한 과제였다. 하지만 대의민주주의의 한계를 보완하고 시민들의 자율적 공간의 필요성이 제기되면서, 시민사회의 역할은 점차 증대되어 왔던 것이다.

학문적으로도 사회과학의 발달과정에 있어서 시민과 시민사회를 주된 연구대상으로 하는 시민학(civics)이 최근 태동되고 있다. 사회과학의 역사를 되돌아보면, 고대엔 먼저 정치학이 성립되었고, 그 후 근대에 경제학과 사회학이 출현했으며, 최근에 이르러 시민학이 새로운 학문으로서의 가능성을 갖고 대두되고 있는 것이다. 고대의 사회생활은 지배층 중심으로 이루어졌고, 이들이 구성하는 정부(혹은 국가)가 주된 관심의 대상이었다. 그 후 근대로 넘어오면서 시장과 자본주의의 발달과 더불어 경제가 중요한 사회적 요소로 인식되었으며, 또한 지배층 외에 일반인의 사회생활도 중요한 관심대상이 되었다. 이에 따라 경제학과 사회학이 새롭게 부각되었다.

그런데 기존의 학문체계에서는 사회학과 정치학은 서로 분리되어 있다. 즉 정치학은 국가, 정부, 관료제, 정당, 선거, 국방, 외교관계 등을 주로 다루고, 사회학은 이와 겹치지 않게 가족, 인구, 사회집단 등을 연구대상으로 삼는다. 하지만 이런 분류는 근대적 방식이며, 현실에 대한 적절한 분석이나 미래 전망을 담고 있지 못하다.

이와 달리 시민학은 정치학과 사회학의 분리를 넘어서며, 기존 경제학에서 주변적인 요소들을 적극적으로 다루는 새로운 사회과학의 방식으로 나타난다. 예컨대 정치가 민주주의를 지향한다면, 정부나 정당, 관료제뿐만 아니라 일반시민들의 정치적 행위도 중요한 요소이며, 사회가 분리되지 않고 유기적으로 연관되어 있다면 전통적인 사회학의 경계를 넘어서야 한다. 또한 기존 경제학이 효율성과 합리성에 근거한 반면, 새로이 대두되는 경제생활 예컨대 소비자경제나 비영리적 경제활동에 대한 논의도 필요하다. 또한 사회는 기본적으로 인간으로 구성되며 인간의 생각과 행위, 문화 등이 빠진 제도나 사회구조는 무의미하기 때문에 인문학과 사회과학은 서로 융합되어야 하는 데, 그런 점에서 시민과 시민들로 구성된 시민사회를 포괄하는 시민학이 필요한 것이다.

이 책은 아직 정립되지는 않았지만 새로이 논의되고 있는 시민학이 과연 하나의 학문으로서 존재할 수 있는지 알아보기 위해 준비되었다. 여기서는 시민의 윤리 및 덕목과 시민들의 관심 영역, 활동 행위, 단체 구성, 활동 범위 그리고 시민에 대한 교육 등에 대해 살펴보고자 한다. 특히 이 책은 2011년부터 2014년까지 3년간 수행한 한국연구재단 토대기초 연구지원 사업인 〈한국 대학교육에서 '시민교육' 연구 및 자료 총서〉(NRF-2011-322-B00003) 프로젝트의 일환으로 출판하게 되었다. 각 장들은 이 프로젝트에 참여하는 분들이 각각의 전공에 맞추어 집필하였으며, 특히 매달 진행된 세미나와 워크숍 그리고 여러 차례의 중간발표회를 통해 전체적인 통일성을 기했다. 항상 모임에 참석하여 장시간에 걸친 열띤 토론과 진지한 고민을 함께 해준 연구자들에게 진심으로 사의를 표한다. 그리고 이 책의 출판을 지원해준 한국연구재단과 사명의식을 갖고 출판을 기꺼이 수락해준 도서출판 인간사랑 관계자들, 그리고 책 교정에 도움을 준 김은순 선생에게 깊은 감사의 말씀을 전한다.

2017년 5월

경희대 NGO국제연구소장 이동수

1장
문명, 국가 그리고 시민사회

이동수

1. 근대문명과 국가

근대문명은 중세의 신중심적인 세계로부터 벗어나 인간을 재발견하고 인간중심의 문명세계를 건설하고자 한 데 그 특징이 있다. 근대의 문명발달은 인간의 자유와 해방을 목적으로 세상의 중심인 인간의 편의와 풍요를 추구하고자 하였던 것이다. 이때 인간은 두 가지 의미로 해석되는데, 하나는 집합적 의미의 인류(mankind)로서 보편적 이성과 인류애적 감성을 지닌 존재로, 또 다른 하나는 개별적 의미의 개인(individual)으로서 자신의 개성과 권익, 자유를 추구하는 존재로 이해된다.

근대문명은 또한 인간의 특성에 주목하여 인간을 여러 용어로 규정하기도 한다. 예컨대 인간의 특성이 사유하는 데 있다고 보는 '호모 사피엔스(Homo Sapiens),' 인간을 노동하는 존재로 특징짓는 '호모 파베르(Homo Faber),' 그리고 20세기 이후 새로이 부각된 놀이하는 존재로 인간을 규정하는 '호모 루덴스(Homo Ludens)' 등이 그것이다. 이 특징들은 주로 인간이 다른 종(種)과 다르다는 점을 부각시키기 위해 고안된 내용들이다. 그런데 이 용어들의 공통점은 인간을 기본적으로 하나의 개체적 존재로 전제하고 있다는 점이다. 즉 근대적 사유의 한 특징인 개인으로서의 인간에 초점을 맞추어 인간의 특징을 파악하고 있는 것이다.

하지만 또 다른 측면인 보편적 존재로서의 인류애를 지닌 인간, 혹은 보다 고대적 의미인 사회적 혹은 관계적 존재로서의 인간에 주목한다면, 인간을 상호의존적인 존재로서의 '호모 레시프로쿠스'(Homo Reciprocus)로도 특징지을 수 있다. 인간이 생각하고, 노동하고, 놀이할 줄 아는 존재인 것은 분명하지만, 이러한 존재로 살기 위해 인간은 사회적 생활을 영위해야 한다. 그리고 그 사회적 생활은 단순히 군집적인 것이 아니라 서로의 삶 속에 긴밀히 연관되고 다른 종들보다 허약한 존재인 인간의 힘을 배가시키기 위해 서로 협력하고 의존해야 한다는 데 그 특징이 있다. 예컨대 자식은 부모에게 의존하며, 부모는 자식에게 의지하고, 우리는 모두 다른 사회구성원들에게 일정한 도움을 받고 빚을 진 상태에서만 자신의 생활을 영위할 수 있다는 것이다. 요컨대 인간은 홀로 살 수 없으며, 타인의 힘을 빌려야 하는 존재인 것이다.

고대로부터 인간은 이를 잘 인식해 왔다. 일찍이 아리스토텔레스가 “인간은 본래 정치적 즉 사회적 존재”라고 설파한 것도 이를 반영한다. 아리스토텔레스에 의하면, 인간은 누구나 행복(eudaimonia)을 최종 목표로 삼는다. 그런데 행복을 얻기 위해서는 부(wealth), 건강, 자식, 복지, 자아실현, 덕성 등과 같은 물질적·정신적 요소들이 필요하며, 이것들은 결코 혼자서는 모두 얻을 수 없고 오직 사회를 구성하고 각자의 역할을 분담하여 사회적으로 함께 추구해야만 달성가능하다.[1] 따라서 인간은 이 목표에 도달하기 위해 짐승들이 약육강식을 벌이는 자연상태가 아닌 문명사회, 즉 물질적인 풍요와 정신적인 성숙을 위해 서로 협동하는 사회를 이루고자 하였으며, 이를 반영한 것이 바로 도시의 건설인 것이다. 요컨대 도시(city)는 문명(civilization)사회를 건설하고자 하는 인류 열망의 반영물이다. 따라서 문명이란 단순히 지식의 발견이나 물질의 번영을 지칭하는 것뿐만 아니라 서로 협력할 줄 아는 태도의 발견을 의미한다. 문명의 시작은 도시의 건설과 함께 진행되었으며, 도시의 건설이란 기본적으로 사람들이 함께 어울려 사는 공존과 협력의 공간을 확보한다는 것을 함의한다. 요컨대 도시나 사회, 국가 등과 같은 인간의 조직은 한 개인만으로는 성취할 수 없는 목적을 함께 이루기 위해 만들어진 공간인 것이다.

그러나 이런 인간의 열망은 그리스·로마시대를 지나 중세를 거치

1 Aristotle, *Nicomachean Ethics*.

면서 현실세계에서 오히려 왜곡되었다. 공존과 협력의 공간인 도시는 쇠락하고 군주들은 자신의 권력을 극대화하기 위해 자신의 영토 확보에만 골몰했다. 또한 군주의 권력을 견제하고 정신문명의 중심이 되어야 할 교회는 오히려 군소 영주들을 후원하여 자신의 편으로 끌어들이며 정치권력까지 획득하여 사회에서 군주를 대신해 막강한 권한을 행사하게 되었다. 어떤 의미에서는 정치와 종교의 통일이 이루어진 것처럼 보이기도 하였으나, 다른 측면에서는 통일체인 교회는 비기독교인들과 전쟁까지 불사하면서 사회적 지배를 증가시켰고, 신분질서가 자리 잡은 중세사회에서 평민들은 더욱 더 파편화되고 소외되기에 이르렀다. 중세사회는 더 이상 협력과 공존의 문명적 사회의 성격을 갖기보다는 지배와 복종의 억압적 사회로 변해 갔던 것이다.

이런 상황에서 근대문명이 등장하게 된다. 따라서 근대문명은 고대문명과 달리 도시의 성격을 서로 협력하는 공간으로 강조하기보다 개인의 자유와 권리를 지배와 억압으로부터 보호해줄 수 있는 공간으로 이해한다. 즉 군주와 영주, 교회로부터 탈피하여 자신의 자유와 목적을 추구할 수 있는 자유롭고 민주적인 공간이 되기를 열망한다. 그런 점에서 근대문명은 고대와 같은 공동체주의적 사고보다 개인주의적 사유를 더 발달시켰다.

주지하다시피 근대문명은 16-17세기경부터 북부 이탈리아 지역의 도시들에서 먼저 시작되었는데, 특히 피렌체, 베네치아 등지에서 발아한 르네상스(renaissance) 운동은 중세를 떨쳐버리기 위해 다시금 고대 그리스의 인문정신을 되살리고자 했다. 즉 르네상스 운동은 자아인식 능력과 이성을 가진 인간을 재발견하고 신중심적인 세계관에서 벗어나 인간의 자유를 추구하고 인간이 중심이 되는 근대사회를 구축하려는 문예부흥 운동이었던 것이다. 그리하여 근대세계는 정치, 경제, 사회 그리고 문화적인 측면 등 모든 영역에서 인간이 주체로서 스스로 자신들의 사안을 결정할 수 있는 계기를 마련하게 되었다.

근대문명이 급속도로 발달하게 된 것은 중세 말부터 시작된 과학기술의 발전 덕분이다. 자연현상에 대한 관찰과 분석에 기초한 과학기술의 발전이 비약적으로 이루어졌던 것이다. 코페르니쿠스(Nicolaus Copernicus), 갈릴레이(Galileo Galilei), 케플러(Johannes Kepler), 뉴튼(Isaac Newton) 등과 같은 자연과학자들이 획기적인 발견과 발명을 이루어 과학기술문명을 선도했다. 과학의 발전은 중세를 풍미했던 천동설이나 탁상형 대지 등의 관점을 지동설과 지구 구체설 등으로 수정하는 데 기여했으며, 또한 지구가 둥글다는 믿음의 확산은 이전에는 불가능했던 신대륙 발견과 신항로 개척을 가능하게 했다. 이와 동시에 근대적 인간은 자연변화의 규칙 혹은 법칙을 탐구함으로써 자연의 힘을 더 이상 인간의 존재를 위협하는 공포의 대상으로서가 아니라, 우리 인간이 가공해서 이용할 수 있는 지배의 대상으로 인지하기 시작했다. 따라서 근대 과학기술의 지속적인 발전은 인간의 삶을 편리하게 하는 물질문명 또한 발전시켰고, 동시에 근대인의 자연에 대한 이용능력의 확대는 인간의 자연지배 능력을 급속히 신장시켜 나갔다.[2]

근대문명을 여는 데 기여한 또 다른 중요한 계기는 루터(Martin

---

2 장명학, 「근대시민의 형성」, 이동수 편, 『시민은 누구인가』(고양: 인간사랑, 2013), 80-81.

Luther)와 캘빈(Jean Calvin) 등에 의한 종교개혁(reformation) 운동이다. 특히 루터는 종교개혁운동의 와중에서도 성경을 구어체 독일어로 번역했는데, 이를 통해 누구나 어디에서든 신의 복음을 들을 수 있게 되었다. 로마 가톨릭에 저항한 루터의 이러한 노력은 나아가 신 앞에서는 모든 인간이 평등하다는 인간평등사상을 싹틔우는 데 결정적인 기여를 하였으며, 스위스의 캘빈에 의한 종교개혁운동과 영국의 종교개혁운동을 더욱 발전시키는 계기가 되었다. 캘빈의 종교개혁운동은 산업과 직업을 신성시하였으며, 영국의 종교개혁운동은 프로테스탄티즘(Protestantism)으로 발전하게 되었다. 이는 또한 나중에는 청교도주의(Puritanism)로 발전하였는데, 그 핵심은 무엇보다도 근대사회의 모든 인간이 평등한 도덕적 가치를 지니고 있으며, 동시에 인간의 직업 활동, 즉 노동활동을 신성시하는 데 있었다. 청교도주의는 영국 산업혁명의 밑거름이 되었는데, 그 이유는 신이 인정하는 노동의 신성함을 강조함으로써 근대인의 근면, 절약에 의한 부의 축적을 정당화시켜주는 종교적 이념으로 작용했기 때문이다.[3] 이러한 신념과 과학기술 발전이 접목되어 영국에서 시작된 산업혁명의 전개는 자본주의 시장경제체제의 본격적인 발전을 가능케 해주는 중요한 계기로 작용하였으며, 근대문명의 물질적 토대를 이루는 원동력이 되었다.

산업혁명으로 인해 근대도시는 경제적 발전을 거듭하였고, 이는 시민들에게 봉건적인 속박에서 벗어나는 계기를 마련해주었다. 봉건

3 장명학, 「근대시민의 형성」, 82.

제후들은 초기에는 경제적 이익을 위해 도시의 형성과 발전을 용인했으나, 인구증가와 부의 축적에 의해 역량이 강화된 각 도시들은 점점 이러한 봉건 제후의 속박에서 벗어나 독립적인 자치도시로 거듭나기 시작했다. 즉 도시의 확대 발전은 자연스럽게 도시민들의 자유, 또는 자치권에 대한 요구로 이어지게 되었다. 이러한 요구는 봉건제후나 왕권에 대한 무력저항을 통해서 혹은 돈으로 자치권을 매수하는 방법으로 나타났다. 이를 통해 자유를 획득한 도시의 시민들은 봉건영주나 국왕 등에 대한 봉건적인 의무에서 해방되기에 이르렀다.

이로써 대부분의 18세기 자유도시들은 시민들의 자유로운 권리가 보장되는 공간이 되었다. '도시의 공기는 자유를 준다'는 중세의 속담처럼 자유도시의 존재는 봉건농노제의 존립을 어렵게 만들었다. 왜냐하면 도시는 귀족에게 착취당하던 농노들의 피난처이자 보다 나은 경제적 기회를 제공했기 때문이다.[4] 이처럼 도시는 농노가 자유를 찾아 도망칠 수 있는 유일한 곳이었다. 이러한 도시들의 발달 초기에는 재력이 있는 대상인들과 같은 상층 시민이 도시자치에서 주도권을 행사했다. 그러나 점차적으로 다수의 도시민들이 이들 자치도시의 행정이나 정치적인 현안에 관여함으로써 공적인 정치활동에 본격적으로 참여하기 시작했다.

이는 정치적으로 커다란 변화를 야기했다. 봉건영주와 전통적인 전제군주의 권력에 대항하는 부르주아 시민의 정치적 영향력이 확대

---

4 프란시스 후쿠야마, 함규진 역, 『정치질서의 기원』(파주: 웅진지식하우스, 2012), 414.

되었고, 부르주아 시민의 권력이 혁명을 통해 마침내 전제군주를 몰아내고 민주주의의 기틀을 다지기 시작했다. 영국의 명예혁명(1689)과 미국의 독립혁명(1776) 그리고 프랑스의 시민대혁명(1789)은 이러한 맥락에서 구체제에 저항하는 신흥 시민세력의 정치적인 승리였다. 시민혁명의 성공은 정치공동체의 구성원들인 다수의 시민들이 함께 힘을 합쳐 스스로의 운명을 개척하고 변화시킬 수 있게 된 것을 의미한다. 즉 시민혁명은 더 이상 군주의 절대권력이 국가와 그 구성원인 백성들을 지배하는 것이 아니라, 이제는 시민들 자신의 의지에 따라 국가공동체가 운영되는, 즉 민주적인 정치를 실현 가능케 했다. 그리고 인류역사상 보기 드문 이러한 혁명의 성공은 모든 인간의 평등과 자유를 공고히 했다.

그런데 민주정치의 모습은 나라마다 조금씩 다르게 나타났다. 먼저 영국은 왕의 존재는 인정하되 의회에서 국정을 결정하는 의회민주주의를 성립시켰고, 프랑스는 대혁명 이후 다시 절대왕정으로 복귀하기도 했으나 여러 차례의 시민혁명을 거치면서 공화국체제를 성립시켰으며, 미국은 독립 이후 연방제 하에서 자유민주주의를 확대시켜 나갔다. 그리하여 근대의 도시에서 시작된 근대문명은 정치적으로는 민주주의 국가체제를 형성하면서 오늘날에 이르게 되었다.

그런데 근대 민주주의는 고대 그리스에서의 민주주의와 달리 대의민주주의 체제를 채택하게 되었다. 대의란 "한 개인이나 집단이 어느 정도 보다 큰 인민의 집합을 대표하거나 대리하는 것"[5]을 의미하며, 대의민주주의란 모든 시민이 직접 의사결정을 하는 것이 아니라, 시민 대표들이 모인 의회에서 의사결정을 하는 것이다. 이때 인민의 집단적 의사를 확인하는 기본적인 장치는 선거이다. 대의민주주의는 기본적으로 대표자 선거를 통해 인민의 집단적 의사를 확인하고 대표자들에게 집단적 의사의 실현을 위임하여 인민의 지배를 실현하고자 한다.

근대 민주주의가 개념적으로는 자유로운 개인들이 주체가 되는 '인민의 지배'임에도 불구하고 직접민주주의 대신 대의민주주의를 채택한 것은 여러 가지를 고려한 결과이다. 먼저 사회의 공간과 관계된 것으로서, 근대 도시가 점차 절대군주를 대신하여 근대국가로 확대되고 영토가 커짐에 따라 모든 사람이 함께 모여 직접 통치할 수 있는 여건이 조성되기 어렵다는 점이 고려되었다.[6] 사람들이 직접 얼굴을 맞대고 함께 모여 심사숙고할 수 있는 규모의 그룹에는 어떤 상한선이 있을 수밖에 없다. 일단 한 정치공동체의 구성원 수가 어떤 최대의 규모를 초과하면, 현재 고려하는 문제가 무엇이든지 간에 그에 대해 각 사람마다 의견을 표현하도록 허용하는 것은 불가능하다. 따라서 직접민주주의가 작동되기 위해서는 어느 정도 '인간적 규모(human scale)'[7]와 같은 크기의 작은 공간이 유지되어야 하며, 근대국가와 같이

---

5 Andrew Heywood, *Political Ideas and Concepts: An Introduction* (London: MacMillan, 1994), 176.

6 Robert Dahl, *After the Revolution* (New Haven: Yale University Press, 1970).

7 인간적 규모란 한 사람이 공동체 안의 다른 사람들을 모두 알 수 있고, 자신이 다른 모든 사람들에게 알려질 수 있으며, 각 구성원들이 공동체가 추구하는 방향에 자신이 영향을 미칠 수 있다고 느낄 수 있는 규모를 뜻한다. 현대 사회에서는 물론 일반적으로 그와 같은 규모의 최대 한계를 대략 500명 정도

큰 공간에서는 대표자들에게 위임하여 그들 간의 숙고가 불가피한 것이다.

둘째 근대인의 시간과 연관된 것으로서, 근대인은 고대의 귀족과 달리 시간과 노력이 상당히 요구되는 정치에 전념할 수 없기 때문에 통치를 정치전문가에게 위임해야 한다는 것이다.[8] 시민들은 대부분의 시간을 노동과 생산과 같은 경제활동에 집중해야 하기 때문에 통치를 직접 담당하는 것은 현실적으로 불가능하다. 고대 직접민주주의의 시민들은 노동과 생산을 노예와 여성에게 맡기고 정치에만 전념할 수 있었지만 근대 부르주아 시민이나 일반시민들은 사적인 가족문제나 기타 생활문제 등을 비롯하여 각양각색의 상이한 일에 관여하고 또 자신의 관심도 분산되기 때문에, 공동체의 의사결정을 위한 일반적인 회합에 시간상 계속 참여할 수 없다.

그리하여 근대사회는 선거를 통해 인민의 의사를 위임받은 대표자를 선출하고 대의정부를 구성하게 된다. 이때 대의민주주의의 주된 관심은 보다 많은 사람을 선거라는 국한된 정치행위에 참여시켜 대의의 정당성을 높이는 한편, 선출된 대의정부에 대해 인민이 감시하고 평결할 수 있는 견제장치를 발전시키는 데 있다. 근대인은 이것을 '보통선거권의 확립'과 '권력의 분립'을 통해 달성하고자 했다.

요컨대 근대문명은 중세에 대한 반작용으로서 인간의 재발견 특

로 간주한다. 의회와 같이 회합과 회의를 통해 결정을 해야 하는 경우에도 보통 500명 안팎의 구성원을 갖는다.

8 Robert Dahl, *After the Revolution*.

히 개인의 발견을 통해 신중심사회에서 인간중심사회로 이행하면서 이성 및 과학기술의 발달과 노동을 통한 산업의 발달, 지리상의 확대 등을 통해 새로운 거대한 세계가 형성되었으며, 이 근대세계는 개인들의 자유와 인권을 보장하고 시민들이 정치적 주체가 되어 그 대표들에게 대의하게 하는 대의민주주의 국가체제를 성립시키게 되었다.

2. 근대국가의 한계[9]

개인의 자유와 목표추구를 보장하기 위해 성립된 근대국가는 이런 정치적 목적을 달성하기 위해 민주주의체제를 채택했다. 그러나 고대 그리스에서와는 달리, 보다 거대해지고 보편화된 근대국가는 실제로는 대의민주주의 체제로 운영되었다. 수많은 국민들로 구성된 사회공간의 효율적인 운영을 위하여, 그들의 대표자이자 대리인을 통해 간접적으로 통치하려는 대의제를 수립한 것이다.

하지만 대의제는 현대사회로 넘어오면서 특히 20세기 후반에 접어들면서 심각한 도전에 직면하게 된다. 그 주된 이유는 소위 '국가의 실패(state failure)'라는 말로 함축되듯이 한 국가의 운영능력에 대한 문제점에서 비롯되었다. 근대국가가 더 이상 구성원들의 의사를 제대로

9 이 절은 이동수, 「대의제 민주주의의 위기: 마넹의 논의를 중심으로」, 『시민사회와 NGO』 제3권 1호 (2006)의 내용 중 2-3절을 재구성하여 작성했다.

반영하지 못함으로써 한계에 도달했다는 것이다. 이에 대해 혹자는 대의제 자체가 안고 있는 내재적인 문제점에 주목하며, 다른 혹자는 외재적 요소로서 대의제가 성립될 때와는 다른 종류의 사회적 환경의 등장을 지적한다. 또 다른 혹자는 대의제가 변질된 것을 문제로 삼는다. 그러면 대의제 위기에 대해 차례로 살펴보도록 하자.

먼저 대의제 자체가 안고 있는 첫 번째 내재적 문제점으로는 아주 근본적인 질문으로서 대의민주주의가 과연 시민의 집합적 의사 즉 공동의사(common will)를 대변할 수 있는지 의심스럽다는 것이다. 대의민주주의는 시민들의 직접적인 참여를 통해 이루어지는 직접민주주의가 아니라 간접민주주의이며, 시민들 간의 면대면(face-to-face) 토의를 통해 집단적 의사가 확인되는 것이 아니라 투표를 통해 시민들의 의사가 집합되는 선호집합적(aggregative) 민주주의이다. 따라서 이런 경우엔 사회적 선택에 의해 시민의 의사가 표출되고 결집되기 어렵다. 즉 시민의 공동의사가 선거의 결과로 나타나는 것이 아니라, 시민의 의사들 중 가장 많은 득표를 한 어느 특정한 의사(particular will)만 대변되는 것이다.

이와 연관되어 둘째, 대의민주주의는 '공동선(common good)'에 대한 추구가 어렵다. 선호집합적 방식에 따르는 정치과정에서는 모든 시민이 합의할 수 있는 공동의사와 공동선을 발견하는 것을 목표로 하는 것이 아니라, 갈등하는 이익들이 자신의 선호가 사회적 선호(집단의사)로 채택되기 위해 경쟁한다. 여기서는 공동선을 추구하기 위한 시민들의 적극적인 공적 토의과정이 배제된다. 그러나 고대 그리스의 민주주의는 광장에서의 토론을 통해 공동선을 발견하고 이를 실현하려는 '광장(forum) 민주주의'였다. 이에 비해 선호집합적 민주주의는 분산적 경쟁을 통해 서로 갈등하는 사적인 이기적 이익 간의 균형을 추구하는 '시장(market) 민주주의'에 불과하다.[10]

셋째, 대의민주주의가 대의를 제대로 하고 있는지에 대해서도 의문이 제기된다. 대의민주주의의 기본 원리는 선거라는 장치를 통해 주권자인 시민을 대리하는 대표자에게 권력을 위임하고, 또한 권력을 위임받은 대표들로 하여금 위임자인 시민들의 복리를 극대화하도록 책임지게 하는 것이다. 하지만 대의민주주의는 모든 시민을 대의하는 대신, 강력한 특수집단의 이익을 대변하거나 민주적으로 선출된 대표가 시민의 완벽한 대리인으로 행동하지 않고 자신이 사익을 추구할 가능성이 상존한다. 또한 대의제는 일반적으로 다수결주의에 의거하여 집단의 의사를 결정하는데, 이때 다수파는 소수파의 의사를 무시하면서도 그들의 순응을 강제한다.[11]

넷째, 대의민주주의는 위임자인 시민과 대리인인 대표 사이의 거리가 점점 멀어짐에 따라 사실상 귀족적 민주주의의 경향을 띤다. 일찍이 슘페터(Joseph Schumpeter)가 지적했듯이, 대의민주주의는 엘리트

---

10 Jon Elster, "The Market and Forum: Three Varieties of Political Theory," eds. Jon Elster and A. Hylland. *Foundations of Social Choice Theory* (Cambridge: Cambridge University Press, 1986).

11 임혁백. 「21세기 한국 대의제 민주주의의 대안: 심의민주주의, 결사체민주주의, 전자민주주의」. 한국정치학회 2000년 하계학술대회 발표논문 (2000), 7-8.

민주주의의 개념을 내포하고 있다는 것이다.[12] 대의제는 대표인 정치인과 시민 간의 분업을 전제로 한다. 이때 시민들은 정치적으로 정보가 부족하며, 냉담하고, 조작당하기 쉬운 존재로 여겨지고, 따라서 통치는 투표로 선출된 지배엘리트에 맡겨져야 한다고 생각한다. 인민주권은 단지 다음 선거에서 대표를 자리에서 축출할 수 있는 권력으로 한정된다. 그런데 이런 정치적 분업은 시민들의 정치적 소외감과 냉소주의를 초래하고, 소위 정치전문가들은 주권자인 시민을 대표하는 대신 이를 대체하면서 기술관료적 민주주의를 강화시킨다. 시민의 정치적 참여는 지속적이고 중요한 의미를 갖기보다는 단지 선거 때에만 간헐적으로 일어나는 단속적인(intermittent) 성격만 가질 뿐이다.[13] 그런데 이와 같이 제한적으로 관여하는 것은 시민을 민주주의의 주체로 만드는 교육적 효과를 반감시키고, 그 결과 민주주의는 점차 귀족적 민주주의로 변질되는 것이다.

다른 한편 대의민주주의의 위기를 초래한 외재적 요인으로는 먼저 1970년대 '국가의 실패'를 경험하면서 정부의 능력이 의심받기 시작한 것과 궤를 같이 한다. 이것은 통치에 있어서 정부의 독점적 지위를 크게 의심하게 만들었다. 대의정부가 사회적 영향력으로부터 자신을 격리시키고 공동선을 제고할 수 있는 정책을 독립적으로 결정하고 수행할 수 없게 되었으며, 그 대신 정부는 이기적 이익을 추구하는 관

---

12 Joseph Schumpeter, *Capitalism, Socialism and Democracy* (New York: Harper & Row, 1975).

13 백승현, 『정치와 정치사상』(서울: 경희대학교 출판국, 2005), 257.

료들의 집단이거나 혹은 이익집단들의 영향력 행사에 무방비로 노출되는 무능력한 제도로 간주되었다.[14] 그리하여 정부가 시민의 의사를 대변하는 합리적인 행위자로서의 능력이 의심받게 된 것이다.

한편 세계화는 대의제가 제대로 작동하기 위한 필수적인 전제조건인 사회의 경계(boundary)를 급속하게 해체시킨다. 대의제가 제대로 작동하기 위해서는 누가 선거투표권을 행사하며 자발적이고 명시적인 동의를 해주는 국민인지, 누구의 의사를 존중·반영하며 사회규칙(정책)을 결정할지, 어느 경계까지 공간적으로 법이나 정책의 효력이 미칠 수 있는지, 그리고 정부행위자가 정책결과에 대해 책임을 져야 하는 대상은 누구인지 등에 대한 판단을 명백하게 내릴 수 있어야만 한다.[15] 즉 국가의 경계가 분명한 주권국가 시대에만 주권재민 원리에 입각한 대의모델이 적실성을 가질 수 있다. 왜냐하면 사회구성원의 범위도 분명하고 사회규칙의 적용범위도 명확하기 때문이다. 하지만 세계화의 확산에 따라 국가 간의 경계가 낮아지고 애매해진 오늘날엔 이 원리의 적실성이 계속 유지되기가 어려워졌다는 것이다.

대의제의 작동을 어렵게 만드는 또 다른 사회적 환경 변화로는 탈산업화가 있다. 요즘 거의 대부분의 국가사회는 안정된 전통적 산업

---

14 서창록·이연호·곽진영, 「거버넌스의 개념: 거버넌스의 개념과 쟁점에 관한 소고」, 김석준 외, 『거버넌스의 정치학』(서울: 법문사, 2002), 3.

15 임성호, 「의회와 거버넌스」, 김석준 외, 『거버넌스의 정치학』(서울: 법문사, 2002), 100.

구조가 아닌 유동성이 극심한 탈산업단계에 접어들었다.[16] 이런 환경에서 대부분의 일반대중은 급변하는 사회상황에 잘 적응하지 못하고 미래의 불확실성 때문에 막연한 심리적 불안감, 불만감에 시달리는 경향을 보인다. 이런 경향이 심화될수록 사람들은 각자의 외부 환경 조건에 의해 규정된 좁은 자기이익만을 고집하고 타인과의 흥정과 타협에 응하려 들지 않는다. 또한 탈산업화가 진행될수록 인간들이 사회성원으로보다는 원자화된 개인들로 존재하는 경향이 커진다. 산업사회에서는 대부분의 사람들이 회사, 노조, 이익단체 등의 대조직에 속하기 때문에 집단의식이 제법 형성된다. 반면 직업구조가 작은 규모의 단위들로 파편처럼 쪼개지고 사회이익이 너무나 복잡하게 나누어지는 탈산업사회에서는 인간들의 원자화가 촉진된다. 원자화된 개인은 자연히 강한 사회적 소외감을 느끼고 공동의 사회문제에 깊은 관심을 기울이지 않게 된다. 그런 만큼 집단 차원의 민의를 파악하기 어려워지고 대표(의원)들이 사회이익을 집성하고 타협점을 찾아내기가 힘들어진다. 그 결과 대의민주주의의 원활한 작동이 방해될 수밖에 없다는 것이다.

한편 마넹(Bernard Manin)은 대의제에 담겨있는 기본 원칙과 정신이 현대사회에서 변질되었다고 비판한다. 마넹은 그 주된 이유를 대표를 선출하는 방식이 전적으로 선거에 의존한다는 사실과 연관시킨다. 본시 선거는 추첨이 내포하고 있는 '가능성의 평등(equality of possi-

---

16 Daniel Bell, *The Coming of Post-Industrial Society* (New York: Basic Books, 1973).

bility)'이나 '유사성의 원칙(principle of resemblance)'과는 다른 '탁월성의 원칙(principle of excellence)'을 실현하기 위한 제도로서 탁월한 대표자를 선출하는 것을 목적으로 한다. 그런데 근대 초기와 달리 후기로 접어들면서 선거에서의 승리를 목적으로 하는 정치전문집단인 정당이 등장한다. 그러나 원래 근대 대의정부는 조직된 정당이 없는 상태에서 확립되었다. 대부분의 대의정부 설립자들은 정당이나 파당으로 분할되는 것을 장차 건설하려는 정치체제에 대한 위협으로 간주하기도 했다. 하지만 19세기 후반 이후 유권자들의 의견표출을 조직화하는 정당이 대의제의 구성요소로 등장하고, 각 정당들은 대중의 인기를 끌고 선거에서 승리하기 위해 실현가능성이 없는 정강과 공약을 남발하면서, 점차 선거는 탁월한 대표자를 선출하는 방식으로서의 의미를 상실하게 되었다.

이와 같은 대중정당과 정강의 등장은 "대표와 대표되는 사람의 질적 관계, 그리고 피통치자의 바램과 통치자의 결정 사이의 관계에 있어서 대의제 그 자체를 변형"[17]시켰다. 우선 대표자는 헌법제정자들이 원했던 재능과 부를 가진 엘리트가 아니라, 전투적 행동과 어떤 주장 또는 운동에 대한 헌신으로 정당의 최고 지위에 도달한 보통 시민들로 구성되었다. 더욱이 대표는 시민의 선거로 선출되었다 할지라도 정당의 내부 규율과 정당 운영자의 통제를 받기 때문에, 이전의 대표가 임기 동안 누렸던 자율성은 침해된다. 이와 같이 변형된 대의제

---

17 버나드 마넹, 곽준혁 역, 『선거는 민주적인가: 현대 대의민주주의의 원칙에 대한 비판적 고찰』(서울: 후마니타스, 2004), 240.

는 새로운 성격의 대의제, 즉 '정당민주주의'를 성립시켰다.

정당민주주의의 장점은 대표자를 서민과 더 유사하게 만들었다는 데 있다. 이러한 변화는 통치자와 피통치자 사이의 보다 많은 민주적 동일성과 유사성을 향한 진보로 해석되었다. 정당민주주의는 공적 업무의 수행에서 대중 의지의 역할을 강화하는 것으로 인식되고, 민중통치를 향해 나아가는 것으로 보였다. 하지만 마넹은 대중정당이 진정 대중을 대변하고 있는지에 대해 의문을 제기한다. 미헬스(Robert Michels)가 지적한 것처럼, 전형적인 대중적, 계급적 정당에서 지도자와 평당원 사이의 차이는 심각하다. 정당의 지도자와 대의원들이 노동계급이라는 배경을 가질 수는 있지만, 실제에 있어서 그들은 노동자라기보다는 프티부르주아와 같은 생활을 유지한다. 정당은 노동계급 중에서 가장 똑똑한 사람들에게 그 사회계급 내에서 상승할 수 있는 기회를 제공하며, 가장 유능하고 가장 박식한 노동자를 등용한다. 자본주의 초기에는 이러한 더 똑똑하고, 더 야망 있는 노동자들이 소기업가가 되었던 반면, 지금은 정당의 관료가 된다. 노동계급 정당은 노동계급으로부터 뚜렷이 구별되는 '탈노동자화'된 엘리트들이 지배할 뿐이다.[18]

결국 대중정당이 대의정부를 지배하게 되었음에도 불구하고, 대의정부의 엘리트주의적 성격은 사라지지 않으며 오히려 새로운 유형의 엘리트가 등장한다. 그리고 이 정당엘리트인 대표자의 두드러진

---

18 Robert Michels, *Political Parties: A Sociological Study of the Oligarchical Tendencies of Modern Democracy* (New York: Free Press, 1962).

특성은 행동주의와 조직기술에 있다. 투표자는 이제 더 이상 대표자의 자질을 판단하고 투표하는 것이 아니라 어느 정당인가를 보고, 또 그 정당의 조직과 행동에 익숙한 정당대변자를 자신의 대표자로 선출하는 것이다. 투표란 유권자가 정당이 내세운 자신의 후보에 대해 동의하고 인준해주는 것에 불과하다. 그리하여 정당민주주의는 활동가와 정당관료의 통치로 전락한다.[19]

그리하여 현대 '정당민주주의'의 발전은 대표자와 피대표자와의 '유사성의 원칙'을 강화시키는 긍정적인 측면이 있음에도 불구하고, 정당을 장악하는 전문 정치꾼들에게 대의정부를 내줌으로써 대의제를 채택한 근본적 이유인 능력 있는 자들이 공공선을 지향하면서 통치할 수 있는 가능성을 점차 차단하고 만다.

3. 탈근대 시민사회의 대두[20]

대의정부의 한계는 근대국가의 위기를 가져온다. 구성원의 의사를 제대로 반영하지도 못하면서 국가권력을 남용하고, 구성원들의 자

19 버나드 마넹, 『선거는 민주적인가: 현대 대의민주주의의 원칙에 대한 비판적 고찰』, 255.

20 이 절은 이동수, 「시민사회와 시민」, 이동수 편, 『시민은 누구인가』(고양: 인간사랑, 2013)의 내용 중 일부를 재구성하여 작성했다.

유를 신장시키기보다는 사회질서 유지라는 명목 하에 억압함으로써, 국민은 주인이 아니라 또 다른 형태의 예속상태 속에 놓이게 된다. 국가의 주인은 더 이상 국민이 아니며, 그 국민을 위해 만들어진 기제인 법, 제도, 규칙, 공권력, 관료제가 그 자리를 차지한다. 경제적으로, 근대는 상업의 발달과 자본주의의 발전을 통해 시장경제체제가 형성된다. 이 시장경제는 자유로운 생산과 교환, 소비를 통해 부의 순환과 축적을 만들어낸다. 그런데 자유 시장경제는 국가와 갈등을 일으키며, 소위 국가-시장의 대립 관계 속에서 시장이 승리를 한 경우 자유주의의 확대를 가져온다. 하지만 시장경제는 자본에 의한 노동의 착취, 생산과 유통의 독과점, 빈부격차의 극심화 등의 부작용을 나아, 기득권층을 제외한 국민들은 또 다른 의미의 경제적 예속상태에 이른다.

탈근대 사회에 접어들면서 이런 근대국가와 시장경제의 문제점이 정점에 달했을 때 소위 말하는 '국가의 실패,' '시장의 실패'가 나타난다. 국가나 시장이 모든 국민들의 자유와 평등을 지켜주지 못하고 차별과 예속을 심화시킴으로써 그 본래 기능을 왜곡시키고 있다는 것이다. 이에 새로운 대안으로서 시민사회가 대두되기 시작한다. 그러나 시민사회가 국가와 시장을 대체하는 것은 아니며, 사회의 한 영역으로서 국가 및 시장과 어깨를 나란히 하는 것이다. 그리하여 탈근대 사회에서의 사회구조는 국가-시장-시민사회라는 세 축으로 구성된다.

이때 시민사회는 국가권력을 견제하고 시장을 감시하는 역할을 통해, 국가중심주의적, 시장중심주의적 문제 해결 방식에 대처하는 역할을 한다. 뿐만 아니라, 시민사회는 이미 틀 지워진 기성 국가의 명령을 넘어 시민적 삶 자체를 자발적으로 복원하기 위한 새로운 행위를 시도한다. 그동안 국가와 사회가 보다 많은 부(富), 보다 효율적인 행정체계, 보다 많은 소비를 지향하며 자국 또는 자국민의 생존과 번영을 지향해왔다면, 오늘날 시민사회의 움직임은 비물질적 재화와 시민의 자발적인 가치형성, 이를테면 인권, 환경, 자원봉사 등을 통해 시민 자신의 주인의식을 형성하고 그들 사이의 공동세계를 가꾸어 나가려는 양상을 띠고 있다. 즉 근대적 의미의 거대한 정치조직과 결별하고 자발적으로 타인들과 연대해 보다 적극적으로 삶을 탐색하려는 시민들의 행위가 시민운동을 통해 부상하게 된 것이다. 이는 이미 고대의 도시건설에 내포된 의미이기도 하며, 그런 점에서 고대적 의미의 공동체 재건의 함의를 띄고 있는 것이다.

이에 반해 국가와 시장을 중시했던 근대세계에서는 사회의 역할을 "서로 상충하는 이해관계를 합리적이고 권위적으로 조정"[21]하는 것으로 간주하고, 사회에서 발생하는 갈등 간의 충돌을 그대로 승인한 채 관리에만 집중했다. 즉 인간은 이기적 존재이며 그 이기심의 발로란 인간의 본능이어서 제거할 수 없으며 또 경제발전에 도움이 되기 때문에 모두 제거할 필요도 없다고 보고, 승인된 이기심에 기초하

21 이런 입장의 대표적 예로는, David Easton, *The Political System: An Inquiry into the State of Political Science* (New York: Alfred Knopf, 1953); Harold D. Lasswell, *Politics: Who Gets What, When, How?* (New York: The World Publishing Co., 1958) 등이 있다.

여 권력과 이익을 어떻게 분립시키고 어떻게 분배할 것인가에만 주목한다. 사회의 역할이란 인간과 인간 사이에 자연적으로 발생하는 갈등을 조정하는 데 있다는 것이다.

이때 국가는 '강제적 조정'의 역할을 맡는다. 국가는 시민들로부터 위임받아 통치할 수 있는 권한과 권력을 갖고 이를 통해 사회적 갈등을 강제적이고 권위적으로 조정하려 한다. 즉 사회의 안녕과 질서를 유지하기 위해 어느 정도의 강제성 사용을 허락하면서, 법이나 제도, 공권력 등을 통해 서로 다른 이해관계와 의견을 가진 사람들에게 국가의 결정을 수용하게 만든다. 반면 시장은 또 다른 조정의 기제로 작동한다. 강제성을 내세우는 국가와 달리 시장은 합리적 경쟁을 통한 '자발적 조정'을 목표로 한다. 즉 시장에서는 합리적인 개인들이 자신의 이익을 극대화하는 한편, 자기이익추구가 극대화되어 궁극적으로 사회의 파괴를 초래할 정도의 충돌이 일어나기 전에 가장 효율적인 지점에서 갈등과 경쟁을 자율적으로 멈출 것이라고 상정한다. 그리하여 각자가 자기이익의 최적점에서 자연스럽게 타협할 것이라고 예상한다. 국가가 사용하는 법, 제도에 내포된 합리성은 목표를 달성하기 위한 '도구적 합리성(instrumental reason)'인 반면 시장에서 통용되는 합리성의 기준은 '효율성(utility)'이다.

그러나 이기적 인간은 본능적으로 그 조정이 자신에게 유리하게 이루어지도록 하기 위해 여러 압력수단을 동원하고 폭력을 사용하면서까지 권력투쟁을 더욱 강화하기에 이른다. 즉 이익의 조정은 권력의 투쟁을 종식시키는 것이 아니라 오히려 그것을 증가시킬 뿐이다. 바로 이 점이 근대사회를 자가당착에 빠지게 한 원인이다. 근대의 수많은 이론들이 이익간의 조정과 협상, 타협을 주장하지만, 그리고 이러한 조정을 위한 기제로서 국가 또는 정부의 기능을 강조하지만, 결국 갈등충돌이 멈추지 않는 것은 "합리적인 너무나 합리적인" 인간들이 자기에게 유리하게 조정하기 위해 마지막 순간까지 권력투쟁을 극대화해야 한다고 생각하기 때문이다. 예컨대 국회의원들이 선거구를 조정할 때 얼마나 극열하게 싸우는지를 보라. 또 한국전쟁 당시 가장 치열했던 전투는 바로 휴전을 앞둔 시점에 발생했었다는 사실을 상기해 보라.

또한 시장의 문제점은 그것이 설사 최종적 파국은 막을 수 있을지언정, 이익들 간의 자유경쟁이 허용되는 한 그 경쟁과정에서 승리한 자와 패배한 자, 즉 우열이 확연히 가려진다는 데 있다. 국가의 강제적 조정이 인간의 자유를 제한하는 문제를 발생시키는 반면, 시장은 자유를 극대화시켜주지만 거기서 승리자와 패배자, 우열자, 강자와 약자, 중심과 주변을 만들어냄으로써 결국 개인들 간의 협력과 조화를 이끌어내는 데 실패한다. 요컨대 근대사회의 목표인 이익조정은 국가라는 강제적 조정 기제와 시장이라는 자율적 조정기제의 양날을 사용하여 이루어져 왔으나 결국 자유 및 평등의 침해, 그리고 유리한 조정을 위한 권력투쟁의 극대화라는 부정적 결과를 빚고 말았다. 이것이 바로 오늘날 현대사회가 그토록 여러 측면에서 괄목할만한 성장을 이루어왔음에도 불구하고, 현실을 더욱 더 '만인의 만인에 대한 투쟁'이 만연된 각축장으로 만들어 온 이유이다. 즉 사회의 목표를 승인된 이기심을 국가를 통해 강제적으로 혹은 시장을 통해 자율적으로 조정하려 할 때, 결국 국가의 강제적 조정은 인간의 자유를 억압

하고 시장의 자율적 조정은 불평등을 심화시켜 투쟁을 확대재생산할 뿐이다.[22]

이런 상황 속에서 현대 시민사회론이 등장한다. 국가와 시장이 담당했던 조정의 실패에 대한 감시와 비판의 기제, 그리고 이러한 조정의 기제가 아닌 시민들이 서로 자치하고 공동세계를 구축할 수 있는 협력의 공간으로서의 시민사회의 중요성이 대두된 것이다. 이점 때문에 시민사회가 국가나 시장과 다른 제3의 영역으로 간주되는 것이며, 또한 그 두 영역을 지배하는 지도 원리와는 다른 원리가 요청되는 것이다.

원래 고대에도 시민이란 용어는 있었지만 시민사회란 개념이 등장하기 시작한 것은 근대에서이다. 고대의 시민은 신분적 의미가 강한 것으로서 고대 그리스와 로마에서 시민은 노예와 반대되는 개념인 자유민을 의미했으며, 그 신분도 세습되었다. 반면 근대적 의미의 시민 개념은 한 국가나 공동체 내의 구성원을 의미하는 용어로, 경계선 밖에 존재하는 외국인과 반대되는 개념으로 쓰였다. 특히 근대 초기 시민은 부르주아적 시민을 의미했으며, 시민사회관도 자유주의와 자본주의적 전통에서 이해했다.

먼저 이 전통은 국가와 시민사회를 분리시키고 시민사회를 친시장적인 것으로 이해한다. 즉 시민사회는 자본주의가 발달함에 따라 생산, 이익, 소유가 증가하게 되는데, 이에 따라 부르주아들이 국가로

---

22 이동수, 「정치와 정쟁: 근대적 정치관을 넘어서」, 『철학과 현실』 제61호 (2004).

부터 자신의 이익과 경제소유권을 확보하기 위해 태동시켰다는 것이다. 이렇게 형성된 부르주아 시민사회는 부르주아 시민들의 권리와 이익을 제도화시키고, 집회, 결사, 종교의 자유를 강조하면서 국가로부터의 간섭을 배제한 채 시민사회의 독립성을 추구했다. 이것이 근대 자유민주주의의 발달을 가져왔으며, 오늘날 이를 일반시민들에게 확대시켜 현대적 시민사회 형성에 크게 이바지했다는 것이다. 여기서는 시민사회의 자율성을 특히 강조한다.

그러나 이런 시민사회관은 시민사회와 시장의 경계를 불분명하게 만들기 때문에 시민사회의 자율성 추구가 경제적 불균형 초래를 내포하게 됨으로써, 종국적으로는 시민사회가 경제체계에 종속되는 방향으로 흐를 위험이 있다. 특히 빈부의 격차 발생과 프롤레타리아 계급에 대한 착취는 복지국가의 필요성을 증대시켰는데, 복지국가의 등장으로 인해 국가통제가 강화되고 국가의 시장개입이 빈번해짐에 따라 시민사회가 약화되고 경제가 침체되는 악순환을 겪게 된다. 그런 점에서 자유주의적 관점의 시민사회론은 결국 시민사회 자체를 유지하지 못하는 결과를 초래하기도 한다.

반면 수정마르크스주의적 전통에서는 부르주아적 시민사회관을 비판한다. 기존의 시민사회는 부르주아 계급이 헤게모니를 통해 프롤레타리아 계급을 교묘하게 지배하는 장소라는 것이다. 이때 헤게모니란 지배계급이 지적·도덕적 지도력의 행사를 통해 창출하는 피지배집단들의 자발적 동의를 말하는데, 따라서 시민사회란 헤게모니를 둘러싸고 계급지배 및 투쟁이 이루어지는 정치적 영역이자, 시민들의 문화적이고 사적인 활동공간을 의미한다. 요컨대 시민사회를 상부구조의 한 영역으로 이해하고, 마르크스의 토대-상부구조의 단순한 이분법을 수정하여 토대-시민사회-국가의 삼분법으로 수정하고 있는 것이다.

여기서 상부구조의 일부인 시민사회는 어느 정도 상대적 자율성을 갖고 있기는 하지만 경제적이고 계급적인 면을 반영한다. 따라서 시민사회는 지배계급의 헤게모니가 이루어지는 영역인 동시에 노동자 계급의 대항 헤게모니가 조직될 수 있는 장소이기도 하다. 달리 말하면, 시민사회는 생산현장에서의 노동자 계급 투쟁이 전체사회의 다양한 계급관련 투쟁 및 사회운동들과 역동적으로 접합되는 지점이자, 지배계급에 대항하는 진지전이 전개되는 거점이라는 것이다.

이러한 진지전적 사회변혁에 있어서는 지식인의 역할이 중요해진다. 프롤레타리아는 공산혁명의 주체적 계급이기는 하지만, 도덕성과 역사이성을 지닌 지식인들의 헤게모니 투쟁이 선행되어야 한다. 부르주아 국가를 무너뜨리는 혁명에는 군인정신이 필요하지만, 정교하고 복잡하게 짜인 사회문화적인 헤게모니 구조의 전복에는 지식인의 예리한 분석과 전략이 요구된다. 따라서 시민사회의 활동은 지식인 중심으로 정부와 국가에 대한 끊임없는 비판과 감시를 통해 지배적인 사회문화에 저항하면서 부르주아적 헤게모니를 종식시키는 데 모아져야 한다는 것이다.

그러나 이런 시민사회관은 여전히 마르크스주의적 전제를 바탕으로 지배자와 피지배자, 부르주아와 프롤레타리아, 혹은 적과 동지라는 이분법에 근거함으로써 시민들 모두의 공동세계로서의 시민사회관을 약화시킨다. 근대적 부르주아 시민사회관을 비판하고 국가와 시장의 문제점을 파헤치고 감시하는 데에는 도움이 되지만, 부르주아 시민사회가 아닌 일반시민들의 시민사회라는 현대적 개념 속에서 이 입장은 시민들 자신의 자치적 활동과 상호간의 협력을 증진시키는 데에는 전혀 도움이 되지 않는다.

이에 비해 68혁명 이후 제기된 새로운 시민사회관과 신사회운동은 시민사회 영역을 국가나 시장의 문제점을 제시하고 그 대안을 모색하는 공론장의 성격과 시민들 상호 간의 자치적 활동을 수행하는 공동세계의 영역으로 간주한다. 따라서 이 영역에서는 국가의 자유제한 및 시장의 불평등초래에 대한 문제 제기와 공동세계 속에서의 다양성 인정 및 이들 간의 조화를 위한 활동을 중요시 한다. 특히 후자의 경우는 민주주의의 발원지였던 고대 아테네의 폴리스(polis) 개념과도 상통한다. 폴리스란 시민들이 그 공동세계에 참여할 때에만 형성되고 그들이 흩어지면 사라지는 공간이다. 오늘날 민주주의론에서 참여가 중요한 것은 단순히 시민들의 숫자를 늘려 세를 불리기 위해서가 아니라 참여하지 않으면 공동세계 자체가 사라져버리기 때문이다. 이런 폴리스는 사적인 이해관계에만 매몰된 개인이나, 사적 이해관계들의 충돌을 사회적으로 관리하고 조정하는 정부와 달리, 진정한 의미의 공동적(common) 혹은 공적(public) 영역으로서의 자격을 갖는다.

역사적으로 볼 때, 시민사회관은 초기엔 자유주의적 시민사회관에서 출발하여 수정 마르크스주의적 시민사회관이 이를 비판한 후, 지금은 신사회운동적 입장의 시민사회관이 대세를 이루고 있다. 우리나라의 경우도 마찬가지이다. 그런데 한국시민사회가 주의해야 할 점은 국가의 억압, 시장의 불평등에 대한 감시와 비판의 역할을 하는 것은 당연하지만 이것이 일종의 대항권력을 형성하거나 지나치게 정치 지향적인 나머지 지식인이나 소수 활동가 중심의 '시민 없는 시민운동'이 되는 것은 경계해야 한다는 것이다. 시민사회에는 적과 동지가 따로 없다. 모든 시민들은 시민사회의 구성원이며, 함께 공동세계를 구축해야 하는 주체인 것이다. 국가나 시장 영역과 달리, 시민사회의 중요한 역할은 무엇보다도 시민들이 함께 협력할 수 있는 공동세계를 만드는 데 있다.

이러한 시민사회를 구성하는 것은 바로 주체적이고 능동적인 시민이다. '시민'이 주체적이고 능동적인 사람을 일컫는다고 할 때, 이는 자신이 주인으로서 지배자의 위치에 도달해 있다는 것을 의미하는 것이 아니라, '시민권(citizenship)'을 갖고 있으면서 '시민성(civility)'을 발휘하여 시민으로서의 역할을 다한다는 것을 의미한다. 여기서 '시민권'이란 시민됨의 자격과 소속 및 권리-의무관계를 규정하는 출처인 법적 지위(status)와 제도적 장치를 가리키며, '시민성'은 시민의 자질과 덕성 그리고 시민행동과 시민의식에 관한 것을 일컫는다. 근대 이후 세속적인 '시민권'의 확대와 규범적인 '시민성'의 발현 사이의 적절한 균형을 통해 시민에 대한 논의가 확대되어 왔다. 우리 사회의 경우도, 민주화 이후 시민들의 기본권과 자유권을 중심으로 시민권 확대를 추구해 왔으며, 요즘은 시민권 권리와 더불어 타인과의 관계에 있어서 필요한 시민성의 함양을 점차 강조하고 있는 추세이다.

'시민권'이 확대된 데에는 자유주의적 시민사회관의 공헌이 크다. 자유주의적 시민사회관은 모든 개인이 자유롭고 평등하게 태어난 존재라는 기본 전제 아래 보편적인 '시민권' 개념을 공식화하는데 일조했다. 하지만 '시민권'을 법적 지위에 관한 것에 국한시킴으로써, 그것이 법을 위반하거나 타인의 권리를 침해하지 않는 한 개인에게 맡겨지며 서로 간의 '시민권'이 충돌하게 될 때 국가는 이를 미리 사전에 방지하거나 사후 조정하기 어려웠다. 따라서 지나치게 '시민권'만 강조될 경우, 시민들은 공적인 것보다 사적인 것에 더 관심을 가지며 시민으로서의 어떤 공공 행위나 공동체에 대한 참여는 기대하기 어려워진다.

따라서 시민은 타인과의 관계를 고려하고 사회적 정의와 선을 추구하는 덕목인 '시민성'을 가져야 한다. 즉 공동선(common good)을 위해 다른 사람들과 함께 행동할 수 있다는 생각을 가져야 한다. 이것이 시민사회에서 공동선이 중요한 이유이다. 하지만 이때 주의해야 할 것은 사회적 공동선을 개인의 자유와 병립시켜야 한다는 점이다. 시민 모두에게 동일한 공동선을 강요하여 그들 각자가 갖고 있는 개인적 권리와 자유를 침해하는 것을 피해야하기 때문이다. 그런 점에서 근대 민주주의에 대해 재성찰해 볼 필요가 있다. 사실 근대 민주주의의 출발은 고대나 중세에서 강조하던 공동선을 내세우기는 하지만 그 공동선의 내용과 실체를 먼저 전제하지 않음으로써 개인들이 자신의 자유를 행사할 여지를 남겨두었으며, 이것이 근대 민주주의 발전의 비결이었다. 다만 자유주의에 대한 지나친 강조가 공동선 자체를 불필요한 것으로 간주하게 만들고, 시민을 개인의 관점에서만 생각하고 행동하게 만든 것이 문제의 발단이었다.

개인의 자유는 공동선과 서로 양립해야 한다. 공동선 또한 개인의 자유를 십분 고려해야 한다. 즉 공동선의 중요성을 강조하기는 하되 그 공동선의 내용과 실체를 비워둠으로써, 개인들이 공통의 선을 함께 추구해야 한다는 짐을 벗게 하고 자신의 자유를 향유할 수 있도록 해야 한다. 이럴 경우에만 개인의 자유에 대한 침해 없이 진정한 의미의 공동선 추구가 가능해진다. 그리고 이럴 경우에만 타인과의 소통과 대화의 필요성이 제기된다. '시민권'을 가진 개인들이 '시민성'을 발휘하여 소통을 통해 타인과의 공동의 선을 논의하고 실천할 때 그 때 비로소 '시민'이 되는 것이다.[23]

4. 시민사회와 NGO/NPO

앞서 우리는 시민사회란 시민권과 시민성을 가진 시민들로 구성된 사회영역으로서, 국가나 시장과는 다른 영역이라고 설명했다. 그런 점에서 시민사회를 제3섹터 영역이라고 부르기도 한다. 따라서 오늘날 전체 사회의 영역은 국가(혹은 정부), 시장 및 시민사회라는 세 개의 하위영역으로 구분되며, 우리의 사회적 삶은 이 세 영역에 걸쳐 이루어지고 있다. 물론 이 세 하위 영역들이 서로 배타적인 것은 아니며, 일종의 개념적인 분류로서 중층적인 구조를 이룬다. 즉 우리는 이 세

23 이동수, 「지구화시대 시민과 시민권: 무페의 논의를 중심으로」, 『한국정치학회보』 제42집 2호 (2008).

하위 영역 모두에 걸쳐 살고 있는 것이다.

사회의 세 영역 중 시장을 중시하는 자유주의는 개인의 권익보호와 프라이버시 보장을 중요시하기 때문에 국가간섭의 최소화를 지향한다. 하지만 자유주의는 개인들 간의 편차를 초래하고 사회적 불평등을 심화시키는 부작용을 낳았다. 이에 대한 반작용으로 등장한 사회주의는 사회적 불평등을 해소하려는 목표를 갖고 있기 때문에 국가의 역할을 강조하면서 시장에 대한 통제와 개인적 삶에 대한 간섭을 강화시키려 한다. 그러나 이는 다양성과 개성이 사라지고 획일화된 사회적 삶만 강요하는 결과를 빚었다.

이런 가운데 오늘날 대두되고 있는 시민사회론은 크게 세 가지 점에 주목한다. 첫째, 시민사회는 시민들에게 여러 장점을 제공해주지만 다른 한편 부작용과 폐해를 초래하는 국가와 시장에 대해 감시, 견제 및 비판하는 역할을 수행해야 한다. 둘째, 1968년 프랑스에서 촉발된 68혁명 이후 소위 탈근대시대로 접어들면서 시민사회는 개인의 자율적 삶과 생활세계의 복원을 추구하는 자발적 공동세계의 구축을 시도해야 한다. 셋째, 그렇다고 해서 시민사회 영역이 국가나 시장을 대체하는 것은 아니므로, 국가나 시장과의 상호 협력과 보완 즉 거버넌스가 필요하다.

한편 시민사회에는 시민들이 자발적으로 만든 조직이나 단체들이 존재하는데, 이를 통칭하여 시민사회단체(Civil Society Organization, CSO)라고 부른다. 일반적으로 시민들은 이런 단체들을 통하여 자신의 의사를 개진하거나 시민사회적 활동을 진행한다. 이때 시민사회단체가 정부와 다른 단체라는 의미에서 비정부조직(Non-Governmental

Organization, NGO)이라 부르기도 하고, 혹은 시장에서 영리를 추구하는 기업과 다르다는 의미에서 비영리조직(Non-Profit Organization, NPO)이라 부르기도 한다. 그런데 NGO는 감시 및 견제와 같은 주창 활동을 하는 애드보커시(advocacy) 단체를 주로 지칭하며, NPO는 복지 제공이나 나눔 봉사활동 등과 같은 공공서비스(public service) 제공을 하는 단체를 주로 일컫는다.

이 중 NGO라는 용어는 1945년 UN이 창설되면서 처음 사용되었다. UN에서 처음 사용할 때 NGO라는 개념은 국제사회에서 정부 대표가 아닌 민간인들로 이루어진 단체를 뜻하는 용어였으며, 정부가 하지 않는 일을 수행하거나 정부를 보조하는 역할을 수행하는 단체라는 의미를 지녔다. 특히 UN 공보국은 NGO를 '지방과 국가 또는 국제 차원에서 조직된 시민들의 자발적인 비영리단체'로 규정하며, NGO의 기능을 공익적 임무, 다양한 서비스와 인도주의적 활동, 시민들의 권익주창, 정책모니터링과 자문, 국제협약 모니터링과 의제설정 등으로 설명한다.

반면 NPO라는 용어는 미국에서 비영리 공익봉사활동을 하는 단체를 지원하기 위해 만든 개념으로서, 미 연방 세무청으로부터 면세특권을 받는다. NPO는 주로 비정치적이고 비영리적이며, 공공서비스 생산과 공익봉사를 하는 단체를 지칭한다. 일본은 1998년 NPO법 즉 〈특정비영리활동촉진법〉을 채택하였고, 2000년부터 우리나라에서 시행된 〈비영리민간단체지원법〉도 NPO 개념을 전제하고 있다. 그러나 현재 NGO와 NPO를 서로 나누는 것이 무의미할 정도로 양자의 영역과 역할이 서로 수렴되고 있다. 다만 일반적으로 광의의 의미로서 NGO는 시민사회단체 일반을 지칭하는 포괄적 개념으로 사용되며, NPO와 구별되어 사용하는 협의의 NGO는 정치적 이슈를 다루거나 주창적 활동을 하는 시민사회단체를 지칭할 때 사용된다.

역사적으로 볼 때, 우리나라에서 제3섹터로서의 시민사회활동이 본격적으로 진행되기 시작한 것은 흔히 1987년 민주화 이후부터라고 하지만, 실제로는 1894년 시작된 동학농민운동과 1896년 설립된 독립협회의 활동 등에서 근대적 맹아를 찾을 수 있다. 또한 1903년 황성기독교청년회를 모태로 YMCA가 설립되어 근대적 시민운동이 시작되었고, 1913년 설립된 흥사단은 시민들의 독립운동을 전개했다. 그런 점에서, 한국 시민사회의 역사는 크게 3단계로 나누어 구분할 수 있다. 제1기는 1894년부터 1945년 광복 이전까지로서 구한말과 일제강점기를 거치면서 근대 시민사회의 맹아가 발생한 시기이다. 제2기는 광복부터 1987년까지 국가와 시장 기능의 한계에 대한 비판의 성격이 짙으며, 국가권력 및 시장권력에 대한 감시와 견제가 주된 활동이었던 시기이다. 그리고 1987년 민주화 이후 제3기는 제3섹터로서 본격적인 시민사회 활동이 이루어지고 있는 시기로서, 감시와 견제를 하는 주창활동 외에 공공서비스 제공, 자원봉사, 마을 만들기 등 다양한 시민사회 활동이 진행되고 있다. 그러면 각 시기별 특징을 간략히 살펴보기로 하자.[24]

---

24 구체적인 한국 시민사회단체의 역사에 관해서는 이 책의 6장에 자세히 설명되어 있다. 다만 여기서는 6장과 다르게 역사를 4시기가 아니라 3시기로 구분하였는데, 내용에 있어서는 큰 차이가 없다.

먼저 제1기의 시민운동은 구한말 반봉건·계몽운동과 일제 강점기 이후 독립운동으로 크게 구분된다. 1894년에 시작된 동학농민운동은 반봉건적인 성격을 보여준 민중운동의 전형으로서 근대적 시민사회로의 이행 가능성을 보여준다. 또한 1898년 독립협회가 주도한 만민공동회는 일제의 침탈에 대항하여 자주독립의 수호와 자유민권의 신장을 계몽하기 위해 조직된 민중집회로 근대적인 결사와 표현의 자유를 보여준 상징적인 활동이었다. 한편 1903년에 서울YMCA가 조직되었는데, 혹자는 이것을 우리나라 최초의 시민단체로 꼽기도 한다. 한편 1905년에는 대한적십자사가 출범하였고, 1906년에는 대한자강회(大韓自强會)가 개화파 계통의 합법적인 사회단체로 활동하였으며, 1907년부터 1911년까지 지속된 신민회(新民會)는 비합법적인 비밀결사단체로서 독립운동을 전개했다. 한편 1910년 한일합방이 이루어지자 1913년에 미국에서 창설된 흥사단(興士團)을 필두로 일제강점기 내내 여러 독립운동이 사회단체들에 의해 이루어졌으며, 이 기간 중 반봉건·계몽운동도 계속 진행되었다.

다음으로 광복부터 1987년까지인 제2기 때까지 시민사회 활동은 국가와 시장에 대한 감시와 견제 및 비판이 주를 이루었다. 특히 1945년 해방 이후 노동자·농민 등의 민중운동, 1960년 4·19, 1980년 서울의 봄과 5·18, 1987년 6월의 직선제를 위한 민주화운동 등이 여기에 포함된다. 이 당시 시민사회의 주요 관심사는 서구 선진국들을 따라 근대국가 건설과 함께 자본주의적 시장경제체제를 수입하여 압축적인 방식으로 추진한 국가권력과 시장권력에 맞서는 것이었다. 이 활동은 민주적인 국가와 공정한 시장이 되기 위한 주창적 활동의 성격이 강했다. 이 전통은 오늘날까지도 이어져 흔히 NGO라고 할 때 떠오르는 이미지는 대부분 이때 형성된 것이며, 지금도 주창적 NGO들은 이 연장선상에서 활동을 계속하고 있다.

한편 1987년 민주화 이후 변화된 환경 속에서 다양한 시민단체들이 본격적으로 등장했다. 이들은 기존의 반정부운동이나 이념 혹은 계급지향적인 민중운동과는 달리 체제를 인정하면서 합리적이고도 온건한 제도개혁을 목표로 하는 '시민운동'을 표방했다. 1989년에 창립된 경제정의실천시민연합(경실련)을 비롯하여 한국여성단체연합, 환경운동연합, 참여연대 등 한국의 대표적 시민단체들이 이 시기에 결성되었다. 특히 2000년에 있었던 NGO들의 16대 총선 낙천·낙선운동이 '시민 없는 시민운동'이라는 비판을 받은 후에는 단순히 정치적인 성격을 지닌 주창형 시민운동에서 벗어나 공공서비스 제공이나 자원봉사 및 나눔, 협동조합이나 마을 공동체 구성 등 다양한 시민사회 활동이 이루어지고 있다. 2000년 〈비영리민간단체지원법〉이 시행된 이후, 〈사회적기업육성법〉(2007) 〈협동조합기본법〉(2012) 등 관련 법률들이 제정되어 시민단체들에 대한 법적·제도적 지원이 뒷받침되고 있다.

이러한 추세는 오늘날 앞서 설명한 국가나 시장과 시민사회의 거버넌스 혹은 파트너십에 대한 가능성을 증진시킨다.[25] 국가나 시장에

25 국가와 시민사회의 거버넌스에 대해서는, 이동수, 「시민사회, 파트너십 그리고 공공성」, 이동수 편, 『시민사회 파트너십과 공공성』(고양: 인간사랑, 2014) 3절의 일부를 재구성하여 작성했다.

대한 감시 및 견제는 상호 간의 협력을 필요로 하는 것이 아니지만, 국가나 시장의 한계가 더욱 뚜렷해지고 시민사회의 공공서비스 제공의 역할이 점차 커짐에 따라 상호 협력이 요구되고 있다. 그런데 거버넌스는 대의민주주의에서 강조되었던 국가와 시민사회의 명백한 분리와 시민사회의 위임을 받은 정부의 통치라는 관점을 폐기한다. 그리고 국가의 시민사회 통제는 물론 대중의 통제라고 하는 전제들을 다양하고 상호관계적인 방식으로 붕괴시키고 새롭게 규정한다.[26] 이때 정부는 시민사회를 통치체계에 영입하고 그 권한을 분권화시킨다. 즉 공공문제의 해결에 있어서 종래와 같이 국가라고 하는 제도적 장치에만 전적으로 의존하는 것이 아니라, 다양한 민간조직과 중간 매개적 조직들 간의 연결망에 의거하여 토의과정을 거쳐 협의적인 정책결정을 하는 것이다.

해외의 경우엔 이미 거버넌스가 상당히 진전되고 있다. 거버넌스가 가장 잘 발달된 국가인 영국의 경우, 1980년대 보수당 정권이 들어서면서 지방정부의 정책성과를 높이기 위한 시책으로 기업, 시민사회 등의 행위자들을 거버넌스에 동참시키기 시작했다. 이때는 일종의 도구적인 거버넌스 단계로서 형식적 거버넌스의 형태를 띠고 있었다. 그러다가 1992년 노동당이 집권하면서 보다 포괄적으로 중앙이나 지방 등 모든 차원의 정부가 제3의 길 정책노선에 따라 정책 이해당사자인 기업, 시민사회 파트너십을 통한 정책과정의 실천을 도모했다. 이는

---

26 Paul Hirst, "Democracy and Governance," in *Debating Governance*, ed. Jon Pierre (Oxford: Oxford University Press, 2000), 21.

도구적인 단계의 거버넌스를 넘어서 시민사회가 정부를 보완해주는 보완적 차원의 거버넌스로 업그레이드되었다. 즉 실질적인 시민사회의 국정에의 참여가 이루어진 것이다. 그 후 이런 관계는 보다 확대되어 제3섹터를 중심으로 하는 민과 정부를 중심으로 하는 관의 협력인 '민관 파트너십'을 더욱 활성화시키게 되었고, 2006년 5월에는 국무총리실(Cabinet Office) 산하에 제3섹터 지원부처(the office of the third sector)를 신설하여 운영하고 있다.[27]

일본도 거버넌스에 있어서는 매우 발전된 모습을 보여준다. 전통적으로 일본은 정부가 정책을 주도하는 국가인데, 시민사회와의 거버넌스 필요성이 대두된 것은 1990년대 중반부터이다. 지난 1996년 1월 17일 일본에서는 한신-아와지 대지진'이 있었는데, 이러한 국가적 대재난에 직면하여 시민사회의 자원봉사활동이 활발히 이루어졌고, 이를 계기로 민관이 협력하는 분위기가 형성되었다. '한신-아와지 대지진' 수습과정에서 보여준 NPO들 그리고 시민들의 자발적이고 헌신적인 자원봉사활동은 정부/지자체-민간 간의 관계에 있어서 상호보완적 혹은 협력적인 관계가 될 수 있다는 사실을 크게 일깨워주었다. 또한 일본의 사회구조가 복잡해지고 점차 고령화사회에 접어들면서, 관 주도 행정능력이 한계에 부딪치고 시민사회의 협력을 필요로 하게 되었다. 실제로 점화 고도로 사회구조가 다양하고 복잡해지면서 행정(정부/지자체)에서 현재 NPO들이 활동하는 영역을 대체하거나 배제할

---

27 주성수, 「민주적 거버넌스와 시민사회: 정부와 시민사회 파트너십을 중심으로」, 『시민사회와 NGO』 제6권 1호 (2008).

수 없게 되었으며, 일본사회가 고령화 사회로 급속도로 이행되고 젊은 층이 감소하면서 재정 면에서 세입은 줄고 세출은 증가하는 매우 걱정할 만한 사태에 직면했다. 결과적으로 이러한 상황은 '공공의 이익'을 목적으로 하는 NPO 기관들의 활동을 촉진시킬 사회적인 필요성이 대두되면서 자연스럽게 민관협력이 제도화되었다. 그 결과 일본 정부는 중앙정부 차원에서 〈내각부 시민활동촉진과〉를 통해 인정(認定) 법인NPO 활동(인정법인 비영리활동)을 촉진하는 법·제도를 지원하였으며, 지방자치체에게 제도의 집행권을 넘겨 관설민영(官設民營)의 NPO지원센터를 운영하고 있다.

우리나라도 거버넌스에 대한 이해가 증진되어 제한적이지만 조금씩 시도되었다. 먼저 1994년에는 민주화 이후 성장한 시민단체의 활성화에 부응하기 위해 〈사회단체등록에 관한 법〉을 폐지하고 〈사회단체신고에 관한 법〉을 제정함으로써 자율적인 시민단체 성장을 위한 제도적 장치를 마련했다. 그 후 1999년에는 IMF 경제위기상황에서 절대적으로 필요했던 노(勞)-사(社)-정(政)의 대화와 타협을 통한 갈등해결과 고통분담을 위해 〈노사정위원회〉를 설치하였고, 시민단체 활성화를 목적으로 한 시민단체지원법인 〈비영리민간단체지원법〉을 제정하여 이듬해 시행했다. 또한 2000년 9월에는 UN의 권고에 따라 대통령령으로 〈지속가능발전위원회〉를 설치하여 이 부분에 관한 시민사회와의 거버넌스를 시도하였으며, 2004년에는 국무총리실 자문기구로 〈시민사회발전위원회〉 설치를 비롯해 이후 중앙정부 및 지방정부 차원에서 다양한 거버넌스의 틀을 만들어가고 있다. 하지만 현실에 있어서는 영국의 초기 거버넌스와 같이 형식적 차원에 머물러 있으며, 실제적인 협력은 부진한 편이다.

이상에서와 같이 우리나라 시민사회는 19세기말부터 반봉건 계몽운동에서 시작하여 독립운동과 민주화운동, 신사회운동적 시민운동 등을 거쳐 오늘에 이르렀다. 지난 100여 년에 걸쳐 이루어진 우리 시민사회의 탄생과 변화, 성숙의 과정은 근대문명의 흡수, 국가의 발전, 그 한계에 대한 보완 등의 단계를 빠르게 거쳐 왔으며, 이는 국가나 시장영역에서처럼 짧은 시간 동안 압축성장을 이루어온 것이다. 그런 점에서 아직 우리 시민사회의 성숙도는 미흡하다고 볼 수 있다. 다양한 활동에 비해 자발적으로 참여하는 시민의 수는 아직도 선진국에 비해 적은 편이다. 그리고 재원확보와 조직운영에 있어서 더욱 민주적이고 자생적일 필요가 있다. 지금도 시민단체들은 회원들의 자원봉사나 회비를 통해 운영되기보다는 전문적인 활동가나 정부의 지원에 의존하는 경우가 많다. 하지만 이는 우리의 시민의식이 성숙되면 점차 개선될 것으로 보인다.

참고문헌

마넹, 버나드. 곽준혁 역. 2004. 『선거는 민주적인가: 현대 대의민주주의의 원칙에 대한 비판적 고찰』. 서울: 후마니타스.

백승현. 2005. 『정치와 정치사상』. 서울: 경희대학교 출판국.

서창록·이연호·곽진영. 2002. 「거버넌스의 개념: 거버넌스의 개념과 쟁점에 관한 소고」. 김석준 외. 『거버넌스의 정치학』. 서울: 법문사.

이동수. 2014. 「시민사회, 파트너십 그리고 공공성」. 이동수 편. 『시민사회 파트너십과 공공성』. 고양: 인간사랑.

_____. 2013. 「시민사회와 시민」. 이동수 편. 『시민은 누구인가』. 고양: 인간사랑.

_____. 2008. 「지구화시대 시민과 시민권: 무페의 논의를 중심으로」. 『한국정치학회보』 제42집 2호.

_____. 2006. 「대의제 민주주의의 위기」. 한양대학교 제3섹터연구소. 『시민사회와 NGO』 제3권 1호.

_____. 2004. 「정치와 정쟁: 근대적 정치관을 넘어서」. 『철학과 현실』 제61호.

이동수 외. 2012. 『민관협력과 시민사회발전을 위한 청사진 연구』. 특임장관실.

임성호. 2002. 「의회와 거버넌스」. 김석준 외. 『거버넌스의 정치학』. 서울: 법문사.

임혁백. 2000. 「21세기 한국 대의제 민주주의의 대안: 심의민주주의, 결사체민주주의, 전자민주주의」. 한국정치학회 2000년 하계학술대회 발표논문.

장명학. 2013. 「근대시민의 형성」. 이동수 편. 『시민은 누구인가』. 고양: 인간사랑.

주성수. 2008. 「민주적 거버넌스와 시민사회: 정부와 시민사회 파트너십을 중심으로」. 『시민사회와 NGO』 제6권 1호.

후쿠야마, 프란시스. 함규진 역. 2012. 『정치질서의 기원』. 파주: 웅진지식하우스.

Aristotle. *Nicomachean Ethics*.

Bell, Daniel. 1973. *The Coming of Post–Industrial Society*. New York: Basic Books.

Dahl, Robert. 1970. *After the Revolution*. New Haven: Yale University Press.

Easton, David. 1953. *The Political System: An Inquiry into the State of Political Science*. New York: Alfred Knopf.

Elster, Jon. 1986. "The Market and Forum: Three Varieties of Political Theory." Eds. Jon Elster and A. Hylland. *Foundations of Social Choice Theory*. Cambridge: Cambridge University Press.

Heywood, Andrew. 1994. *Political Ideas and Concepts: An Introduction*. London: MacMillan.

Hirst, Paul. 2000. "Democracy and Governance." Ed. Jon Pierre. *Debating Governance*. Oxford: Oxford University Press.

Lasswell, Harold D. 1958. *Politics: Who Gets What, When, How?* New York: The World Publishing Co..

Michels, Robert. 1962. *Political Parties: A Sociological Study of the Oligarchical Tendencies of Modern Democracy*. New York: Free Press.

Schumpeter, Joseph. 1975. *Capitalism, Socialism and Democracy*. New York: Harper & Row.

2장

시민의 가치와 덕목

김시천

1. 시민적 가치와 덕목의 중요성

역사적으로 인간이 어떤 존재인가에 대한 정의는 매우 다양하다. 인간이 도구를 사용하고 노동을 한다든가, 사회를 이루며 공동으로 살아간다든가, 혹은 예술이나 놀이를 통해 삶을 향유하고자 한다는 등등의 인간다운 특징들은, 대체로 인간과 동물의 차이를 통해 규정된다. 쉽게 말해 인간은 본능이나 욕구에 지배받는 존재가 아니다. 인간은 스스로의 삶을 통해 나름의 의미와 가치를 추구하는 존재로 규정된다. 이 점이 동서고금을 막론하고 가장 인간다운 본질을 드러내는 특성으로 지적되어 왔다고 말한다면 그리 잘못된 말이 아닐 것이다.

그런데 본능에 지배받는 동물과 달리, 인간이 어떤 '가치'를 추구하고 삶에 어떠한 '의미'를 부여하고자 하는가는 확정하여 말하기 어렵다. 실제로 시대나 사회 문화에 따라 개인이나 집단이 바람직하다고 여기는 가치가 매우 다양했다는 점은 분명하다. 마찬가지로 같은 공동체 안에서조차 바람직한 가치와 의미에 대한 견해는 매우 다양할 수 있다. 예컨대 고대 사회의 가치와 현대 사회의 가치는 다를 수 있고, 사회 성원들에게 권장되던 덕목 또한 다를 수 있다.

또한 한 개인 또는 공동체가 어떤 가치와 덕목을 추구하느냐 하는 것은 그 개인의 인격이나 공동체의 성격을 분명하게 드러내는 특성이기도 하다. 예컨대 타고난 신분이나 계급과 그에 따르는 책임과 의무를 강조하는 봉건 사회와, 개인의 자유와 자율을 인정하며 공동체적 화합을 강조하는 근대사회는 근본적으로 성격이 다를 수 있다. 즉 하나의 공동체와 그 구성원들이 어떤 가치와 덕목을 권장하는가는 그 사회의 성격 자체와 직접적으로 연결된다.

이러한 사례를 우리는 고대 그리스의 철학자 아리스토텔레스의 『니코마코스 윤리학』(이하 『윤리학』)에서 명확한 표현을 볼 수 있다. 고대 그리스의 시민윤리를 체계화했던 『윤리학』은 단지 옳거나 선한 행위에 대한 원리를 제시하는 데 그치지 않는다. 아리스토텔레스에 따르면 자신의 삶을 잘 사는 사람은 자신의 삶에 대해 잘 사려하는 사람일 뿐만 아니라, 가정경제나 도시국가의 입법과 같은 일도 잘 해내는 사람이다. 달리 말해 덕을 갖춘 '좋은 인간'은 '좋은 시민'이기도 하다.

> '좋은 시민'과 '좋은 시민'은 아마도 최선의 정치체제에서 일치할 것이다. 좋은 인간이 좋은 시민과 무관하게 성립하는 것이 아니라는 생각은 결국 최선의 정치체제, 최선의 헌법에 대한 탐구에서 '인간적인 좋음'에 대한 탐구가 완성된다는 생각으로 이어진다.[1]

아리스토텔레스의 『윤리학』이 추구하는 가치와 덕목은 당대 그리스의 '폴리스'라는 공동체적 삶을 그 시대적, 문화적, 정치적 배경으로 하고 있다. 좋은 인간은 좋은 시민이며, 이는 폴리스라는 공동의 관심을 전제할 때에만 성립하는 것이다. 자유롭고 동등한 시민이 지배하던 고대 그리스의 도시국가 폴리스에서 폴리스는 도시의 성벽이자 국가이며 동시에 시민 자신이었다. 따라서 좋은 인간이 되는 가치와 덕목은 좋은 시민이 되는 것과 일치할 수 있었다.

비슷한 시기 동아시아에서도 이와 비슷한 생각이 싹터 나왔다. 하층 귀족에 속했던 '사'(士)는, 공자(孔子)로 대표되는 유가(儒家)의 이념을 통해 바람직한 인간의 모습을 새롭게 제시했다. 이를 체계적으로 요약한 『대학(大學)』의 강령에 따르면, 훌륭한 '사'라면 "스스로의 몸을 수양하고, 가문과 국가를 잘 다스리며, 나아가 천하를 평화롭게 하는"(修身齊家治國平天下) 사명을 갖는다. 이러한 실천의 뿌리는 '인간

---

1 아리스토텔레스, 이창우·김재홍·강상진 역, 『니코마코스 윤리학』(서울: 이제이북스, 2006), '작품 해제' 부분 421쪽 참조.

에 대한 사랑'(仁)이라는 보다 근원적인 원리로부터 유래하는 것으로 선언되었고, 이러한 사랑은 인간의 본성에서 샘솟는 것이라 주장되었다.

하지만 고대 그리스의 시민이나 고대 동아시아의 '사'는 인간 전체를 아우르는 것은 아니었고, 전체 성원의 일부만이 신분과 계급으로 속박에서 자유로운 상태에 있었다. 따라서 사회적 역사적으로 고대 사회의 시민적 가치는 어느 정도는 계급적 신분적 굴레로 인해 일정한 한계를 갖는 것이었다. 그럼에도 공통적인 것은 좋은 인간은 좋은 사회를 구성하는 존재가 된다는 점에서는 일치한다. 즉 유덕한 인간은 좋은 사회를 만들거나 혹은 좋은 사회에서 성장한다는 의미를 함축한다.

이러한 의미에서 '시민적 가치와 덕목'은 일종의 보편성과 특수성을 갖는다. 즉 어떤 가치와 덕목은 인간과 사회의 본성과 관계됨으로써 일종의 보편성을 내포하며, 다른 한편 시대와 문화, 역사적 차이는 일종의 특수한 한계를 줌으로써 특수성을 동시에 지닐 수 있다는 점이다. 이 글이 생각해 보고자 하는 것은 바로 이런 보편성과 특수성의 성격을 '시민적 가치와 덕목'과 연관하여, 몇 가지 쟁점을 중심으로 오늘날 한국의 현실에서 되짚어 보고자 하는 것이다.

이 글에서는 이러한 상황을 염두에 두면서, 그간의 다양한 사회적 갈등과 학문적 논쟁의 과정에서 갈등하고 융합하면서 변화해 가는 가치와 덕목에 몇 가지 논의들을 크게 두 가지 관점에서 소개하고자 한다. 우선 2절에서는 주로 가치와 덕목의 '보편성'을 강조하는 논의에 주목하면서, 근대적인 자유와 평등의 이념에 대해 탈근대적 해석이 어떠한 변환을 시도하는지 개관하면서 이러한 논쟁이 동아시아 현실과 어떻게 연관되는지를 간략히 서술할 것이다.

그에 이어지는 3절에서는 근대와 탈근대의 시대적 변화와는 다른 문제로서, 동양과 서양의 역사와 문화의 차이에 주목하면서 새롭게 논쟁하고 있는 가치와 덕목에 대한 논의를 개괄할 것이다. 그리고 마지막으로는 한국 사회에서 시민 되기라는 정치적, 사회적 기획이 가치와 덕목의 차원에서 어떠한 반성이 있어야 하는가에 대한 몇 가지 제언을 하면서 논의를 마치고자 한다.

2. 자유와 평등: 가치와 덕목의 보편성

근대 시민사회의 등장과 더불어 가장 강조되었던 가치는 자유와 평등이었다. 전통 사회의 정치적, 신분적 예속을 변화시켜 자유롭고 동등한 시민을 공적 관계의 출발점으로 삼고자 했던 근대 시민사회의 출현은 곧 자유와 평등의 가치를 실현하고자 했던 운동이라고 말할 수도 있다. 하지만 오늘날 개인이 갖는 다양한 정체성과 욕구의 차이를 강조하는 사람들은 소통이나 배려와 같은 가치와 덕목을 더욱 강조하는 경향을 보인다.

이동수는 시민 사회와 관련하여 근대와 탈근대적 가치와 덕목의 변화를 다음과 같이 요약한다.

> 근대적 시민은 자유롭고 평등한 보편적 '주체'로서의 시민을 전형으로 삼은 데 비해, 탈근대적 시민은 차이와 다양성을 전제하고 이를 보존하면서도 서로 소통하고 교류하여 함께 주체를 이루는 '상호주체'로서의 시민을 염두에 둔다.[2]

근대의 시민 혹은 시민사회가 등장하면서 추구했던 자유롭고 평등한 시민으로 구성된 공동체의 추구는, 20세기 후반 탈근대 사회로 접어들면서 자유와 평등에 대한 다양한 해석이 등장하였고, 그 외의 다른 덕목들이 강조되기 시작했다. 이러한 변화는 근대 사회가 동일성과 보편성에 근거하여 개별 시민의 자유와 평등에 입각한 주관성을 강조했던 것에 비해, 탈근대 사회에서는 차이와 다원성에 근거하여 상호주관성을 전제하며 교류와 소통, 협력과 연대를 강조하는 시민사회를 모색하기 때문이다.[3]

다른 한편 서구와 다른 역사적 과정을 거쳐온 동아시아 지역 사회에서는, 근대와 탈근대라는 차이 이외에 동양과 서양의 역사와 문화적 차이를 강조하는 경향이 강해지고 있다. 위잉스(余英時)는 이러한 문제와 더불어 다음과 같이 지적한다.

---

2 이동수, 「탈근대적 덕목과 가치」, 이동수 편, 『시민은 누구인가』(고양: 인간사랑, 2013), 195.

3 이동수, 「탈근대적 덕목과 가치」, 195.

> 일반인의 관점에서 보자면 동양문화와 현대생활은 아마도 완전히 다르게 보일 뿐 아니라 서로 대립되는 두 가지 실체일 것이다. 전자는 동양에서 수천 년간 누적되어온 옛 문화 전통이며, 후자는 최근 백여 년 사이 출현한 새로운 생활방식인 데다가 서양에 그 뿌리를 두고 있다. 따라서 이 두 가지의 충돌은 실질적으로 서구 현대문화가 동양의 전통문화에 준 충격과 도전이라고 볼 수 있다.[4]

이러한 관점들은 역사와 문화의 상대성을 토대로 특정 사회가 추구하는 가치나 사회 구성원들에게 권장하는 덕목이 전혀 다를 수 있으며, 심지어 역사와 문화가 다른 두 전통이 만날 때 다양한 갈등이나 대립이 있을 수 있음을 지적하고 있다. 즉 독특한 전통 문화는 일종의 전일성과 역사성을 지니고 있기에, 개인이나 집단의 가치와 삶의 지향에 대해 전혀 다른 방향을 제시하며 보편성보다 특수성을 강조할 근거가 된다는 것이다.

21세기 한국 사회는 이러한 이중적 문제점이 그대로 현실에서 존재하는 일종의 시민적 가치 곤경 상태에 있다고 할 수 있다. 한국 사회에서 시민이 된다는 것은, 그래서 더욱 복잡한 문제의 해결과정과 연관될 수밖에 없다. 한편으로 우리는 근대와 탈근대라는 시대적 변화와 함께 전통과 현대라는 문화적 차이에서 기인하는 개인적, 사회

4 위잉스, 김병환 역, 『동양적 가치의 재발견』(서울: 동아시아, 2007), 13.

적 갈등과 문제를 끌어안으면서 바람직한 시민사회를 구현해야 한다는 이중적 과제를 짊어지고 있기 때문이다.

20세기 한국 사회에서 '시민'이 가장 중요한 정치 사회적 가치가 된 것은 극히 최근의 일이라 할 수 있다. 이른바 '87체제'로 불리는 오늘날의 한국 사회는 1987년 민주화 운동을 기점으로, 갖가지 시민단체와 시민운동 등이 결성되고 추진되었으며, 이제 시민의 정치참여나 시민불복종 등과 같은 용어들은 전혀 낯설지 않은 말들이 되었다.

그런데 시민과 시민사회의 중요성이 커진 것은 한국만의 독특한 현상이 아니라 일정 정도 세계사적인 흐름의 일부이기도 하다. "대략 1990년대부터 전 세계가 '시민사회'에 주목하기 시작했던"[5] 것이다. 이 같은 현상은 달리 말하면, 오늘날 한국 사회의 구성원이 "공동체의 관심사를 공유하고, 자유롭고 평등한 주체로 서로 관계 맺으며, 공동의 문제를 함께 숙의하고 해결하는 사람들"[6]로서 사회의 주된 세력으로 성장했음을 의미하는 것이다.

여기서 주목할 점은 '시민'을 규정하는 가장 기본적인 성격이 "자유롭고 평등한 주체"라는 점이다. 특히 '자유'는 시민의 역사적 성장 과정에서 결정적인 가치이자 권리였다. 하지만 이러한 가치이자 덕목으로서의 자유가 처음부터 보편적인 성격을 지니는 것으로 생각되지는 않았다. 본래 자유는 특정한 신분이나 계급의 특권에 가까운 것이

---

5 신진욱, 『시민』(서울: 책세상, 2008), 14.

6 신진욱, 『시민』, 15.

었다. 자유가 보편적 성격을 띠게 된 것은 근대에 들어서서다.[7]

고대 사회에서 자유민을 뜻하는 라틴어 '리베르투스 *libertus*'가 자유로운 사람이라는 뜻이 아니라 해방된 노예를 가리키는 것으로서, 그 일차적 의미는 지위 혹은 신분으로서 노예가 아닌 상태라는 의미였다. 중세사회에서도 자유는 특권으로서의 '면제'라는 의미를 지녔다. 즉 세금이나 통행료, 영주의 사법권 등에서 면제되는 특권이 곧 자유에 해당했다. 이렇게 보면 16세기에 이르기까지 자유는 귀족적 태생이나 고상함과 동의어였다.

하지만 근대에 들어서면서 자유는 보편적 속성으로서 인간의 본성으로 간주되기 시작했다. 자유를 보편적 가치라고 선언하고, 이를 법과 제도로 현실화한 근대의 시민혁명은 따라서 근대의 자유주의와 밀접한 연관이 있다. 이처럼 자유를 보편적 인간본성으로 파악한 자유주의자 가운데 대표적인 논의는 존 로크(John Locke)와 애덤 스미스(Adam Smith)에게서 찾을 수 있다.

로크에 따르면, 자유는 타자나 권력의 의지에 종속되지 않고 자연법과 자율의 원칙에 따라 살아가는 것이다. 로크는 특히 권력으로부터의 자유를 중시했기에 그의 자유관은 '정치적 자유'라고 불린다. 한편 스미스는 당시의 변화하는 경제 질서 속에서, 자연적 본성에 따라 사적 이익을 추구하는 자유로운 경쟁이 국부를 증진시키는 방향이라고 보았다. 따라서 국가는 개입하기보다는 개인의 생명과 재산,

---

7 이하의 자유에 관한 논의는 다음 글을 참조할 것. 김윤철, 「근대적 덕목과 가치」, 이동수 편, 『시민은 누구인가』(고양: 인간사랑, 2013), 특히 149-155.

국토, 법질서를 수호하는 일에 주력해야 한다고 주장했다. 스미스가 경제적 관점을 강조했기에 그의 입장은 '경제적 자유'라고 불린다.

이와 같은 역사적 과정을 통해 자유는, 고대 사회에서 신분과 지위로서의 의미로부터 인간의 천부적인 권리이자 보편적 속성으로서 근대시민의 기본적인 가치이자 덕목으로 자리를 잡게 되었다. 이러한 자유의 확대 과정은 시민권의 성립과 불가분의 관계에 있다. 1776년의 미국 「독립선언문」과 1789년 프랑스의 「인권선언」에서는 자유와 평등을 "인간과 시민의 기본권"으로 선언하고 있기 때문이다.

한편 자유와 함께 근대 시민권의 중추를 이루는 평등의 가치는, 인간의 권리와 자유가 차별받지 않고 동등하게 대우받아야 한다는 것을 뜻하는데, 그 평등이 어떠한 것이냐는 여전히 논쟁 중이다. 평등의 유형으로는 본체론적 평등, 기회의 평등, 조건의 평등, 결과의 평등이라는 유형으로 구분되기도 하는데,[8] 현대 자본주의 체제에서 가장 중시되는 관점은 기회와 조건의 평등이다.[9]

자유주의와 자본주의가 자유를 더욱 강조하는 쪽이라면, 평등을 보다 강조하는 것은 사회주의와 공화주의라고 할 수 있다. 프랑스혁명이 있고 나서 얼마 뒤인 1792년 로베스피에르 및 공화주의적 이상주의자들은 더욱 강력하게 '평등한 자유'를 요구했다. 당시 로베스피에르가 제출한 「인권선언(수정안)」 제3항은 권리의 평등은 자연적인 것으로, 권리의 평등을 위해서라면 자유도 제약할 수 있다고 선언함으

---

8 선우현, 『평등』(서울: 책세상, 2012), 32-40.

9 김윤철, 「근대적 덕목과 가치」.

로써 평등을 더욱 명확하게 강조했다.[10]

그런데 자유와 평등이 대체로 민주주의 사회의 법과 제도를 통해 보장받는다는 것과 실제적으로 자유롭고 평등한 삶을 살아간다는 것과는 일정한 거리가 있다. 자유와 평등이 시민권으로서 보장되었음에도 불구하고, 역사적으로는 소수의 시민만이 누릴 수 있었던 것은 분명한 사실이다. 달리 말해 자유롭고 평등한 삶의 이상은 일종의 보편적 가치로서 천명한다 해도 실제로 자유와 평등의 시민적 권리의 향유는 일정한 한계를 가져왔다는 뜻이다.

그 주된 두 가지 이유는 시민의 범위가 제한되어 왔다는 것이라면, 다른 하나는 사회경제적 불평등에 따른 자유의 제약이다.[11] 이러한 두 가지가 '시민권'과 관련된 한계를 뜻하는 것이라면, 오늘날 더욱 중요해지는 다른 하나는 '시민성'(civility)의 발휘와 관련된다. 시민권이 시민 됨의 자격과 소속 및 권리-의무 관계를 규정하는 법적 제도적 장치를 가리킨다면, 시민성은 시민의 자질과 덕성 그리고 시민행동과 시민의식에 관련된다.

시민을 단순한 시민권 소지자가 아니라 시민성을 발휘하는 자[12]와 같이 적극적으로 규정할 때 자유와 평등은 일종의 덕목으로서, 개개인이 구현해야 할 인격적인 무엇이 된다. 예컨대 가치가 추상적인 법

---

10 장석준, 『사회주의』(서울: 책세상, 2013), 21-26.

11 이에 대해서는 김윤철, 「근대적 덕목과 가치」, 169-190 참조.

12 이동수, 「시민사회와 시민」, 이동수 편, 『시민은 누구인가』(고양: 인간사랑, 2013), 24-25.

적 제도적 보장을 통해 구현되는 것이라면, 덕목은 그러한 법적 제도적 현실에 더하여 '유덕한 시민'(virtuous citizen)이 된다는 것을 함축하기 때문이다. 달리 말해 시민성을 발휘하는 시민은 유덕한 시민이 된다는 것을 의미하며, 시민은 일종의 시민성의 발휘로서의 시민 되기를 뜻한다.

이러한 덕목이 강조되는 까닭은, 오늘날의 현실이 근대와 다른 탈현대적 상황에 처했다는 점에서 더욱 중요하다. 왜냐하면 근대사회가 차이와 다양성을 억압했던 반면에 현대사회, 즉 탈근대 사회는 시민의 차이와 다양성을 유지하면서도 더불어 살 수 있는 공동체를 지향하기 때문이다. 예컨대 자유와 평등의 가치는 보편적이지만, 결코 단일하지 않으며 새로운 합리성을 요구한다.[13]

3. 역사, 문화 그리고 정체성: 가치와 덕목의 특수성

그렇다면 탈근대적인 '새로운 합리성'이란 어떠한 특징을 갖는가 하는 물음이 자연스럽게 이어진다. 세계적인 유학자로서 미국에서 성장하여 활동한 뚜 웨이밍 교수는 유학의 현대적 가치를 소개하면서 다음과 같은 인간의 이야기로 시작한다.

13 이동수, 「탈근대적 덕목과 가치」, 202–211.

공자는 화해적이고 포괄적인 인간 되기(to be human)의 학(learning, 學)의 도(way, 道)를 제공했다. 유가 철학의 출발점은 '구체적으로 살아 있는 지금 여기의 사람the concrete living person here and now'이다. '구체적concrete'이란 말은 온전한 인간, 즉 신체(the physical body)와 마음(heart-and-mind)은 물론 영혼(soul and spirit)을 포함하는 인간으로서 신체만을 가리키는 것이 아니다. '살아있는living'이란 말은 돌과 같은 것이 아닌 개나 말 같이 생명과 생기(life and vitality)를 가진다는 것을 가리키고, '사람person'은 동물과 달리 '인간답게to being human, 仁'되어야 하는 존재로서, 즉 사람 되기(Becoming a person)라는 역동적 변화의 과정을 수반한다. 유학의 격언 중에 "인학(仁學, learning to be human)은 인학(人學, to learn to become a person)이다"는 말이 그래서 있다.[14]

뚜 웨이밍이 내건 「인류의 미래를 위한 유학의 지혜」라는 제목처럼, 이 글은 '추상적이고 형이상학적인' 근대적 주체와 다른 유가적 인간관을 특징적으로 서술하려는 의도를 드러낸다. 그는 또한 "한 사람은 그가 처한 관계의 중심이다. 이 관계야말로 한 구체적으로 살아있는 사람을 중심으로 만드는데, 이 살아있는 구체성에는 민족, 성(gen-

14 Tu Weiming, "Confucian Wisdom for the Future of Humanity(인류의 미래를 위한 유학의 지혜)," 2016 숭실석학강좌 발표문(미출간본).

der), 언어, 나이, 출생지, 사회계급, 신앙 등이 포함된다. 여기서 자기 이해는 우리로 하여금 분열되고 파편화되는 혼란에 빠지지 않게 하는 중심을 잡아 주는 역할을 한다."[15]고 말함으로써 그가 이야기는 '구체적 인간'을 보다 명확하게 표현하고자 한다.

새로운 합리성이란 '주체 이후' 이렇게 구체적인 인간의 발견과 궤를 같이 한다. 근대 이전의 전통사회에서는 혈통에 의해 결정되는 신분이 '개인'의 출현을 억압했다. 어떤 사람은 영주나 기사였고, 어떤 사람은 농노였고, 어떤 사람은 장인이었다. 이러한 신분적 굴레로부터 벗어나 익명성을 통해 등장한 개인은 서로 간에 동등하고 자유로운 개인으로 거듭날 수 있었다. 하지만 다시 생산수단을 소유한 자본가와 노동자의 출현은 계급을 통해 결코 동등하지 않은 존재라는 것을 자각하면서 이른바 사회주의 혁명의 이념이 20세기 전반기까지 상당한 갈등을 야기했다.

양차 세계대전을 겪으면서 냉전 체제 아래에서나마 국지적인 전쟁을 제외하면 어느 정도 평화가 정착되었고, 세계적인 경제 부흥과 교류가 이루어지면서 자유와 평등은 국가적 차이는 있었지만 전반전으로 향상되는 듯이 보였다. 하지만 프랑스의 68혁명을 통해 분출되었던 것처럼, 새로운 불평등에 대한 개선의 요구가 일어나기 시작했다. 왜냐하면 근대가 설정했던 개인은 현실의 존재와 거리가 멀다는 생각이 확산되기 시작한 것이다.

15 Tu Weiming, "Confucian Wisdom for the Future of Humanity" 참조.

'나'는 결코 추상적인 개인으로 존재하기보다 피부색이 희거나 검거나 노랗고, 여자이거나 남자이거나 노인이고, 이슬람교도이거나 기독교도이거나 불교도이고, 한국인이거나 미국인이거나 혹은 조선족 중국인으로서 다양한 정체성을 갖는 존재이기 때문이다. 이렇게 추상적 존재인 개인이 아니라 구체적이고 다양한 정체성을 갖는 존재로서의 '개인'에 대한 각성은 사회의 다양한 영역에 내재하는 차별과 불평등을 시정하라는 요구가 중요한 사회의 의제가 되었다.

예컨대 근대가 설정한 인간의 개념에서 소외된 여성에 대해 메리 더글러스, 줄리아 크리스테바, 엘리자베스 그로츠와 같은 여성철학자들은 '주체'(subject) 대신 '비체'(非體/abject)로 개념화하면서 "비체는 흐르는 것이자 경계를 넘나드는 것이며 고체화되지 않기에 어떤 규정, 어떤 언어로도 잡히지 않는다. 비체가 대상(object)이 '아닌a-' 이유는 그것이 주체의 모든 규정성을 넘어서기 때문"[16]이다. 이러한 개념화는 개인의 자유와 평등의 사각지대에 자리한 여성을 탈주체화함으로써 오히려 그 불평등을 시정하려는 시도라 할 수 있다.

뚜 웨이밍이 제안하는 '구체적으로 살아 있는 지금 여기의 사람'이란 개념 또한 이와 같은 맥락을 타고 출현한 표현이다. 지난 100여 년간의 세계적인 서구적 근대화의 확산과 더불어 민주주의와 인권의 가치가 확대될 것이라는 전망과 달리, 상당한 정도의 근대화 기획이 실현되었음에도 불구하고 21세기의 오늘날 "인권, 개인, 민주, 평등의

16 이현재, 『여성 혐오 그 후, 우리가 만난 비체들』(파주: 들녘, 2016), 35.

가치가 점차 지구상의 곳곳에서 혼란에 빠지는 현상을 보이고"[17] 있다는 비관은, "서구적 가치와 세계관에 대한 보완 내지 대안을 모색하기 위한 시도로서 아시아, 특히 동아시아에 눈을 돌리는"[18] 조류와 직접적으로 연관된다.

1970년대에 부상한 유교자본주의론은 기독교 프로테스탄트 윤리가 자본주의의 발전에 기여한 것처럼, 근면과 성실을 강조하는 유교적 미덕이 동아시아의 네 마리의 용—한국, 대만, 싱가포르, 홍콩—의 경제적 발전의 토대가 되었다는 주장을 내세웠다. 1990년대 유행했던 아시아적 가치론은 유교 전통이 이 지역의 경제적, 정치적 성취와 연관되며, 따라서 서구적 근대화가 유일한 길이 아니며 다중적인 근대화가 가능하다는 주장이 등장했다. 이와 같은 이론들은 20세기 말 동아시아 국가들의 금융 경제위기와 더불어 잠잠해진 듯이 보였으나 오늘날 중국의 부상과 더불어 다시금 새로운 논의가 시작되고 있다.

더 나아가 중국은 오늘날 '사회주의 시장경제' 혹은 '중국식 사회주의 모델'을 천명하면서, 자유와 평등을 실현하기 위한 근대 민주주의라는 거대한 프로젝트조차 자주적인 길을 모색하고 있다. 이러한 현실은 세계화된 오늘날의 상황에서 사회적, 국제적인 차원에서 과거의 역사와 문화가 개인과 국가, 그리고 국제질서의 차원에서 새로운

---

17 김광억, 「머리말: 대안적 보편성의 모색을 위한 '중국적 가치'의 재검토」, 김광억·양일모 편저, 『중국 문명의 다원성과 보편성』(서울, 아카넷, 2014), 8.

18 김광억, 「머리말: 대안적 보편성의 모색을 위한 '중국적 가치'의 재검토」, 9.

도전에 직면하고 있음을 보여준다. 이러한 상황은 1980년대 이후 새롭게 등장한 중국의 지식인 지도의 스펙트럼에서 그 단면을 볼 수 있다.

〈표 2-1〉 중국 지식 유파별 주의·주장 일람표[19]

	신좌파	자유주의파	문화 보수주의파	구좌파	사회 민주주의파
출현 시기	90년대 중후반	80년대 중반	90년대 초반	70년대 후반	21세기 초반
세계화	빈부격차를 가중시키는 요인	자유무역 찬성	유학, 자본, 국가의 결합을 긍정	사회주의 시장경제와 복지강조	반대
서구 근대성	반성적 입장, 선거제도 반대	자유, 법치, 인권, 민주를 강조하고 선거제도 찬성	서구적 보편가치 부정하고 유학을 긍정		
민주주의	대자보와 같은 형식의 응답민주주의 주장	민주주의 옹호	헌정유학과 민본주의 강조		조심스러운 입장
인권문제	인권문제는 서양의 중국 압박 수단으로 봄	인권 보호의 입장	개체성을 인정하지 않음		인권문제에 우호적

위에 있는 '중국 지식 유파별 주의·주장 일람표'는 현대중국의 지식인들이 세계화, 서구 근대성, 인권, 민주주의와 같은 문제를 대하는 입장과 태도를 개략적으로 요약해 주고 있다. 상기의 도표에서 구좌

19 조경란, 『현대중국 지식인지도』(서울: 글항아리, 2013), 70-73. 원서에는 더 많은 유파와 항목을 제시하고 있으나, 여기서는 필요한 부분을 축약하여 인용함.

파는 전통적인 마르크스주의자를 의미하며, 자유주의와 사회민주주의는 서구의 그것과 유사하다. 신좌파는 구좌파에 대한 비판적 입장에서 90년대에 출현한 새로운 유파로서 중국공산당의 입장에 동조적이다. 문화보수주의파는 전통 유교를 신봉하는 유파로서 90년대 이후 등장하여 오늘날 크게 확산되는 입장이기도 하다.

이러한 맥락에서 보면 과거에 전통의 유교적 가치와 덕목들은 전혀 과거의 것이 아닌 현재적인 것들로서 강력하게 부상하고 있음을 볼 수 있다. 중국에 비해 현저하게 정치적 민주화가 진전된 한국 사회에서도 전통 유교적 가치와 덕목은 여전히 중요한 의미를 갖는 것으로 공감되고 있다. 하지만 주목할 것은 문화보수주의파가 서구적 근대성의 보편성을 부정하는 것은 납득하기 쉬우나 민주와 인권에 유보적이거나 부정적인 태도를 취하고 있다는 것은 눈여겨 볼만하다.

물론 중국에서도 '민주'의 가치와 제도는 더 이상 유예할 수 없는 사회적 요구에 직면하고 있다. 특히 2007년 이후 중국에서 이에 대한 다양한 논쟁 또한 만만치 않게 일어나고 있다. 하지만 경제적 성공에 따른 체제에 대한 자신감을 바탕으로 중국은 공산당 일당체제를 유지하면서 새로운 민주 모델을 찾는 모색을 하고 있으며, 이는 국제적인 소프트파워 전략과 궤를 같이 하면서 상당한 영향력을 갖는 중이다.

이희옥은 중국의 민주주의 모색은 "사회주의 틀 내의 민주" 또는 "사회주의적 민주라고 특징지을 수 있으며, 서구로부터 발생한 '데모크라시'를 비판적으로 새롭게 해석하며 비판하는 입장에서 진행되고 있다고 소개한다. 특히 서구식 민주주의 근대화론에 대한 비판은 다음과 같이 요약된다.

> 첫째, 민주의 규범에 관한 것이다. 즉 '민주는 좋은 것'을 대체로 수용하고 중국도 민주를 실현해야 한다고 주장하고 있으나, '민주는 좋은 것'을 어떻게 증명할 것인가 하는 점이다. 둘째, 정치제제로서의 민주주의가 최근 200년 동안 '좋은 것'으로 변화되었다고 볼 때, 그 변화가 '민(民)'의 개념의 변화인지, '주(主)'의 방식의 변화인지에 대한 설명이 명확하지 않다는 것이다. 셋째, 다양한 민주주의 존재방식이 있다면, 어떤 민주주의에 '좋은 것'이 더 많이 있는가를 찾을 필요가 있다. 넷째, 민주주의의 실제적 작동 원리에서 보면 민주적 원칙에 부합하지 않는 경우를 구분해야 한다는 것이다.[20]

이러한 요약적인 진술에서 구체적인 논쟁의 내용을 다 논의할 수는 없으나, 개인의 자유와 평등과 같은 근대의 시민적 기본가치를 보장하는 가장 바람직한 정치제도인 민주주의조차 중국은 상이한 시각에서 바라보고 있음은 분명하게 드러난다. 이러한 상황은 전통적 가치의 부흥이라는 맥락에서 보면 훨씬 더 큰 사회적 힘과 파장을 낳을 것으로 예견할 수 있다. 하지만 이러한 상황은 질적으로 다른 차원이기는 하지만 오늘날 한국의 현실에 대해서도 일정한 반성을 하게

---

20 이희옥·장윤미 책임 편집, 『중국의 민주주의는 어떻게 가능한가: 중국의 논의』(성균관대학교출판부, 2013), 10-11.

한다.

21세기 한국 사회는 과연 얼마나 서구적인가, 아니면 동양적인가? 이러한 물음은 우문인 듯이 보이지만, 아시아적 가치와 서구적 가치를 대비적으로 살핀 한 연구에 따르면, 유교적 가치는 여전히 한국 사회에서 대단히 현실적이다.

〈표 2-2〉 아시아적 가치와 서구적 가치 대비표[21]

아시아적 가치	서구적 가치
가족주의	개인주의
권위주의	법에 의한 지배(법치, 민주주의)
보수주의	자유주의(경쟁, 시장)
유교자본주의(정실자본주의)	프로테스탄트 자본주의

아시아적 가치가 가족을 중시하고 상대적으로 권위를 강조하며, 보수적이고 독특한 정실자본주의를 구축하고 있는 것과 대조하여 서구적 가치는 개인을 강조하고, 법에 의한 지배와 자유를 강조하는 것을 그 핵심적 특징으로 제시한 것이 상기의 표의 특징이다. 이는 대체적으로 공감할 수 있는 대비라고 할 수 있다. 하지만 보다 구체적인 일상적 삶에서 이러한 사항들이 어떻게 드러나는가는 시각에 따라 차이가 있을 수 있다.

여러 집단 중에서도 한국과 중국의 공무원을 상대로 한 실사적

21 김영평·정인화, 『유교문화의 두 모습』(서울: 아연출판부, 2004), 44.

연구를 통해 저자들은 상기의 가치대비표가 구체적으로 나타난 유교적 영향을 다음과 같은 7가지 가치 지향으로 정리하고 있다.

(1) 친인척의 작은 청탁에 대해 크게 불법이 아니면 도와줄 의향이 있다는 정도의 의리를 중히 여기는 분포가 표본의 절반에 가깝다.

(2) 가치 있는 삶에 대해 현세적 출세보다 후세의 도덕적 존경을 더 중시하는 부류가 모든 범주에서 거의 60%를 차지하고 있다.

(3) 가족을 위해서는 납세나 군복무와 같은 의무를 위반해도 좋다는 견해에 80% 이상이 모두 반대하고 있다.

(4) 개인이 가족이나 집단을 위해 희생하는 것은 당연하다는 견해에 대해 찬성, 중립, 반대에 고르게 분포되어 있다.

(5) 사회발전에는 경쟁과 대결보다 협동과 단결이 중요하다는 견해에 대해 모든 범주에서 70% 정도의 찬성을 보이고 있다.

(6) 급료가 적더라도 위기에 처한 현 직장에 남아서 직장을 구하겠다는 견해에 동조하는 비율이 대체로 높다. 그러나 한국 장년과 중국 청년은 70%를 상회할 만큼 높은 반면, 한국 청년은 50% 정도만 찬성하고 있다.

(7) 국가와 국민의 관계는 상호 견제보다 유기적인 것이 더 바람직하다는 견해에 모든 범주에서 70% 이상의 강한 동조를 보내고 있다.[22]

물론 저자들은 (2)–(4)의 경우 반드시 유교의 영향이라고만 해석할 근거는 없다는 전제를 달고 있기는 하지만, 상기의 7가지 성향들은 인간관계와 사회관계 등에 대한 전통 유교의 가치라고 볼 수 있다고 말한다. 이러한 실증적 연구가 보여주는 것은, 근대의 시민적 가치와 덕목이 현실에서는 아주 복잡하고 미묘한 방식으로 작동하며, 시대와 역사, 문화 등에 따라 지극히 다양한 양상을 지닐 수 있음을 보여주는 한 사례라고 할 수 있다.

위잉스는 이러한 현실을, "'동양문화'는 '현대생활'과 확연하게 분리되어 두 가지로 나뉠 수 없다. 보편성으로서의 '현대생활'과 보편성으로서의 '문화'는 똑같이 하나의 추상관념이며, 현실 세계에서는 찾아 볼 수 없다. 현실 세계에는 단지 중국적, 미국적, 러시아적, 혹은 일본적 현대생활이라는 각각의 구체적인 현대생활만이 있을 뿐이다. 그리고 이러한 구체적 현대생활은 구체적 문화의 현대적 발전과 그 표현이다."라고 요약해 표현한다.[23]

이와 같은 다양한 현실은 오늘날 우리가 강조하는 다양한 가치와 덕목이 매우 역사적이며, 문화의 영향과 분리될 수 없다는 현실을 반영한다. 더 나아가 인종, 민족, 세대, 성(性), 계급 등등 매우 다양한 집단으로 분절되어 있는 오늘의 현실에서 시민적 가치와 덕목의 방향을 설정하고 이를 합의한다는 것은 결코 쉬운 일이 아니다. 비록 인간의 본성으로부터 이끌어낸 보편적 가치가 있다 해도 그것은 이념적 차원에서 존재하는 것이며, 그것을 현실화 하는 데에는 상당한 노력이 수

22 김영평·정인화, 『유교문화의 두 모습』, 228.

23 위잉스, 『동양적 가치의 재발견』, 40.

반되어야 한다. 시민적 가치와 덕목은 이렇게 매우 구체적 현실적 기반을 얻어야 가능한 것이다.

4. 어떤 가치, 어떤 덕목?: 가치와 덕목의 현실성

1990년대 중반 아시아적 가치론이 일정한 호응을 얻어가던 시절 한국의 학계에서는 나름 의미 있는 반성의 자리를 마련한 바 있다. 여러 학자들에 의해 검토가 되었던 다양한 주제 가운데에는 "의리와 정의", "군자와 시민", "덕치와 법치" 같은 전통적 관념과 현대 서구적 관념의 융합을 모색한 진지한 고민이 있었다.

전통적 이상으로 간주되는 군자와 시민을 비교 연구한 글 「군자와 시민」에서 황경식과 정인재는 다음과 같은 낙관적 전망을 피력한다.

> 비록 우리가 시민사회와 같이 낯선 사람들끼리 부딪히는 추상적 사회에서 자신이 전부, 즉 총체적 자아를 내보일 경우 상처받기 쉬운 이유로 인해 자신의 일부, 즉 공적 자아만을 내보이고 그러한 자아들끼리 만날 수밖에 없다 할지라도 우리는 보다 사적이거나 공적이지 않은 친밀한 인간관계 속에서 보다 폭넓은 인간관계를 통해 공적 영역에서 상처받은 자아를 치유함으로써 인간적 건강을 되찾을 수 있을지 모른다.[24]

이 글은 서구의 근대적 개인주의가 함장하고 있는 '고독한 개인'의 치유 효과로서 유교의 군자를 수용할 수 있다는 부분적인 낙관을 피력하고 있다. 이와 달리 전통적인 '의리'와 현대적인 '정의' 사이의 차이에 주목한 이승환과 김형철의 글 「의리와 정의」는 상대적으로 갈등적인 논조를 유지한다.

> 의리만이 존재하고 정의가 존재하지 않는 사회는 어떻게 될까? … 그러한 그들의 목적이 정의에 배치되는 것일 경우에는 정의의 심판으로부터 면제될 길이 없다. … 정의만이 존재하고 의리가 전혀 없는 사회는 어떤 곳일까? … 끊임없이 상호감시하는 시스템을 운영해야 한다는 데 있다.[25]

시민과 군자를 논의했던 저자들과 달리 두 저자는 "상호 의리를 지키는 것이 정의의 원칙에 의해서 규제되면서 상호 조화를 이루는 것"만이 바람직한 것이라고 논한다. 군자적 인간상이 근대적 개인의 외로움을 치유하는 일종의 대안적 인간상의 모습을 띤다면, 의리와 정의는 그와 달리 일종의 우선순위를 정하는 논쟁의 모습을 하고 있다. 이러한 논의는 현실 속에서는 논리적인 것만큼 그렇게 간단하지

---

24 황경식·정인재, 「군자와 시민」, 『윤리 질서의 융합』(서울: 철학과현실사, 1996), 36-37.

25 이승환·김형철, 「의리와 정의」, 『윤리 질서의 융합』(서울: 철학과현실사, 1996), 93-95.

않다.

오늘날 한국 사회에서 바람직한 시민적 가치와 덕목이 무엇이냐 하는 논의는 과거와 현재, 문화와 차이라는, 서구 사회보다 훨씬 복잡한 사회적 현실 속에서 이루어진다. 달리 말해 우리가 직면한 현실은, 어떤 가치, 어떤 덕목을 추구할 것이냐 하는 모색의 방향에 논쟁처가 있지 않고, 다양성과 차이에 기반을 두어 공존하는 수많은 가치와 덕목 가운데 어떠한 원칙과 기준에 따라 어떤 가치와 덕목을 우선할 것인가라는 더 어려운 현실과 마주하고 있다는 점이다.

그런 의미에서 한국의 현실은 서구적 근대보다 더욱 복잡하고 지난한 갈등과 논쟁을 거치며 사회적 합의와 공감을 얻어야만 바람직한 가치와 덕성에 대한 정립이 가능할 것이다. 따라서 우리가 논의하고 추구해야 할 가치와 덕목은 어떤 가치, 어떤 덕목이냐의 방향이 아니라 기존의 가치와 덕목들 간의 관계와 우선성에 대한 소통적이고 절차적인 과정에 더 큰 비중이 있게 된다. 그런 의미에서 오늘날 한국 사회에서 가치와 덕목의 현실성이란, 소통과 횡단이라는 동적이고 개방적인 과정 그 자체라고 말하는 편이 적절할 것이다.

참고문헌

김영평·정인화. 2004. 『유교문화의 두 모습』. 서울: 아연출판부.

김윤철. 2013. 「근대적 덕목과 가치」. 『시민은 누구인가』. 고양: 인간사랑.

선우현. 2012. 『평등』. 서울: 책세상.

신진욱. 2008. 『시민』. 서울: 책세상.

아리스토텔레스. 이창우·김재홍·강상진 역. 2006. 『니코마코스 윤리학』. 서울: 이제이북스.

위잉스. 김병환 역. 2007. 『동양적 가치의 재발견』. 서울: 동아시아.

이동수. 2013. 「탈근대적 덕목과 가치」. 이동수 편. 『시민은 누구인가』. 고양: 인간사랑.

이동수 편. 2013. 『시민은 누구인가』. 고양: 인간사랑.

이현재. 2016. 『여성 혐오 그 후, 우리가 만난 비체들』. 파주: 들녘.

이희옥·장윤미 책임 편집. 2013. 『중국의 민주주의는 어떻게 가능한가: 중국의 논의』. 성균관대학교출판부.

장석준. 2013. 『사회주의』. 서울: 책세상.

황경식·정인재. 1996. 「군자와 시민」. 『윤리 질서의 융합』. 서울: 철학과현실사.

Tu Weiming. "Confucian Wisdom for the Future of Humanity(인류의 미래를 위한 유학의 지혜)." 2016 숭실석학강좌 발표문(미출간본).

3장
신유학적 '신념윤리'와 시민학의 과제

이현휘

한국정치가 총체적으로 무너져 내리고 있다. 외세의 침략이 없는데도 자멸하고 있는 것이다. 2016년 한국정치 얘기인가? 그렇다. 그러나 박근혜 정부만의 얘기는 아니다. "율곡은 조선의 사회정치적 상황을 '토붕지세'(土崩之勢) 즉, 곧 토담이 무너져 내리는 형세로 표현하면서 그 원인을 '유호무문'(籲呼無聞) 즉 부르고 외쳐도 들려지지 않는 현실에서 찾은 바 있다. 이러한 상황, 즉 사회과정이 소통적으로 막혀 있으며, 국민일반이 자신의 목소리와 의견을 높인다 해도 어느 누구도 들어주지 않는 상황이 곧 조선사회가 겪었던 사회적 모순이며, 이러한 모순적 현실은 오늘날의 한국 사회에서도 여전히 극복되지 못하고 있는 것으로 관측된다."[1] 2016년 박근혜 정부의 파행은 박근혜 정부 특유의 파행이 아니라 조선 정치 이후 끊임없이 반복된 만성적 파행이었다.

한국정치의 만성적 파행을 진단하기 위해서는 먼저 알프레드 노스 화이트헤드의 다음과 같은 얘기에 주목해 볼 필요가 있다.

> 주요한 문명의 진보는 마치 어린이의 손에 쥐어진 화살처럼 자신들이 처해있는 사회를 거의 완전히 파괴시키는 과정 속에 놓여있다는 사실을 자각하는 것, 그것이 바로 사회학적 지혜의 관문에 첫발을 내디디는 것이라고 할 수 있다. 사회가 자율적으로 운용되기 위해서는 기본적으로 두 가지 요건이 필요하다. 하나는 기존의 상징체계를 유지하는 것(in the maintenance of the symbolic code), 그리고 다른 하나는 기존의 상징체계를 계몽된 이성이 납득할 수 있는 목표에 부응할 수 있도록 과감하게 수정할 수 있어야 한다는 것이다(in fearlessness of revision). 자체의 상징들을 존중하면서 동시에 그것을 자유롭게 수정할 수 없는 사회들은 종국적으로 쇠퇴할 수밖에 없다. 그러한 사회는 극심한 혼란에 빠지거나 무용한 어둠 속에 질식된 삶이 점차 활력을 잃어가게 될 것이기 때문이다.[2]

---

1 박승관, 「여론, 군론, 정론」, 강남준 외, 『디지털 시대의 사회적 소통, 매체 그리고 문화적 실천』(서울대학교 언론정보연구소, 2005), 71-72.

2 Alfred N. Whitehead, *Symbolism: Its Meaning and Effect* (New York: Capricorn Books, 1959), 88.

한국정치가 만성적 파행을 거듭하는 까닭은 다양한 시각에서 분석할 수 있을 것이다. 하지만 화이트헤드의 지적을 참고할 경우 한국인의 정치적 행동을 지배하는 '상징체계'(the symbolic code)를 비판적으로 검토하는 작업을 방기한 데서 찾아볼 필요가 있다.

한국인의 정치적 행동을 지배하는 상징체계는 크게 두 가지 맥락에서 형성되었다고 할 수 있다. 하나는 서양에서 수입한 근대학문의 맥락이고, 다른 하나는 한국의 역사에서 계승한 전통학문의 맥락, 그중에서도 특히 조선시대의 신유학이 각각 그것이다. 그런데 서양 근대학문과 신유학은 바람직한 시민을 육성할 수 있는 '시민학'의 자격을 원천적으로 결여하고 있었다. 그래서 한국인의 정치적 행동을 지배하는 상징체계에는 시민윤리가 누락될 수밖에 없었다.

주지하듯 막스 베버는 정치윤리를 책임윤리(the ethic of responsibility)와 신념윤리(the ethic of conviction)라는 두 개의 이념형으로 설명했다. 이 중에서 책임윤리가 정치윤리이고, 신념윤리는 일종의 종교윤리로서 정치가가 그 어떤 경우에도 실천해서는 안 되는 윤리다. 또한 레이몽 아롱은 책임윤리가 정치가의 윤리가 되어야 할 뿐만 아니라 시민의 윤리도 되어야 한다고 강조했다. 그런데 서양 근대학문은 '윤리'를 적극 배제하면서 성립한 학문이다. 근대학문은 이른바 뉴턴 패러다임으로 지칭되는 17세기 근대 세계관에 입각해서 구성되었는데, 그것의 요체는 사실과 가치가 분리되었다는 점이었다. 근대 학문은 사실의 영역에서 객관적 이론을 추구하고자 했다. 그래서 객관적 이론화가 어려운 가치의 영역은 적극 배제하는 전략을 취했다. 그런데 윤리는 가치를 본성으로 갖는 개념이다. 따라서 근대학문에서는 정치윤리나 시민윤리 등이 처음부터 들어설 여지가 없었다. 에롤 E. 해리스는 근대학문의 '탈윤리적' 성격을 다음과 같이 설명했다.

> 이처럼 가치로부터 사실을 분리하는 사고방식에는 도덕적 명령의 상대주의가 함축되어 있으며, 도덕적 상대주의에 입각한 판단은 주관주의를 함축한다. 오코너, 칼 포퍼, 마가렛 맥도날드, 카이 닐센 역시 전통적 자연법사상을 비판할 때 가치로부터 사실의 엄격한 분리를 주장했다. 이들은 모두 자연법사상이 이른바 '자연주의적 오류'(naturalistic fallacy)를 범했다고 비판했는데, 그것은 뉴턴의 객관성 개념으로부터 직접 파생된 것이었다. 윤리학에서 이러한 정의주의(emotivism)와 비인지주의(noncognitivism)가 자리를 잡은 결과 어떤 방식으로든 전통적 도덕의 합리적 기초를 마련하는 것이 사실상 불가능하게 되었다. … 이제 종교적 근본주의와 같은 신앙고백을 제외하면 객관적으로 인정된 행위의 기준은 더 이상 존재하지 않는다. 행동의 허용범위가 광범위하게 확대되었고, 삶의 지침을 상실한 젊은 세대는 길을 잃고 방황한다. … 인간이 살아가면서 추구해야 할 궁극적 목적을 개념적으로 명료하게 정립하지 못한 상태에서, 어떤 측면에서 성공을 추구해야 하는지를 구체적으로 확정하지 못한 채 그저 막연히 '성공'을 추구하는 경우가 대부분이다. 현대 사회에서는 도덕적 수사를 널리 사용하고, 겉으로 보기에는 합리적 계율을 존중하는듯하지만 사실 따지고 보면 학자들이나 일반 대중들이 자신들의 개별적 이익과 자의적으로 설정한 당파적 목적을 선전하기 위해 그럴듯하게 포장한

경우가 대부분이다. 인간을 존중하는 도덕은 이미 오래전부터 개인을 조작하는 술책으로 전락해버렸다. '윤리적' 수사로 포장된 정책을 찬찬히 들여다보면 위선적인 모순으로 가득 차 있음을 알 수 있는데, 그런 정책들은 항시 도덕적 궤변을 정당한 것처럼 주장하기 때문이다.[3]

그러나 문제는 여기에서 그치지 않는다. 한국 사회에서 통용되는 '상징체계'는 서양 근대학문뿐만 아니라 조선시대의 역사적 유산인 신유학을 배경으로도 형성되었는데, 신유학은 철저히 '신념윤리'를 정치윤리로 가르쳤기 때문이다. 하지만 앞에서 얘기한 것처럼 신념윤리로 무장한 사람은 그 어떤 경우에도 정치를 해서는 안 되는 인물이다. 따라서 한국정치 현장은 서양 근대학문의 '탈윤리'와 조선 신유학의 '신념윤리'가 착종되어 빚어낸 '반정치적 상징체계'의 지배를 받을 수밖에 없었다. 바로 여기에 한국정치의 만성적 파행의 원천이 자리하고 있었던 것이다.

한국 사회 특유의 상징체계를 비판적으로 성찰하는 과제는 특히 '철학'의 몫이다. 화이트헤드는 이렇게 말한다. "철학이 사회의 건강한 진보를 위해서 반드시 수행해야 할 과제가 있는데, 당대의 추상의 체계를 비판하는 작업(the critic of abstractions)이 바로 그것이다."[4] 하지만

---

3 에롤 E. 해리스, 이현휘 역, 『파멸의 묵시록: 과학적 패러다임과 일상의 사유양식』(부산: 산지니, 2009), 92–93.

4 Alfred N. Whitehead, *Science and the Modern World* (New York: The Macmil-

한국의 철학은 지금까지 한국인의 사유를 지배하는 상징체계를 비판적으로 성찰하는 과제를 성공적으로 수행하지 못했다고 볼 수 있다. 따라서 한국정치의 만성적 파행은 궁극적으로 한국 철학 내지 한국 지성의 실패에서 파생된 것이었다고 평가할 수 있다.

필자는 다른 글에서 근대학문의 '탈윤리' 문제를 검토한 바 있다.[5] 또한 필자가 번역한 에롤 E. 해리스의 『파멸의 묵시록: 과학적 패러다임과 일상의 사유양식』에서는 근대학문의 다양한 분야들, 예컨대 국제정치학, 정치학, 경제학, 철학 등과 같은 분야에서 윤리학이 누락된 면면을 포괄적으로 검토했다.[6] 그러나 신념윤리를 강제하는 신유학의 '반정치적 성격'을 비판적으로 검토하는 작업은 지금까지 거의 이뤄지지 않았다고 할 수 있다. 따라서 이 글에서는 신유학의 반정치적 성격을 철학적으로 해체하고, 한국정치의 만성적 파행을 종식시키는데 기여할 수 있는 시민학의 과제를 제안해 보고자 한다.

---

lan Co., 1950), 86.

5 이현휘, 「미국의 시민교육」, 이동수 편, 『시민교육과 대학』(고양: 인간사랑, 2013), 202-236; 이현휘, 「증오의 복음: 근대문명과 폭력의 세계화」, 『비폭력연구』 창간호 (2009), 119-152.

6 해리스, 『파멸의 묵시록』, 68-76, 88-95, 98-137.

1. 왕도와 패도

필자는 지난 수년간 정치학 강의 시간에 이런 질문을 던졌다. "왕도정치와 패도정치 중 어느 쪽이 좋은 정치라고 생각합니까?" 그 때마다 학생들은 주저하지 않고 한목소리로 대답했다. "왕도정치요!" 필자의 질문에 답하는 학생들은 매년 바뀌었지만, 그들의 답변 내용은 전혀 바뀌질 않았다. 왜 그럴까? 물론 초·중·고등학교에서 그렇게 배웠기 때문일 것이다. 필자 역시 약40여 년 전 중·고등학교에서 왕도정치가 패도정치보다 더욱 좋은 것으로 배웠다. 그러면 초·중·고등학교에서는 왜 그렇게 가르칠까? 이 질문에 대한 답변의 단서는 예컨대 '학술연구정보서비스'(RISS)[7]같은 곳에서 왕도와 패도, 유가와 법가, 또는 왕도를 대표하는 맹자와 패도를 대표하는 한비자 등을 키워드로 논문 제목을 검색해보면 쉽게 짐작할 수 있다. 왕도, 유가, 맹자 등을 키워드로 잡은 논문 제목은 패도, 법가, 한비자 등을 키워드로 잡은 논문 제목보다 압도적으로 많다. 그런 패턴은 대형서점의 도서 제목에서도 동일하게 확인된다. 그러면 한국 학계에서 왕도에 관한 연구가 패도에 관한 연구보다 압도적으로 많은 패턴을 보인다는 사실은 우리에게 무엇을 말해주는 것일까? 그것은 "한국 정치사상사에서 법가가 주류를 차지한 적이 없다는 것을"[8] 말해주며, 다시 그것은 한

---

7 http://www.riss.kr/

8 Hahm Pyong-Choon, *The Korean Political Tradition and Law: Essays on Kore-*

국인의 정치적 사유양식을 패도 대신 왕도가 항시적으로 지배했다는 사실을 말해준다.[9] 그리고 그런 사유양식은 지금도 초·중·고등학교 교육을 통해 끊임없이 재생산된다.

하지만 왕도정치가 주조해 낸 한국정치의 실상은 왕도정치에서 의도한 순전한 도덕 공동체와 거리가 먼 것이었다. 한국정치가 자기배반 내지 자기 부정의 길을 걸으면서 '한국병'으로 전락한지 이미 오래되었기 때문이다.[10] 한국정치의 그런 모습은 예컨대 '대한민국의 잃어버린 정치를 찾습니다'라는 제하에 작성된 한 일간지의 기사에서도 쉽게 찾아볼 수 있다.

> 정치(政治)란? 국어사전에 따르면 '권력을 획득해 나라를 다스리는 일'이다. 부연해서 '국민들이 인간다운 삶을 누릴 수 있도록 하고, 상호간의 이해를 조정하며, 사회질서를 바로 잡는 역할을

---

an Law and Legal Theory (Seoul: Hollym Co., 1967), 20. 한국 학계에서 법가사상을 종합적으로 연구한 선구적 사례로는, 이춘식, 『춘추전국시대의 법치사상과 세(勢)·술(術)』(서울: 아카넷, 2002).

9 왕도정치를 대표하는 『맹자』가 조선시대 이래 현대 한국인의 사유양식을 계속해서 지배한다는 사실을 통찰한 사례로는, 김용옥 역주, 『맹자, 사람의 길』 상(上)(서울: 통나무, 2012), 200-204. 그레이슨 역시 조선시대의 신유학이 현대 한국인의 사유 양식을 여전히 지배한다고 지적했다. "한국인의 세계관은 효, 충, 그리고 예라는 유교적인 개념에 의해 여전히 영향 받고 있기 때문에 한국 사회는 아직도 유교사회라고 말할 수 있다." 제임스 헌틀리 그레이슨, 강돈구 역, 『한국종교사』(서울: 민족사, 1995), 276.

10 「정치가 한국병이다」, 《동아일보》(2011. 3. 25, 26, 28).

한다'고 돼 있다. 이 같은 사전적 의미로 볼 때 대한민국엔 정치가 없다. 현상은 오히려 정반대의 흐름이다. 국민들의 삶에 스트레스를 주는 경우가 많고, 상호 이해를 조정하는 경우는 드물며, 사회 질서가 아니라 정치권 질서부터 바로잡아야 할 판이다. 모든 것이 우격다짐, 몸싸움, 날치기가 판치는 비생산적 정쟁이 구조화, 만성화한 탓이다. 이 같은 정치 환경이 만연하면서 대화와 타협은 사라진 지 오래다. 민주주의 시스템의 운영원리인 다수결의 원칙, 소수에 대한 존중·배려의 가치도 숨 쉴 공간을 잃었다. 정치판은 오직 '이기느냐, 지느냐'의 전쟁터로 변질돼 있다. 그래서다. 원론적인 시각에서 한국의 정치는 '부재(不在) 상태,' 현실의 눈으로 볼 땐 '후진적'이다.[11]

그런데도 한국 학계에서는 끊임없이 왕도정치를 역설하고, 학계의 그런 주장으로부터 영향을 받은 한국 사회에서는 끊임없이 왕도정치를 찬양한다. 예컨대 김용옥은 "맹자의 정신을 되살려 서구 민주주의와 결합한 이상적인 질서를 만든다면 한국이 도덕으로 천하를 통일할 수 있다고 본 맹자처럼 남북통일은 물론 세계적 리더십을 얻을 수 있다고 했다."[12] 김상준은 '유교정치의 특징을 모럴폴리티크(moralpolitik)이라는 개념으로 압축하면서' 이렇게 주장한다. "모럴폴리티크은 리얼

---

11 「대한민국의 잃어버린 정치를 찾습니다」, 《세계일보》(2010. 1. 31).

12 「한국의 파워라이터, 철학자 김용옥, '한국이 맹자와 민주주의를 결합하면 최고의 나라가 될 것'」, 《경향신문》(2012. 6. 15).

폴리틱(realpolitik), 즉 '윤리-도덕적 관점을 배제한 실제 정치'의 반대 개념이다. … 사실 정치에서 윤리도덕적 관점을 '완전히' 배제한다는 발상이야말로 극히 이례적이고 예외적이다. 이러한 강한 의미의 리얼폴리틱은 한때, 그것도 국제정치 분야에 국한되어 유행했을 뿐이다. 이제는 국내정치는 물론이고 국제정치에서도 이런 강한 의미에서의 개념은 거의 사용되지 않는다. 도덕과 정치가 너무 뒤섞여 있는 것도 분명 문제지만, 도덕이 완전히 배제된 정치란 더욱 끔찍하다. … 이렇게 보면 모럴폴리틱이 리얼폴리틱의 잔여개념(residual concept)이 아니라, 반대로 리얼폴리틱이 모럴폴리틱의 잔여개념이라는 것이 정확하다." 이어서 "모럴폴리틱의 전형으로서의 예송"을 제시하고, 칸트의 "'영구평화'란 참으로 유교적인 주제다! 국가 폭력에 비타협적인 맞섬과 통제를 교의의 핵심으로 하는 종교가 유교 말고 또 있는가?"라고 평가한다.[13] 김성문 역시 맹자의 정치사상이 유교의 모럴폴리틱을 모범적으로 보여준다고 전제한 다음, 국가 간의 질서를 유교의 도덕에 입각해서 위계적으로 조직할 때 강대국과 약소국이 평화적으로 공존

---

13 김상준, 「유교정치의 키워드: 모럴폴리틱」, 김상준, 『맹자의 땀 성왕의 피』(서울: 아카넷, 2011), 185-222. 하지만 국제정치를 전공한 필자의 시각에서 판단할 때, 리얼폴리틱이 국제정치 분야에서 '수명'을 다했다는 김상준의 주장은 근거가 희박한 얘기다. 헨리 키신저 역시 자신의 국제정치적 경험을 최종적으로 정리한 최근 저서에서 리얼폴리틱의 적실성을 광범위하게 검토한 바 있다. Henry Kissinger, *World Order* (New York: Penguin, 2014). 이 책의 서평으로는, Walter Isaacson, "Henry Kissinger Reminds Us Why Realism Matters," *Time* (Sept. 6, 2014).

할 수 있는 국제정치의 정의가 실현될 수 있다고 주장한다.[14] 그뿐 아니다. 최상용은 맹자를 계승한 정도전이 세계 최고 수준의 정치사상가라고 극찬한다. "정도전의 일생을 정치학의 열쇠 개념을 원용하여 설명해보면, 그는 세계사적 수준에서 보아 동시대의 어떤 정치가와 비교해도, 그리고 한국사에 등장한 많은 정치 지도자들과 비교해도 지력(知力)이나 정치력 양면에서 그 탁월성을 인정하지 않을 수 없다. 정도전은 냉혹한 권력투쟁의 과정에서도 확고한 정치철학을 가지고 새로운 정치공동체 조선왕조를 건설한 큰 정치가였다."[15] 또한 최상용과 박홍규가 함께 집필한 『정치가 정도전』을[16] 크게 참조하면서 제작된 TV 드라마 "정도전"은 높은 시청률을 기록하며 국민의 뜨거운 사랑을 받았다.[17]

하지만 한국 학계에서 그토록 칭송하는 왕도정치와 그 왕도정치가 만들어낸 한국정치의 만성적 파행 간의 극단적 괴리는 도대체 어떻게 이해해야 한단 말인가? 주지하듯 왕도정치는 무력 대신 도덕을

---

14 Sungmoon Kim, "Mencius on International Relations and the Morality of War: From the Perspective of Confucian *Moralpolitik*," *History of Political Thought*, Vol. XXXI, No. 1 (2010), 33–56.

15 최상용, 「머리말」, 최상용·박홍규, 『정치가 정도전』(서울: 까치, 2007), 8.

16 최상용·박홍규, 『정치가 정도전』.

17 배진영, 「이 사람, 인기사극 〈정도전〉의 작가 정현민, '〈정도전〉을 통해 정치의 맨살을 보여주고 싶었다'」, 《월간조선》 (2014년 4월호), 384–385. 「왜 다시 정도전인가, 최상용이 본 조선의 풍운아. '한국 양극화 고려 말 닮아 … 600년 전 메시지 귀 기울여야'」, 《중앙일보》(2014. 1. 30). 「올해만 10여권째 … 서점가 '정도전' 열풍」, 《스포츠동아》(2014. 3. 14).

수단으로 정치적 목표를 달성하고자 한다. 반면, 패도정치는 무력을 정치적 수단으로 적극 수용한다는 점에서 왕도정치와 대척관계에 있다. 그런데 무력은 정치의 결정적 수단이며, 따라서 무력을 부정할 경우 정치 그 자체가 부정된다.[18] 그래서 프랑수아 줄리앙의 경우 패도정치를 대표하는 『한비자』는 법가사상이 아니라 정치사상으로 이해하는 것이 마땅하다고 평가했다.[19] 그렇다면 『한비자』와 대척관계에 있는 『맹자』는 '반정치사상'(anti-political thought)으로 평가해야 마땅했다.[20] 그런데도 한국 지성은 수백 년간 『맹자』를 정치사상으로 이해했

18 막스 베버, 전성우 역, 『직업으로서의 정치』(파주: 나남, 2012), 19.

19 François Jullien, *A Treatise on Efficacy: Between Western and Chinese Thinking*, trans. by Janet Lloyd (Honolulu: University of Hawaii Press, 2004), ix, 28.

20 일부 학자는 『맹자』의 왕도정치에서 무력을 부정했다는 학계의 통념을 비판하고, 『맹자』에서도 무력을 긍정하는 논리가 존재하며, 그런 논리에 입각해서 의전론(義戰論) 내지 정의의 전쟁(just war)을 전개했다는 사실을 보여주고자 한다. 윤대식, 「맹자의 전쟁과 반전쟁: 의전론을 중심으로」, 『국제정치논총』 제43집 1호 (2003), 7-23; Sungmoon Kim, "Mencius on International Relations and the Morality of War," 46-52. 하지만 『맹자』에서는 왕도를 패도보다 우위에 두었으며, 그로 인해 베버가 개념화했던 '신념윤리'에 극도로 편향된 정치윤리를 옹호했다. 따라서 『맹자』의 전쟁관 역시 문명화의 사명(mission civilizatrice)이나 명백한 숙명(manifest destiny) 등과 같은 신념윤리가 리드했다. Nicola Di Cosmo, *Ancient China and Its Enemies: The Rise of Nomadic Power in East Asian History* (Cambridge: Cambridge University Press, 2002), 105, 299. 그러나 신념윤리가 전쟁을 지배할 경우 의전이나 정의의 전쟁이 수행되는 것이 아니라, 『맹자』에서 추구하는 왕도의 이념 그 자체까지 철저히 유린하는 최악의 '십자군전쟁'으로 귀결될 뿐이다. 자세한 내용은, 이현휘, 「전쟁과 평화: 미국 전쟁수행 방식의 '반정치적' 성격을 사례로」, 이동수 편, 『지

고, 그런 이해를 바탕으로 정치제도를 설계했으며, 그렇게 마련한 정치제도 안에서 정치적 삶을 살아왔다.

왕도정치의 최대의 문제점은 '전쟁'을 직시하지 못하도록 우리의 눈을 가린다는 데 있다. 하지만 "정치란 … 전쟁을 잉태하는 자궁과 같은 것이다"(politics … is the womb in which war develops).[21] 그래서 "전쟁은 정치적 활동의 한 분야일 수밖에 없다"(war is only a branch of political activity).[22] 그런데도 왕도정치는 무력을 도덕적으로 부정하면서 가장 적나라한 정치적 행위인 전쟁 그 자체를 끊임없이 외면하도록 만들었다. 임진왜란이 발생하기 2년 전인 1590년, 선조는 정명가도(征明假道)를 요청하는 도요토미 히데요시를 '예'(禮)로써 타이르라고 명했다.[23] 이처럼 왕도정치가 지배한 조선에서는 "단호한 군사행동이 필요한 때조차 공맹(孔孟)의 말을 빌린 비호전적 주장이 크게 선호됐다. … 문치만능주의가 조선 초기부터 수세기 동안 계속되면서 국방력이 섬뜩할 정도로 약화되었다. 1592년 일본 침략군은 3주 만에 수도를 함락시키고 무인지경을 행군하듯이 거의 전국을 유린하고 황폐화시켰다. 1637년에는 청군이 침입 1개월 만에 조선을 제압했다. 이처럼 거듭되는 외국의 침략에도 불구하고 백성들을 효율적으로 동원하여 적절한 군사

구촌과 세계시민: 세계시민 되기』(고양: 인간사랑, 2017), 제6장.

21 Carl von Clausewitz, *On War*, ed. and trans. by Michael Howard and Peter Paret (Princeton, New Jersey: Princeton University Press, 1976), 149.

22 Carl von Clausewitz, *On War*, 605.

23 미야케 히데요시, 김세민 외 역, 『조선통신사와 일본』(성남: 지성의 샘, 1996), 59.

력을 일으킬 수 있는 조직이 백성들 사이에서 뿌리내려 육성되지 못했다."[24] "전쟁은 인간의 폭력적 본성을 단호하게 가르쳐주는 선생이었지만"(stern teacher),[25] 조선은 그런 선생으로부터 아무 것도 배우지 못했던 것이다. 1596년 일본의 재침 우려로 북경에 원병을 청하러 갔던 정기원(鄭期遠) 일행에게 명의 이화룡(李化龍)은 이렇게 물었다. "조선이 수당 이래 강국으로 불렸는데 지금 이처럼 허약해진 이유가 무엇이냐?" 당시 명에서는 그 까닭을 조선에서 '문을 숭상하고 무를 경시한 풍조'에서 찾았다.[26] 명의 분석은 정확했다. 고구려에서 『손자병법』 연구는 대단히 왕성했다. 고려시대에도 『손자병법』 연구는 여전히 명맥을 유지했다. 하지만 조선시대에 들어서면서 『손자병법』 연구는 현격하게 감소했다. 조선 유학자의 눈에 병학(兵學)은 '사술'(詐術)로 밖에 보이지 않았기 때문이다. 그래서 조선에서는 어떤 뚜렷한 전략 개념도 개발할 수 없었다.[27] 고구려와 달리 조선이 정치적으로 실패한 국가로 전락한 배경이 여기에 있었다.[28] 하지만 '문'(文)을 우대하고,

---

24 그레고리 헨더슨, 박행웅·이종삼 역, 『소용돌이의 한국정치』(파주: 한울, 2000), 59-60.

25 Thucydides, *History of the Peloponnesian War*, trans. by Rex Warner (Penguin Books, 1972), Book 3, Chapter 82.

26 한명기, 『임진왜란과 한중관계』(역사비평사, 1999), 157-160 참조.

27 육군사관학교 전사학과 김광수 교수와 인터뷰 (2002. 4. 16).

28 Sung Nam Kim, "State Success and Failure: Comparison of Military Capabilities of Koguryo and Choson," MA thesis, 2002. Graduate School of International Studies, Yonsei University.

'무'(武)를 천시하는 조선 시대의 풍조는 현대 한국 사회에서도 거의 그대로 관철되고 있다.[29] 요컨대 왕도정치가 한국정치에 침윤되면서 한국인의 정체성은 점차 상실되었고,[30] 한국 정치사는 꾸준히 쇠퇴하는 궤적을 그리지 않을 수 없었다. 삼국시대로 거슬러 올라갈수록 한민족의 대외정벌 빈도는 많아지고, 외국군의 한반도 주둔 빈도는 줄어든 반면, 조선시대를 거쳐 현대 한국으로 내려올수록 한민족의 대외정벌 빈도는 줄어들고, 외국군의 한반도 주둔 빈도는 늘어났기 때문이다.[31]

한국의 지성이 조선왕조 이래 수백 년간 패도 대신 왕도를 정치사상으로 이해했다는 사실은 정치의 본성 그 자체에 대한 이해에서 근본적 문제가 있었다는 사실을 암시한다. 절을 바꿔 정치의 본성을 베버의 사회학적 시각에서 다시 검토해 보기로 한다.

---

29 육군사관학교 전사학과 김광수 교수와 인터뷰 (2002. 4. 16).

30 제임스 그레이슨의 견해다. "사실 나는 한국만큼 유교적인 나라는 없다고 본다. 한국의 유학자들은 정치뿐 아니라 사회·문화 등 모든 분야에 유교를 실현하려고 했다. 나는 그러한 유교적 사고방식에 대한 집착이 오늘날 한국 사회의 위기와 변동에 큰 영향력을 미쳤고 한국인의 정체성을 상실하게 했다고 생각한다."「한국 신화 파헤친 그레이슨 교수, 유교가 한국인 정체성 상실 불렀다」,《문화일보》(2001. 4. 20). '유교가 한국인의 정체성 상실을 불렀다'는 제임스 그레이슨의 판단은 한국의 고대 및 근대의 신화와 설화에 투영된 사유양식을 종합적으로 비교한 자신의 연구에 기초를 둔 것이다. 자세한 내용은, James H. Grayson, *Myths and Legends from Korea: An Annotated Compendium of Ancient and Modern Materials* (Richmond, Surrey: Curzon Press, 2001).

31 박선식,『한민족 대외정벌기』(파주: 청년정신, 2000); 이재범 외,『한반도의 외국군 주둔사: 웅진도독부에서 주한미군까지』(서울: 중심, 2001) 참조.

2. 정치와 교권제

정치란 무엇인가? 막스 베버는 정치의 이념형을 구성해서 이 질문의 답변을 제시했다. 베버는 먼저 정치의 광범위한 의미에 모두 주목하는 대신, '국가라는 정치적 조직체의 운영 내지 운영에 영향을 미치는 활동'으로 한정해서 이해한다. 이어서 국가의 결정적 특성을 파악하고자 했는데, 구체적으로 그것은 국가가 지닌 특수한 수단, 즉 '물리적 강제력'이었다. "'모든 국가는 폭력에 그 기초를 두고 있다'라고 트로츠키는 한때 브레스트-리토브스크 시에서 말한 적이 있습니다. 이것은 정말 옳은 말입니다. 만일 강제력이라는 수단을 가지지 않은 사회적 조직체들만이 존재한다면, '국가'라고 하는 개념을 사라질 것이고, 또한 특정한 의미에서 〈무정부상태〉라고 지칭할 수 있을 만한 현상이 나타날 것입니다. 물론 나는 지금 여기서 강제력이 국가가 가진 통상적 수단이라거나 유일한 수단이라고 말하고 있는 것은 결코 아닙니다. 그러나 강제력이 국가의 특유한 수단인 것은 분명합니다." 베버는 이런 판단에 기초해서 국가의 이념형을 다음과 같이 구성한다. "오늘날에는 한 특정한 영토 내에서—이 점, 즉 〈영토〉는 현대국가의 특성 중 하나입니다—정당한 물리적 강제력의 독점을 (성공적으로) 관철시킨 유일한 인간 공동체는 곧 국가라고 봐야 할 것입니다. … 오늘날 국가는 강제력을 사용할 〈권리〉의 유일한 원천입니다." 이렇게 구성한 국가의 이념형에 기초해서 정치의 이념형 또한 곧바로 구성해 낸다. "〈정치〉란 국가들 사이에서든, 한 국가 내 집단들 사이에서든, 권력에 참여하려는 노력 또는 권력배분에 대해 영향력을 행사하고자 하는 노력을 뜻한다고 말할 수 있습니다."[32]

베버가 구성한 정치의 이념형은 서구 정치사에 한정해서 적실성을 갖는 것은 아니다. 통상 왕도정치를 옹호하는 중국이나 한국의 많은 학자는 베버가 구성한 정치의 이념형이 서구적 편견을 반영한 것이라고 쉽게 폄하해버린다. 하지만 그들이 옹호하는 중국 정치사에서 왕도정치가 실현된 사례는 존재하지 않는다. 김충렬은 그 점을 다음과 같이 지적했다.

> (유교의) 이상 정치가 그렇게 재빨리 중국 역사상 자취를 감추게 된 원인은 무엇보다도 그 이상 자체가 실현되기 어려운 문제를 많이 가지고 있었다는 데서 찾아볼 수 있다. … 중국 정치 사상 권모술수가 하나의 정권을 쟁취하는 주요한 수단으로 등장한 것은 확실히 불행한 일이었다. 그러나 그것은 분명히 현실 정치의 한 기술로, 또는 정치 교체를 이루게 하는 한 운동으로서 가장 유효한 공능을 발휘한 것은 사실이다. 날이 가고, 정권 교체의 회수가 더하면 더할수록 권모의 단수는 높아가는 것이었다. 이로써 중국 문화의 정면(正面)이라고 할 수 있는 도덕주의는 현실을 지배하는 위치에서 멀어졌고, 따라서 무기력해지고 말았으며, 실제로 인간사를 지배하는 데 반면(反面)인 권력주의만이 성행하게 된 것이다.[33]

32 베버, 『직업으로서의 정치』, 18-20.

33 김충렬, 「중국의 비정통사상과 그 맥락: 모택동의 중국적 권모와 그 형성배경

최근 서양 학계에서도 중국의 왕도정치라는 '미망'(迷妄)에서 벗어나 중국 정치사를 직시하기 시작했다. "공자와 맹자의 철학적 전통으로 단단히 포장된 중국의 문화적 식견에서는 항시 칼보다 붓을 더욱 높이 평가한다. … 하지만 중국 역사를 대충만 훑어봐도 '전투정신이 덜 고취된' 역사로 이해하는 모든 사고방식에서(any notion of 'undermilitarized' history) 벗어날 수 있다. 중국 역사에서도 팽창과 정복을 추구하는 전쟁에서부터 내전, '통일'을 위한 전쟁, 방어전 등에 이르기까지 모든 종류의 전쟁이 편재했기 때문이다."[34] 대만의 한 학자 역시 자신이 왕도정치의 허상을 돌파하게 된 계기를 이렇게 소개한다.

> 나는 이 책에서 중국이 적대국보다 상대적 우위를 점하려는 관심사가 중국의 전략적 선택에서 핵심을 이루었다고 주장할 것이다. 유교문화로 중국인의 무력 사용을 통제할 수 없었기 때문이다. 대신 중국은 세계 역사에서 등장한 여타 강대국과 마찬가지로 분명히 리얼폴리틱을 실천한 국가였다(clearly a practitioner of realpolitik). … 중국에서 유교의 반군사주의적 문화가 지배했는데도 불구하고 전쟁은 중국 역사에서 드물지 않게 출현했다. … 나는 이 책을 쓰면서 내가 초등교육과정에서 습득한 수많은 뿌리 깊은 신념을(the deep-seated beliefs) 타파해야만 했다. 나는 대만에서

을 중심으로」, 김충렬, 『중국철학산고』 II(서울: 온누리, 1988), 336-344.

34 Nicola Di Cosmo, "Introduction" in Nicola Di Cosmo, ed. *Military Culture in Imperial China* (Cambridge, Mass.: Harvard University Press, 2009), 2.

성장할 때 학교에서 중국사와 유교 고전을 배웠다. 그 교육과정에서 배운 내용은 우리가 보통 알고 있는 통념과 일치했다. 예컨대 평화를 선호하는 유교 문화는 방어적 정신을 갖고서 해외 팽창을 피하는 국가를 만들었다. 중국의 세계 질서는 패도가 아니라 왕도에 입각해서 구성되었다. 중국의 영토는 군사력이 아니라 유교 문화의 확산을 통해 확대되었다. 하지만 나는 이 연구에서 이런 식으로 주입된 모든 표준적인 견해에 도전하고자 한다. 따라서 이 책은 어떤 측면에서 나의 자기 성찰의 여정을 기록한 것이라고도 볼 수 있다.[35]

무력이 정치 특유의 수단이라는 사실에 착안할 때, 그 무력을 부정하는 왕도정치, 도덕정치, 모럴폴리틱, 덕치, 예치 등의 개념은 모두 '모순어법'(oxymoron)에 속하는 것이었다. 따라서 그런 개념은 학술 용어의 자격을 결여한 것이었고, 그 때문에 학계에서 더 이상 사용해서는 안 되는 개념이었다. 베버가 제시한 이념형으로 판단할 때, 왕도, 도덕, 모럴, 덕, 예 등은 물리적 강제(physical coercion)를 요체로 삼는 정치의 수단이 아니라, 심리적 강제(psychic coercion)를 요체로 삼는 '교권제'(hierocracy)의 수단이기 때문이다.[36] 전통 사회에서 교권제는 주로

---

35 Yuan-kang Wang, *Harmony and War: Confucian Culture and Chinese Power Politics* (New York: Columbia University Press, 2011), xiii-xiv.

36 베버가 제시한 정치와 교권제의 상이한 특성을 자세히 검토하려면, Max Weber, *Economy and Society: An Outline of Interpretive Sociology*, ed. by Guenther

종교가 담당했다. 교권제는 정치의 정당성(legitimacy)을 옹호하거나 견제하는 이데올로기의 역할을 수행한다. 통상 중국정치의 전통을 '외유내법'(外儒內法), '양유음법'(陽儒陰法) 등으로 표현하는데,[37] 그런 표현을 베버가 제시한 이념형으로 분석하면 법가는 정치의 역할을 수행했고, 유가는 그 정치의 정당성을 이데올로기적으로 옹호하거나 견제하는 교권제의 역할을 수행했다는 뜻이었다.[38] 김충렬은 중국 정치사에서 유가와 법가가 항시 긴밀하게 연결된 형태로 실천되었다는 사실을 다음과 같이 지적했다. "중국의 정치사는 유가를 정면사상(正面思想)으로 내세우면서도 법가의 반면사상(反面思想)이 항상 함께 붙어 다녔고, 심지어는 반면사상(反面思想)이 오히려 표면으로 부상한 때가 많았(다.) … 이론과 실재에서 볼 때 중국의 천하사상(天下思想)은 비록 그 이상이 유가의 위대한 도덕정신에 의해 잉태된 것이기는 하나 실제로 그것을 발육(發育)시킨 장본인은 법가였음을 부인할 수가 없다. 그리하여 중국의 천하사상은 그 기국(器局)면에 있어서는 유가의 청사진을 내걸고 있으나(명분상) 그 구현(具顯)면에서는 다분히 법가의 권능에

Roth and Claus Wittich (New York: Bedminster Press, 1968), 54-56 참조.

37 이춘식, 『춘추전국시대의 법치사상과 세(勢)·술(術)』, vi. 김충렬, 「중국의 '천하사상'」, 김충렬, 『중국철학산고』 II, 254-255; 스티븐 모셔, 심재훈 역, 『헤게몬: 아시아와 세계를 지배하려는 중국의 음모』(서울: 모티브, 2003), 64-68.

38 『맹자』를 교권제의 시각에서 파악한 사례로는, A. T. Nuyen, "The 'Mandate of Heaven': Mencius and Divine Command Theory of Political Legitimacy," *Philosophy East and West*, Vol. 63, No. 2 (2013), 113-126.

의해 행사되었던 것이니(運營) ….”[39]

하지만 한국에서는 유가와 법가를 상호 배타적인 것으로 파악했고, 둘 중에서 유가를 취하고 법가를 버리는 선택을 했다. 그 선택은 결국 법가가 한국 정치사에서 주류를 차지하지 못하도록 만들었고, 학생들이 정치학 강의실에서 패도보다 왕도를 더욱 좋은 것으로 답변하도록 만들었다. 이는 한국 정치사에서 자발적으로 정치를 포기하는 노선을 걸었다는 것을 의미한다. 베버가 제시한 이념형으로 평가할 때, 유교를 취하고 법가를 버렸다는 사실은 교권제를 취하고 정치를 버렸다는 것을 의미하기 때문이다. '외유내법'의 도식에서 '내법'을 버리고 '외유'만 취한 꼴이었다. 그러자 한국에서는 정치의 빈자리를 교권제가 꿰차게 되었다. 바로 여기에서 한국정치의 모든 재앙이 잉태되었다. 교권제와 정치는 질적으로 완전히 다른 성격을 지녔지만, 한국에서는 교권제를 정치와 동일시하는 심각한 오류를 범했던 것이다. 그리고 그런 오류가 현대 한국인의 사유를 여전히 지배한다. 예컨대 한국을 대표하는 40여명의 정치학자는 약 3년에 걸친 숙고 끝에 『한국정치사상사』를 선구적으로 펴냈다.[40] 하지만 그 책은 '정치사상'이란 타이틀을 걸었지만, 책을 펴보면 정치사상에 관한 내용을 찾아보기

39 김충렬, 「중국의 '천하사상'」, 246–247. 유가와 법가를 통합한 시각에서 중국 정치사를 거시적으로 연구한 사례로는, Dingxin Zhao, *The Confucian–Legalist State: A New Theory of Chinese History* (Oxford: Oxford University Press, 2015).

40 한국·동양정치사상학회 엮음, 『한국정치사상사: 단군에서 해방까지』(서울: 백산서당, 2005).

가 쉽지 않다. 책 전체의 내용을 불교와 유교 등과 같은 교권제로 가득 채웠기 때문이다. 그래서 삼국시대 이래 한국정치가 점차 쇠퇴한 궤적을 제대로 반영할 수 없었다.

한국 정치사에서 교권제가 정치를 대체함으로써 초래된 문제점은 '정치윤리'를 검토할 때 더욱 선명하게 드러난다. 절을 바꿔 이 문제를 구체적으로 검토해보자.

3. 신유학적 신념윤리와 책임윤리

정치윤리의 특성 역시 베버의 이념형을 통해 빠르게 파악해 볼 수 있다. 주지하듯 베버는 '신념윤리'와 '책임윤리'라는 두 개의 이념형을 구성해서 정치윤리를 설명했는데, 양자는 다음과 같은 차이가 있다. "만약 순수한 신념에서 나오는 행위의 결과가 나쁜 것이라면, 신념윤리가가 보기에 이것은 행위자의 책임이 아니라 세상의 책임이며, 타인들의 어리석음의 책임이거나 또는 인간을 어리석도록 창조하신 신의 의지의 책임입니다. 그에 반해 책임윤리가는 바로 인간의 이러한 평균적 결함들을 고려합니다. 그는, 피히테가 정확히 지적했듯이, 인간의 선의와 완전성을 전제할 어떠한 권리도 자신에게는 없다는 입장입니다. 그는 그가 예측할 수 있는 한도 내에서의 자신의 행동의 결과를 다른 사람에게 뒤집어씌울 수 없다고 믿습니다. 그래서 그는 말할 것입니다. '이런 결과가 나온 것은 내 행동에 책임이 있다.'"[41] 책임윤리는 정치에 내재된 폭력적 수단 때문에 요청되는 정치 특유의 윤리다. "인간이 만든 조직의 손안에 있는 정당한 폭력이라는 특수한 수단 그 자체가 정치에 관련된 모든 윤리적 문제의 특수성을 규정짓고 있는 것입니다."[42] 따라서 베버는 "정치적 행위는 폭력적 수단을 가지고 … 책임윤리 하에서 수행되는 것이며 (그런 행위는) 〈영혼의 구원〉을 위협(할 수 있다)"고 말한다.[43]

그러나 신념윤리는 책임윤리와 정반대로 정치적 행위자의 내적 신념 내지 영혼의 구원을 우선시하며, 그런 과정에서 파생되는 행위의 결과는 철저히 무시한다. "〈결과〉를 중시하지 않는 윤리, 그것이 곧 절대윤리입니다. 행위결과의 무시, 바로 이것이 결정적으로 중요한 관점입니다."[44] 신념윤리를 실천하는 행위자는 "선한 것에서는 오로지 선한 것만 나올 수 있고 악한 것에서는 단지 악한 것만 나올 수 있다"고 믿는다.[45] 즉 도덕적으로 순수한 동기만이 선한 행위를 실천할 수 있고, 도덕적으로 불순한 동기는 악한 행위를 실천할 수 있을 뿐이라고 확신한다. 그러나 인류의 역사나 일상의 경험을 냉철하게 분석하면 '정반대'인 경우가 더욱 많다.[46] 따라서 베버는 신념윤리를 다음과

41 베버, 『직업으로서의 정치』, 120.
42 베버, 『직업으로서의 정치』, 129.
43 베버, 『직업으로서의 정치』, 135.
44 베버, 『직업으로서의 정치』, 118-119.
45 베버, 『직업으로서의 정치』, 123.
46 베버, 『직업으로서의 정치』, 124.

같이 비판한다. "세상은 악령들에 의해 지배되고 있으며, 권력과 폭력적 강제력을 수단으로 하는 정치에 뛰어드는 자는 악마적 세력과 계약을 맺는(다.) … 정치가의 행위에서는, 선한 것에서는 선한 것만이, 악한 것에서는 악한 것만이 나오는 것이 아니라 오히려 그 정반대일 경우가 흔(하다.) … 이것을 인식하지 못하는 자는, 정치적으로는 정말 어린아이에 불과(하다.)"[47] 따라서 베버는 신념윤리로 무장한 사람은 종교에 귀의하는 것이 적합하며, 정치에 투신해서는 안 된다고 강조한다. "정치를 하겠다는 사람, 특히 정치를 직업으로 삼겠다는 사람이면 … 그는 모든 폭력성에 잠복해 있는 악마적 힘들과 관계를 맺게 되는 것입니다. … 자신의 영혼의 구원 또는 타인의 영혼의 구제를 원하는 자는, 이것을 정치라는 방법으로 달성하고자 해서는 안 됩니다. 정치는 전혀 다른 과업들을 가지고 있는데, 이 과업들은 폭력의 수단을 통해서만 완수될 수 있는 것들입니다."[48] 베버는 그럼에도 불구하고 행위 결과를 무시하는 신념윤리가가 정치에 투신하면 정치적으로 치명적인 죄악 중 하나인 '무책임성'을[49] 범할 수밖에 없다고 경고한다.

> 그러나 만약 이런 (정치적) 목적들을 종교적 신앙투쟁에서와 같은 순수한 신념윤리를 가지고 추구한다면, 이것은 이 목적들에

47 베버, 『직업으로서의 정치』, 125.

48 베버, 『직업으로서의 정치』, 133-134.

49 베버, 『직업으로서의 정치』, 107.

손상을 입힐 뿐 아니라 또한 이 고귀한 목적들을 수세대 동안 불신의 대상으로 만들 수도 있습니다. 왜냐하면 이러한 신념윤리적 행위자에게는 결과들에 대한 책임감이 결여되어 있기 때문입니다. 순수한 신념윤리를 따를 경우 행위자는 모든 정치적 행위에 개입되어 있는 상기한 악마적 힘들을 의식하지 못합니다. 이 힘들은 무자비하며, 만약 그가 그들을 인식하지 못한다면, 이 힘들이 비단 그의 관련 행위뿐 아니라 그의 내면 전체에 대해 초래하는 결과에 그는 무력하게 내맡겨져 있을 수밖에 없습니다.[50]

아롱은 한걸음 더 나아가 책임윤리가 정치가의 윤리뿐만 아니라 시민의 윤리도 되어야 한다는 점을 강조했다.

신념윤리와 책임윤리의 관계는 과거나 지금이나 별반 다르지 않다. 자신의 행위가 초래할 결과에 무관심한 채 자신의 열정에만 사로잡힌 정치 지도자는 결국 자신의 정치적 책임을 저버리게 되며, 바로 그 이유 때문에 그는 부도덕한 인간으로 전락한다. 무력의 사용을 무조건 거부하고, 그런 방식을 따를 경우 그 자신은 물론 그의 국가에 초래할 결과에 전혀 관심이 없는 비폭력주의자는 아주 깨끗한 양심을 가진 사람일 수 있다. 하지만 그는 정치 세계를 떠난 사람이며, 따라서 그는 자신이 초래한 정치적 재앙이 과

---

50 베버, 『직업으로서의 정치』, 135.

> 연 정당한 것인지를 정확하게 알아야만 한다. 그 어떤 경우에도 책임윤리가 시민의 윤리뿐만 아니라 정치 지도자의 윤리가 되어야 한다. 공리적 질서를 초월하는 신념윤리가 어떤 지고의 가치를 추구하도록 고무하고 그곳의 목표까지 결정하는 경우에도 사정은 다르지 않다.[51]

한편, 조선의 정치적 사유를 지배한 신유학에서 주조한 정치윤리는 '신념윤리'에 가까운 것이었다. "정통 신유학은 물리적 강제력을 운용하는 제도의 가치와 공리주의적 가치를 마지막 수단이나 필요악으로 간주하는 경우를 제외하고는 대부분 꺼려했다. 그런 주저함은 신유학의 도덕정치에서 강조하는 뿌리 깊은 윤리적 전망에서 유래했다. 이처럼 유교의 도덕적 자기완성의 이상에 경도된 윤리적 전망은 막스 베버가 제시한 절대윤리(the ethics of absolute ends)라는 이념형의 일종으로 간주할 수 있다."[52] 신유학의 지적 기원을 이루는 『맹자』 역시 신념윤리의 터전이었다.[53] 맹자와 주자를 신봉한 조선정치에서도 신념윤리

---

51 Raymond Aron, *Peace and War: A Theory of International Relations*, trans. by Richard Howard and Annette Baker Fox (New York: Doubleday & Co., 1966), 634.

52 Chang Hao, "On the Ching-shih Ideal in Neo-Confucianism," *Ch'ing-shih wen-t'i*, Vol. 3, No. 1 (1974), 45. 신유학을 대표하는 주자의 정치윤리를 신념윤리에 가까운 것으로 파악한 사례로는, Hoyt Cleveland Tillman, *Utilitarian Confucianism: Ch'en Liang's Challenge to Chu Hsi* (Cambridge, Mass.: Harvard University Press, 1982), 143-152.

53 『맹자』의 정치윤리를 신념윤리에 가까운 것으로 파악한 사례로는, Benjamin

를 내면화시킬 수밖에 없었다.[54] 송준호의 다음과 같은 지적은 신유학적 신념윤리가 조선 정치를 지배했다는 사실을 분명하게 보여준다.

> 조선시대 엘리트의 실체를 규명하기 전에, 그 시대 엘리트들이 가지고 있던 세계관을 알아야 (합니다.) … 조선시대를 지배했던 엘리트들은 민족이나 국가 개념보다 우선하는 가치관이 있었습니다. 그것이 바로 의관지제(衣冠之制), 다른 말로 하면 예(禮)나 도덕, 혹은 성현지도(聖賢之道)지요. 우주 운행의 이치가 있듯이 사람의 세계에도 우주의 이치를 받들어 성인(聖人)이 마련한 이치가 있으니, 그것을 본받아야 한다는 것입니다. 이것이 조선시대 지배 엘리트들의 행동규범이었습니다. … 조선이 망할 무렵 강화도에 외국 군함이 포탄을 퍼부을 때 올린 지식인들의 상소를 보면 '임금께서 성현의 도(道)를 따라 나라를 다스리면 침략을 격퇴

Schwartz, "Some Polarities in Confucian Thought" in David S. Nivison and Arthur F. Wright, *Confucianism in Action* (Stanford, California: Stanford University Press, 1959), 50-62; Hoyt Cleveland Tillman, "The Development of Tension between Virtue and Achievement in Early Confucianism: Attitudes toward Kuan Chung and Hegemon (pa) as Conceptual Symbols," *Philosophy East and West*, Vol. 31, No. 1 (1981), 17-28.

54 맹자에서 시작된 정통과 이단의 준별 전통이 중국 송대 신유학을 거쳐 조선에 전승되는 지성사를 거시적으로 검토한 사례로는, John Isaac Goulde, "Anti-Buddhist Polemic in Fourteenth and Fifteenth Century Korea: The Emergence of Confucian Exclusivism," Ph. D. diss., Harvard University (1985), 108-145.

할 수 있을 것'이라는 대목이 보입니다. 이것은 '성현지도를 실천하면 못할 것이 없다'는 그들 나름의 세계관의 반영이라고 봐야죠.[55]

요컨대 한국 정치사에서 신유학이라는 교권제가 정치를 추방하고 그 자리를 꿰찼다는 사실은 신유학에서 주조한 신념윤리가 정치 특유의 책임윤리를 추방하고 그 자리를 꿰찼다는 것을 의미했다. 다시 말해서 그것은 한국정치 현장에서 정치를 해서는 아니 되는 '정치적 어린 아이들이' 정치의 소명을 가진 사람을 모두 추방하고 그 자리를 꿰찼다는 것을 의미했다. 그러자 정치의 '치명적인 죄악인 무책임성'이 한국정치 현장에서 창궐하기 시작했다. 우리는 한국 정치사에서 '이런 결과가 나온 것은 내 행동에 책임이 있다'라고 말한 정치인을 별로 기억하지 못한다. 정치의 악마적 본성에 몽매했던 조선의 신념윤리는 수많은 백성을 무자비한 폭력에 내몰아서 '화냥년,' '호로자식,' '정신대' 등으로 전락시켰으면서도, 그들의 처참한 운명에 책임지는 자는 거의 없었다.[56] "류성룡의 『징비록』에 따르면 신권론을 주장하면서 향촌사회를 지배한 양반들, 그리고 신하와 관리들은 전쟁이

55 김용삼, 「조선시대 문과 급제자 1만 4600명 분석한 송준호 교수, '전쟁이 없었기 때문에 지배 엘리트는 공리공론에서 헤어 나오지 못했다'」, 《월간조선》(2000년 12월), 508-509.

56 「이기환의 흔적의 역사: 환향녀, 화냥년, 호로자식」, 《경향신문》(2012. 11. 21); 「근로정신대 할머니들, 국가 상대 손배소 추진」, 《연합뉴스》(2011. 11. 1); 「헌재 위헌결정 3년 … '자국민 인권 해결 못한 정부도 가해자」, 《뉴스1》(2014. 8. 29).

발발하자 앞 다투어 피난길에 올랐다. … 양반들은 조선에서 전쟁이 일어나면 피난할 수 있는 열 군데를 뽑아 '십승지'라 이름 붙이고 이상향으로 여겼는데, 이는 지배층의 국방에 대한 의식 수준을 잘 보여준다."[57]

하지만 조선의 신유학적 신념윤리의 전통을 계승한 현대 한국정치도 별반 다르지 않다.[58] 예컨대 세월호 참사가 발생한지 6개월이 지난 시점에서도 청와대, 여당, 야당은 네 탓 공방만 계속했을 뿐이다.[59] 한 외신에서는 '지난 6개월간 실종자 가족들의 삶이 정지되었는데, 한국정치도 그처럼 정지되었다'고 보도했다.[60] 그런 행태는 9·11 테러 때 누구에게도 책임을 전가하지 않은 미국의 정치 행태와 극명하게 대조된다.[61] 민주주의 제도가 제대로 작동하려면 정치가는 반드시 주어진 규범 내지 법률의 테두리 안에서 정치적 타협(political compromise)을

---

57 김우현, 『주자학, 조선, 한국』(파주: 한울, 2011), 92, 98; 「십승지는 조선판 이중국적이었을까?」, 《오마이뉴스》(2014. 3. 25).

58 조선의 신유학적 신념윤리의 전통이 현대 한국정치에 계승되는 과정을 철학적, 사회학적, 정치학적 시각에서 검토한 사례로는, 이현휘, 「정당 대변인의 '말'과 한국정치의 관습」, (사) 한국정치평론학회 편, 『미디어와 공론정치: 정치평론이란 무엇인가?』(고양: 인간사랑, 2011), 173−213.

59 「세월호 유가족의 6개월과 박근혜의 6개월, 이렇게 달랐다」, 《오마이뉴스》(2014. 10. 16); 「청와대·여·야 네 탓 공방 … '유민 아빠' 불상사 때 핵 폭풍」, 《중앙선데이》(2014. 8. 24); 「세월호 참사 100일 … 여야 책임전가 공방전」, 《위클리 오늘》(2014. 7. 24).

60 「'6개월의 고통' 세월호 참사 … CNN 집중 조명」, 《노컷뉴스》(2014. 10. 16).

61 「전 美 재난청장 '9·11때 누구도 책임전가 안했다」, 《연합뉴스》(2014. 10. 7).

성취해야만 한다. 만일 그들이 정치적 타협을 방기할 때, 그러면서 장외투쟁을 선호할 때, 국회는 결국 입법교착(gridlock)에 봉착하고,[62] 민주적 시스템 그 자체는 마비 상태에 이르게 되기 때문이다. 물론 정치적 타협은 어떤 희생도 치르지 않으면서 손쉽게 성취할 수 있는 것이 아니다. 하지만 민주적 과정이란 그처럼 어려운 정치적 타협을 필수적으로 요청하는 과정이었다.[63] 그런데 정치적 타협은 정치가가 자신의 오류 가능성을 열어 놓는 경우에 한해서만 가능하다. 하지만 도덕적 완성을 추구하는 신유학의 신념윤리에서는 그런 가능성을 용인할 수 없었으며, 따라서 정치적 타협의 가능성을 원천적으로 봉쇄하는 결과를 초래할 수밖에 없었다. 요컨대 "(신유학의) 도덕적 강박증(moralistic impatience)은 윤리적 덕성이나 종교적 덕성의 표준은 될 수 있지만, 정치적으로는 가장 해로운 악덕(the worst vices in politics) 중 하나일 뿐이었다."[64]

---

62 한국 국회 특유의 입법교착 스타일을 분석적으로 검토한 사례로는, 전진영, 「국회 입법교착 양상과 원인에 대한 분석」, 『의정연구』 제17권 2호 (2011), 171-196; 윤종빈, 「국회 입법교착의 역학: 국회선진화법 입법과정 및 입법동인 분석」, 『21세기정치학회보』 제23집 2호 (2013), 99-119.

63 Amy Gutmann and Dennis Thompson, *The Spirit of Compromise: Why Governing Demands It and Campaigning Undermines It* (Princeton: Princeton University Press, 2014), ix-xxiii.

64 Hahm Pyong-Choon, *The Korean Political Tradition and Law*, 28-29.

4. 정도전과 조선 정치체제의 사회학적 성격

지금까지 필자가 분석한 내용은 한국 학계에서 통용되는 학설과 많은 차이가 있다. 따라서 그 차이점을 비판적으로 검토해볼 필요가 있다. 예컨대 최상용과 박홍규는 신유학으로 무장한 정도전이 책임윤리와 신념윤리를 종합한 대정치가였다고 평가한다. "정도전의 객관적인 정세 판단과 전인격적인 헌신의 모습에서 우리는 정치가로서의 책임감을 바탕으로 하는 열정과 안목의 종합태를 발견할 수 있다. … 정도전은 무엇보다도 '재상의 직책은 모든 책임이 모이는 곳'이라고 하여 정치가의 책임윤리의 막중함을 강조했다."[65] 김호기 역시 정도전의 정치적 행위를 책임윤리로 평가했다.[66] 하지만 정도전이 조선의 통치제도를 설계할 때, 왕권을 최소화하고, 재상과 언관 등에 왕권을 견제할 수 있는 권력을 최대한 몰아주는 선택을 했던 까닭은 왕도정치에 대한 신념 때문이었으며, 따라서 그가 견지한 정치윤리 역시 신념윤리와 다를 바 없었다. 중국의 전통적 세계관에서는 황제가 천지의 도(道)에 순응해야만 선정(善政)을 할 수 있다는 것, 만약 도에 순응하지 않을 경우 악정(惡政)이 불가피하다는 것, 그런데 현자(賢者)는 도에 관한 특별한 지식을 소유한 자라는 것, 따라서 황제는 현자를 채용해서

---

65 최상용·박홍규, 『정치가 정도전』, 276-277.

66 김호기, 「"신념윤리의 보수적 개혁가 정몽주 … 책임윤리의 진보적 개혁가 정도전」, 《신동아》 618호 (2011. 3), 322-335.

그의 조언을 들어야만 한다는 것 등을 자명한 전제로 간주했다.[67] 이러한 전제를 수용한 유학자 내지 유가관료는 왕을 가르쳐 선정을 펼칠 수 있게끔 계도하는 것이 자신의 정치적 소명이라고 자임했다. 다시 말해서 그들은 항시 정치권력 차원에서는 왕보다 하위에 있었지만, 도덕적 차원에서는 왕보다 상위에 존재하는 '도의 담지자'(possessor of the Way), 왕의 안내자'(the rulers' guides) 등으로 자부했으며, 따라서 정치는 어디까지나 왕이 아니라 그들 자신이 주도해야 한다고 확신했다.[68] 정도전의 생각도 이와 다를 바 없었다. "정도전이 … 재상(宰相) 중심의 관료지배체제를 지향하고자 한 것은 … 혼·명(昏·明)이 일정치 않은 세습군주의 전제정치(專制政治)로서는 현인정치(賢人政治)에 입각한 민본(民本)·위민정치(爲民政治)를 보장할 수 없다는 데 대한 투철한 신념에 기초한 것으로 생각된다. 현인정치(賢人政治)·민본정치(民本政治)·위민정치(爲民政治)를 보장하기 위해서는 천하만민(天下萬民) 가운데서 뽑은 정수분자(精粹分子)로서의 사=현인(士=賢人) 집단을 형성하고, 그 현인(賢人) 집단에서 또 다시 엄정하게 능력(能力) 위주로 선발된 관료(官僚)를 주체로 하는 관료정치(官僚政治)야말로 가장 바람직한 통치체제(統治體制)로 인식되는 것은 당연한 논리적 귀결이기 때문이

67 Herrlee Glessner Creel, *Sinism: A Study of the Evolution of the Chinese World-View* (Chicago, Illinois: The Open Court Publishing Co., 1929), 63.

68 Yuri Pines, *Envisioning Eternal Empire: Chinese Political Thought of the Western States Era* (Honolulu: University of Hawaii Press, 2009), 163-172.

다."[69]

하지만 베버의 이념형으로 분석할 때, 정도전이 설계한 조선의 통치제도는 '신분제적 가산제'(ständische Herrschaft, estate-type domination)에 해당한다.[70] 가산제는 베버가 제시한 지배유형 중 전통적 지배(traditional domination)의 하위유형 중 하나다. 가산제는 통치자가 권력을 독점한 '순수 가산제'(전제군주제)로부터 행정 간부가 통치자의 권력을 대부분 전유한 '봉건제'에 이르기까지 광범위한 스펙트럼을 갖는다. 신분제적 가산제는 행정 간부가 통치자의 권력을 전유한 정도에 따라 전제군주제에서 봉건제에 이르는 스펙트럼 상의 위치가 정해진다. 행정 간부가 전유한 권력이 적을수록 전제군주제에 근접하고, 행정 간부가 전유한 권력이 많을수록 봉건제에 근접한다.[71] 정도전이 설계한 조선 왕조는 통치자인 군주의 권력을 최소화시키고, 행정 간부인 재상과 언관 등에 권력을 최대한 몰아주었기 때문에 봉건제에 근접한

---

69 한영우, 『정도전사상의 연구』(서울대학교출판부, 1999), 146.

70 박성환, 『막스 베버의 한국 사회론: 유교적 가산제 비판』(울산대학교출판부, 1999), 54-55.

71 자세한 내용은, Weber, *Economy and Society*, 226-241. 베버의 가산제와 봉건제 개념을 정확하게 해설한 사례로는, 박성환, 『막스 베버의 한국 사회론』, 27-37; Hinnerk Bruhns, "Weber's Patrimonial Domination and Its Interpretation" in Daniel C. Bach and Mamoudou Gazibo, eds., *Neopatrimonialism in Africa and Beyond* (Oxford: Routledge, 2012), 9-24; Andrew Eisenberg, "Weberian Patrimonialism and Imperial Chinese History," *Theory and Society*, Vol. 27 (1998), 83-102; Gianfranco Poggi, "Max Weber's Conceptual Portrait of Feudalism," *The British Journal of Sociology*, Vol. 39, No. 2 (1988), 211-227.

신분제적 가산제가 된다. 그런데 신분제적 가산제는 봉건제에 근접할수록 통치의 기능이 약화되는 특성을 지닌다. 중국 정치사의 경우 제국의 통일은 모두 전제군주제에 근접한 왕조에서 성취되었지만, 시간이 흐르면서 행정 간부인 유가 관료가 권력을 점유하는 비중이 늘어났다. 그리고 그런 추세가 진전될수록 당쟁이 발생하면서 왕조는 쇠퇴의 길을 걸었다. 이춘식은 중국 역사에서 반복된 당쟁의 패턴을 다음과 같이 지적했다.

> 중국 역대 왕조에서 과거제도의 시행을 출발로 본격적인 관료제도가 시행되었던 시대를 살펴보면 당(唐) 왕조시대부터였다. 그러나 당 왕조 말기에 이봉고(李逢告)와 이신(李神) 간의 당쟁, 이덕유(李德裕)와 우승유(牛僧有) 간의 당쟁이 유명하였으며 특히 우(牛)·이(李) 당쟁은 중앙관료 1/3 이상이 관련되었는데 이 같은 치열한 당쟁은 당 왕조 쇠약과 멸망의 한 원인이 되었다. 또 송대(宋代)에는 여이간(呂夷簡), 왕공진(王拱辰) 등과 공도보(孔道輔), 범중엄(范仲淹) 간의 당쟁이 대표적이었다. 그리고 왕안석(王安石)의 개혁을 중심으로 진행된 구법당(舊法黨)과 신법당(新法黨) 간의 장기적 당쟁은 오로지 상호간의 원한과 보복으로 일관되어 남송(南宋) 멸망의 한 원인이 되었는데 이 같은 사실은 중국에서 관료제도의 시행은 반드시 붕당의 형성과 당쟁의 위험이 전제되어 있었던 사실을 말해 주고 있다.[72]

정도전이 설계한 조선의 신분제적 가산제가 본격적으로 작동하기 시작한 조선 중기 이후 당쟁이 끊임없이 전개되었던 것도 중국 정치사를 관철했던 당쟁 패턴의 단순 반복에 불과한 것이었다. 따라서 정도전은 '신념윤리와 책임윤리를 종합한 대정치가'로 평가할 수 있는 인물이 결코 아니었다.

정도전이 설계한 조선왕조의 정치적 성격을 크게 오해하는 경우도 많다. 예컨대 한영우는 조선왕조를 '관료지배체제'로 파악했다. "정도전이 지향하고자 하는 통치체제(統治體制)는 관념상으로는 군주독재정치(君主獨裁政治, despotism)나 가산국가(家産國家, patrimonial Staat)와 유사한 점이 있으나, 실제는 이와 매우 다른 것을 볼 수 있다. 실제는 군주독재정치(君主獨裁政治)도 가산국가(家産國家)도 아닌 관료지배체제(官僚支配體制)인 것이다."[73] 그러면서 관료지배체제였기 때문에 현인정치(賢人政治)·민본정치(民本政治)·위민정치(爲民政治) 등이 보장될 수 있었던 것처럼 얘기한다.[74] 하지만 한영우는 베버의 이념형에 대한 정확한 이해를 결여하고 있다. 그가 얘기한 관료지배체제는 봉건제에 근접한 신분제적 가산제를 의미하기 때문이다. 다시 말해서 군주독재정치, 가산국가, 관료지배체제는 각각 이질적 통치체제가 아니라, 베버가 제시한 가산제에 모두 포괄되는 동질적 통치체제이기 때문이다. 또한 관료지배체제는 최악의 정치체제다. 관료지배체제는 정치의 중심이 통치자에서 관료로 과도하게 이전된 체제인데, 그럴 경우 통치자

72 이춘식, 『춘추전국시대의 법치사상과 세(勢)·술(術)』, 259.

73 한영우, 『정도전사상의 연구』, 136.

74 각주 69번 참조.

의 정치적 조정 능력이 크게 약화되는 문제가 발생하기 때문이다. 실제로 독일은 비스마르크 실각 이후 관료지배체제로 운영되다가 제1차 세계대전을 자초해서 패망의 길을 걸었다.[75]

그뿐 아니다. 한영우는 정도전이 설계한 통치체제가 '의원내각제'와 유사한 것이라고 평가했다. "정도전이 추구하는 통치체제는 … 국왕전제권(國王專制權)이 아직 강화되기 이전의 신권우위(臣權優位) 체제의 수준으로 환원된 재상(宰相) 중심의 관료지배체제를 확립하려는 것이었으며, 이러한 체제에 있어서의 왕(王)과 재상(宰相)과의 관계는 마치 오늘날의 책임내각제(責任內閣制)에 있어서의 대통령(大統領, 국왕 또는 천황[天皇])과 내각수상(內閣首相)과의 관계와 일면 유사한 점이 보이는 것이다."[76] 최상용도 유사한 평가를 내린다. "정도전이 구상한 재상 제도는 근대 입헌군주제의 총리 제도를 방불케 한다."[77] 하지만 정도전이 설계한 재상 중심 지배체제와 서양 근대의 내각책임제는 완전히 다른 성격을 지녔다. 다시 베버의 이념형으로 분석할 때, 전자는 전통적 지배의 하위 유형이고, 후자는 합법적 지배(domination by virtue of legality)의 하위 유형이기 때문이다. 합법적 지배에서 "피치자는 사람이 아니라 비인격적 규범에 복종한다"(Obedience is … given to the

---

75 자세한 내용은, Weber, *Economy and Society*, 1381–1469.

76 한영우, 『정도전사상의 연구』, 146.

77 「왜 다시 정도전인가, 최상용이 본 조선의 풍운아. '한국 양극화 고려말 닮아 … 600년 전 메시지 귀 기울여야」, 《중앙일보》(2014. 1. 30).

norms rather than to the person).[78] 그리고 그처럼 비인격적 규범에 복종하는 정치문화가 정착하려면 혈연, 학연, 지연 등과 같은 인간의 사적 유대의 해체가 반드시 선결되어야만 한다. 서양에서는 고대, 중세, 근대의 장구한 시기를 거치면서 사적 유대를 점진적으로 해체하는 데 성공할 수 있었다. 그리고 그 과정에서 기독교가 결정적인 역할을 했다.[79] 하지만 조선에서는 사적 유대가 해체된 적이 없고, 정도전이 신봉한 신유학은 오히려 사적 유대를 강화시키는 역할을 했다. 정도전이 설계한 조선의 통치체제가 합법적 지배 대신 전통적 지배에 귀속될 수밖에 없는 결정적 이유 중 하나가 여기에 있었다. 따라서 정도전이 설계한 권력분립은 내각책임제와 같은 서양 근대 민주주의의 권력분립과 유사한 것이 아니라, '신분제적 권력분립'(estate-type division of power)에 귀속되는 것이었다.[80] 그런데도 조선시대를 연구하는 많은 학자는 서양 민주주의의 권력분립을 피상적으로 이해한 나머지 군주의 권력을 견제해서 약화시키면 민주주의가 가능할 것으로 기대한다. 하지만 그것은 한국인에게 친숙한 유가적 사고방식일 뿐, 민주주의적 사고방식과는 아무런 관련이 없다. 일찍이 그레고리 헨더슨은 한국인에게 민주주의를 이해시키기가 대단히 어렵다고 얘기한 바 있다. "해

---

78 Weber, *Economy and Society*, 954.

79 자세한 내용은, Richard Münch, *The Ethics of Modernity: Formation and Transformation in Britain, France, Germany, and the United States* (Lanham: Rowman & Littlefield Publishers, 2001), 34-117.

80 신분제적 권력분립 개념에 관해서는, Weber, *Economy and Society*, 236-237.

방 후 정치인들이 '민주주의'를 평의회적 정부를 위한 또 하나의 기회로 어떻게 오해했는지 이해하기 어렵지 않다. 한국인들에게 조선시대형의 평의회적 지배와 책임 있는 대의제하의 평의회적 지배 간의 차이를 이해시키기 위해서는 면밀한 준비와 훈련-그리고 문제의 종합적 이해-이 필요하다."[81] 에드워드 와그너도 이렇게 얘기했다. "허약한 군주제라는 동전의 반대 면은 강력한 귀족제이다. 이것은 적어도 신라시대부터 한국의 사회와 정치조직의 중요한 특징이다. 한국의 일부 역사가들은 신라 전기의 화백제도 같은 전통 귀족사회의 특정 제도에서 민주주의적 실천의 원형에 대한 증거를 찾으려한다. 필자는 이러한 견해에 찬성할 수 없다. 물론 반전제주의적 경향은 있지만 민주적인 원형은 단연코 아니다."[82]

우리의 통념과 달리 민주주의는 약한 정부(weak government)가 아니라 강한 정부(strong government)를 요구한다는 사실에 유의할 필요가 있다. "민주주의가 안정적으로 유지되기 위해서는 강한 정부가 필요하다. … 민주적 통치를 약한 정부와 동일시하는 오류만큼 심각한 오류도 없을 것이다. 약한 정부는 차라리 무정부 상태로 간주하는 편이 낫기 때문이다. 독재 정권은 언제나 약하고 우유부단한 정부를 배경으로 출현하는 법이다."[83] 서양 근대 민주주의에서는 통치자의 권력

81 헨더슨, 『소용돌이의 한국정치』, 382-383.

82 에드워드 와그너, 이훈상·손숙경 역, 『조선왕조의 성취와 귀속』(서울: 일조각, 2007), 399-400.

83 Graham Maddox, "The Christian Democracy of A. D. Lindsay," *Political Stud-*

남용 가능성을 합법적으로 제약하면서도, 통치에 반드시 필요한 권력은 합법적으로 허용하기 때문에 강한 정부가 유지된다. 미국에서 정치권력이 허약한 연합정부를 정치권력이 강력한 연방정부로 대체한 사례가 그것을 예증한다.[84] 하지만 신분제적 권력분립에서는 통치자와 행정 간부가 통치에 필요한 권력을 나눠 갖기 때문에 결국 약한 정부로 귀결된다. 정도전이 설계한 권력분립은 물론 후자에 속한다. 정도전은 통치에서 가장 중요한 권력인 인사권, 군사권, 재정관할권, 작상·형벌권 등을 모두 행정 간부인 재상에게 몰아주었기 때문이다.[85]

우리가 정도전이 설계한 조선왕조의 정치적 한계를 정확하게 이해해야만 하는 중요한 까닭이 또 있다. 현대 한국정치는 서양에서 수입한 민주주의로 분식(粉飾)되어 있지만, 그것의 속살을 살펴보면 조선왕조의 가산제적 유산이 거의 그대로 드러나기 때문이다. 요컨대 한국 현대 정치의 실상은 가산제의 속살에다 민주주의를 덧칠한 '가산제적 민주주의'(patrimonial democracy)의 일종에 해당한다.[86] 그런데

---

ies, Vol. 34 (1986), 445.

84 Benjamin Ginsberg et al., *We the People: An Introduction to American Politics*, 7th Texas ed. (New York: W. W. Norton & Co., 2009), 41–66, 506–520.

85 한영우, 『정도전사상의 연구』, 140.

86 한국 현대 사회의 속살을 가산제로 설명한 사례로는, Norman Jacobs, *The Korean Road to Modernization and Development* (Chicago: University of Illinois Press, 1985), 52–53, 119, 297; 국민호, 「가산제적 사회질서는 한국 발전의 영원한 함정인가」, 『사회과학논평』 제19호 (2000), 173–190.

도 한국 사회과학자는 지난 반세기 동안 서구의 합법적 지배에 기초한 민주주의 논리를 책을 통해 공부한 다음, 그것으로 전통적 지배의 유산을 탈각하지 못한 한국의 가산제적 민주주의의 현실을 설명하려는 오류, 다시 말해서 화이트헤드가 지칭한 '추상과 실재를 뒤바꿔 이해하는 오류'(the fallacy of misplaced concreteness)를 범했던 것이다.[87] 한국 사회과학이 한국정치의 실상 앞에서 무기력했던 이유가 여기에 있었다. 이 문제를 정확하게 통찰한 박승관은 이렇게 말한다.

> 오늘날 한국 사회가 안고 있는 취약성과 위기상황을 설명해 내고 해법을 모색하기 위하여 사회과학의 여러 분야에서 다양한 이론적 분석이 제시되고 있다. 이들 사회과학적 이론/모형들은 대부분 서양에서 만들어지고 수입된 것들이다. 그 결과 우리의 현실을 진단, 설명하는 데에는 제한적인 유용성을 가지는 경우가 많다. 한국의 현실(가령 경제, 정치, 사회, 언론), 그것이 가진 취약성/문제점을 설명해 보고자 한다면, 서양식 이론을 참고하기 이전에 깊이 고려해야 할 사항은 … 우리 사회의 제부분이 하나의 한국적 '사회질서'(social order) 안에서 움직이는 '작동방식'(modus operandi)에 관하여 숙고하는 것이라고 본다. 그것은 한국인들에게 보편적으로 내면화된 삶의 방식, 가치 및 기대체계, 내면화된 삶의 방식, 권위와 자원의 분배체계를 지배하는 심층적, 질적 특성, 또는

87 Whitehead, *Science and the Modern World*, 75, 85.

지배적인 현실(dominant reality) 또는 조직 원리(organizing principle)를 담고 있다. 이러한 작동방식 또는 조직원리에 기대어 한국인들은 서로 엮이고, 서로 닮아가며 살아간다. 이것에 대한 해명이 한국 사회과학에 주어진 근본 과제가 아닐까 생각한다.[88]

우리의 사유를 만성적으로 지배하는 잘못된 추상의 체계를 돌파하고, 조선정치 및 한국정치의 실상을 제대로 담아낼 새로운 추상의 체계를 치열하게 만들어내는 노력이 절실하게 요청된다.

5. 책임윤리와 시민학의 과제

시민학은 아직 학문적으로 정립되지 않았다. 예컨대 미국에서는 이제야 시민학이 필요하다는 논의가 시작되고 있고, 시민학과 관련된 서론적 연구서 몇 권을 겨우 펴낸 상태에 있다.[89] 또한 뉴턴 패러다임

---

88 박승관, 「패권제적 사회질서와 한국 언론」, 정운찬 엮음, 『한국 사회가 묻고 동반성장이 답하다: 위기의 본질과 대응 전략』(동반성장연구소, 2015), 424-425.

89 예컨대, David Feith, ed., *Teaching America: The Case for Civic Education* (Lanham: Rowman & Littlefield, 2011); Ellen Condliffe Lagemann and Harry Lewis, eds., *What is College for? The Public Purpose of Higher Education* (New York: Teachers College Press, 2012).

의 대안으로 제시된 화이트헤드의 우주론에 입각해서 새로운 윤리학을 정립하려는 시도가 이뤄지고 있지만,[90] 아직 시민교육에 적용할 수 있을 만큼 충분히 검증된 상태에 있지는 못하다. 하지만 앞에서 논의한 내용을 바탕으로 한국의 시민학이 추구해야 할 몇 가지 방향을 제안할 수 있다고 본다.

첫째, 한국의 '상징체계'(the symbolic code)에 강고하게 자리 잡은 신유학적 신념윤리를 철학적으로 해체해야 한다. 이 작업을 성공적으로 수행하기 위해서는 신유학이 뿌리를 둔 우주론을 철학적으로 해체하는 노력을 경주해야 한다. 이 과정을 선결시키지 않은 상태에서 진행되는 모든 신유학 연구는 궁극적으로 신유학의 옹호나 '선전'으로 귀결될 수밖에 없기 때문이다. 실제로 그랬기 때문에 조선 신유학의 신념윤리가 21세기 한국 사회에서도 여전히 건재할 수 있었던 것이다. 필자의 경우 지금까지 신유학적 우주론을 철학적으로 해체한 연구를 접한 경험이 없다. 물론 화이트헤드의 철학에 입각해서 신유학을 검토한 연구는 적지 않게 축적되었다. 그러나 그런 연구는 모두 화이트헤드의 철학을 신유학적 가치를 옹호하거나 선전하는 수단으로 활용하고 있을 뿐이다. 그러나 화이트헤드 철학의 본령은 신유학적 우주론을 비판적으로 해체하는 데 있다. 화이트헤드는 이미 90여 년 전에 다음과 같이 말했기 때문이다. "우리는 이미 종교, 과학, 정치사상 등을 근본적으로 재구성해야만 하는 시대에 진입했다. 그런 시대가 상

---

90 예컨대, Brian G. Henning, *The Ethics of Creativity: Beauty, Morality, and Nature in a Process Cosmos* (Pittsburgh, PA: University of Pittsburgh Press, 2005).

이한 극단 사이에서 단지 맹목적으로 방황하는 사태를 피하도록 만들려면 진리를 심층적으로 탐구해야만 한다. 그런데 진리의 심층을 탐구하려면 반드시 철학에 의존해야 한다. 철학이란 진리의 심층에 깔린 추상개념을 완전히 설명하는 것을 본분으로 삼기 때문이다."[91]

둘째, 책임윤리를 한국의 상징체계에 이식시키는 노력을 경주할 필요가 있다. 책임윤리는 마키아벨리, 클라우제비츠, 막스 베버, 레이몽 아롱 등의 저작을 통해서 배울 수 있다. 또한 리슐리외, 메테르니히, 비스마르크 등의 정치적 행위를 통해서도 배울 수 있다. 하지만 우리가 책임윤리를 배우고자 할 때 중요하게 착안해야 할 사항이 있는데, 그것은 인간이 수백 년의 참혹한 전쟁을 치르면서 대단히 어렵게 터득한 윤리가 바로 책임윤리라는 사실이다. 유럽은 약 100년에 걸친 종교전쟁을 치르고서야 기독교의 신념윤리를 물리치고 책임윤리를 터득할 수 있었다.[92] 중국은 춘추전국시대를 거치면서 유가, 도가, 묵가의 신념윤리를 물리치고 법가의 책임윤리를 터득할 수 있었다.[93] 반면, 조선은 장기간의 평화를 누리는 가운데 책임윤리를 망각하고 신념윤리에 경도되는 길을 걸었다. 송준호는 이렇게 말했다. "그 당시 우리는 너무 폐쇄적인 삶을 살았고, 밖으로 눈을 돌리지 않았어요.

---

91 Whitehead, *Science and the Modern World*, 51–52.

92 이현휘, 「주권과 국가이성: 유럽 종교전쟁 100여 년의 나락에서 국제정치적 평화를 창출한 지적 혁신」, 이동수 편, 『지구촌과 세계시민: 세계시민 되기』 (고양: 인간사랑, 2017), 제5장.

93 이춘식, 『춘추전국시대의 법치사상과 세(勢)·술(術)』, 31–44.

그 이유는 전쟁이 없었기 때문입니다. 역사를 보면 우리나라처럼 온실에서 산 민족이 없어요. 임진왜란과 병자호란을 제외하고 안팎으로 200년은 너무나 평화가 난만해서 유교 경전을 암송하고, 그 가르침대로 하면 모든 것이 해결될 수 있었다고 믿었던 겁니다."[94] 따라서 책임윤리를 구체적으로 배우기 위해서는 책임윤리를 실천하면서 국제정치적 평화를 창출한 전쟁사를 함께 공부할 필요가 있다. 이상의 방안을 참조하면서 한국의 상징체계에 책임윤리를 정착시키는 것이 한국 시민학의 주요한 과제 중 하나가 되어야만 할 것이다.

---

94 김용삼, 「조선시대 문과 급제자 1만 4600명 분석한 송준호 교수, '전쟁이 없었기 때문에 지배 엘리트는 공리공론에서 헤어 나오지 못했다'」, 512-513.

참고문헌

국민호. 2000. 「가산제적 사회질서는 한국 발전의 영원한 함정인가」. 『사회과학논평』 제19호.

그레이슨, 제임스 헌틀리. 강돈구 역. 1995. 『한국종교사』. 서울: 민족사.

김상준. 2011. 「유교정치의 키워드: 모럴폴리틱」. 김상준. 『맹자의 땀 성왕의 피』. 서울: 아카넷.

김용옥 역주. 2012. 『맹자, 사람의 길 上』. 서울: 통나무.

김우현. 2011. 『주자학, 조선, 한국』. 파주: 한울.

김충렬. 1988. 「중국의 '천하사상'」. 김충렬. 『중국철학산고』 II. 서울: 온누리.

_____. 1988. 「중국의 비정통사상과 그 맥락: 모택동의 중국적 권모와 그 형성배경을 중심으로」. 김충렬. 『중국철학산고』 II. 서울: 온누리.

김호기. 2011. 「신념윤리의 보수적 개혁가 정몽주 … 책임윤리의 진보적 개혁가 정도전」. 『신동아』 618호(2011. 3).

모셔, 스티븐. 심재훈 역. 2003. 『헤게몬: 아시아와 세계를 지배하려는 중국의 음모』. 서울: 모티브.

미야케 히데요시. 김세민 외 역. 1996. 『조선통신사와 일본』. 성남: 지성의 샘.

박선식. 2000. 『한민족 대외정벌기』. 파주: 청년정신.

박성환. 1999. 『막스 베버의 한국 사회론: 유교적 가산제 비판』. 울산대학교출판부.

박승관. 2015. 「패권제적 사회질서와 한국 언론」. 정운찬 엮음. 『한국 사회가 묻고 동반성장이 답하다: 위기의 본질과 대응 전략』. 동반성장연구소.

_____. 2005. 「여론, 군론, 정론」. 강남준 외. 『디지털 시대의 사회적 소통, 매체 그리고 문화적 실천』. 서울대학교 언론정보연구소.

베버, 막스. 전성우 역. 2012. 『직업으로서의 정치』. 파주: 나남.
와그너, 에드워드. 이훈상·손숙경 역. 2007. 『조선왕조의 성취와 귀속』. 서울: 일조각.
윤대식. 2003. 「맹자의 전쟁과 반전쟁: 의전론을 중심으로」. 『국제정치논총』 제43집 1호.
윤종빈. 2013. 「국회 입법교착의 역학: 국회선진화법 입법과정 및 입법동인 분석」. 『21세기정치학회보』 제23집 2호.
이재범 외. 2001. 『한반도의 외국군 주둔사: 웅진도독부에서 주한미군까지』. 서울: 중심.
이춘식. 2002. 『춘추전국시대의 법치사상과 세(勢)·술術)』. 서울: 아카넷.
이현휘. 2017. 「전쟁과 평화: 미국 전쟁수행 방식의 '반정치적' 성격을 사례로」. 이동수 편. 『지구촌과 세계시민: 세계시민 되기』. 고양: 인간사랑.
______. 2017. 「주권과 국가이성: 유럽 종교전쟁 100여 년의 나락에서 국제정치적 평화를 창출한 지적 혁신」. 이동수 편. 『지구촌과 세계시민: 세계시민 되기』. 고양: 인간사랑.
______. 2013. 「미국의 시민교육」. 이동수 편. 『시민교육과 대학』. 고양: 인간사랑.
______. 2011. 「정당 대변인의 '말'과 한국정치의 관습」. (사) 한국정치평론학회 편. 『미디어와 공론정치: 정치평론이란 무엇인가?』. 고양: 인간사랑.
______. 2009. 「증오의 복음: 근대문명과 폭력의 세계화」. 『비폭력연구』 창간호.
전진영. 2011. 「국회 입법교착 양상과 원인에 대한 분석」. 『의정연구』 제17권 2호.
최상용·박홍규. 2007. 『정치가 정도전』. 서울: 까치.
최상용. 2007. 「머리말」, 최상용·박홍규. 『정치가 정도전』. 서울: 까치.
한국·동양정치사상학회 엮음. 2005. 『한국정치사상사: 단군에서 해방까지』.

서울: 백산서당.
한명기. 1999. 『임진왜란과 한중관계』. 서울: 역사비평사.
한영우. 1999. 『정도전사상의 연구』. 서울대학교출판부.
해리스, 에롤 E. 이현휘 역. 2009. 『파멸의 묵시록: 과학적 패러다임과 일상의 사유양식』. 부산: 산지니.
헨더슨, 그레고리. 박행웅·이종삼 역. 2000. 『소용돌이의 한국정치』. 파주: 한울.
《경향신문》. 「이기환의 흔적의 역사: 환향녀, 화냥년, 호로자식」(2012. 11. 21).
______. 「한국의 파워라이터, 철학자 김용옥, '한국이 맹자와 민주주의를 결합하면 최고의 나라가 될 것'」(2012. 6. 15).
《노컷뉴스》. 「'6개월의 고통' 세월호 참사 … CNN 집중 조명」(2014. 10. 16).
《뉴스1》. 「헌재 위헌결정 3년 … '자국민 인권 해결 못한 정부도 가해자」(2014. 8. 29).
《동아일보》. 「정치가 한국병이다」(2011. 3. 25, 26, 28).
《문화일보》. 「한국 신화 파헤친 그레이슨 교수, 유교가 한국인 정체성 상실 불렀다」(2001. 4. 20).
《세계일보》. 「대한민국의 잃어버린 정치를 찾습니다」(2010. 1. 31).
《스포츠동아》. 「올해만 10여권째 … 서점가 '정도전' 열풍」(2014. 3. 14).
《연합뉴스》. 「전 美 재난청장 '9·11때 누구도 책임전가 안했다」(2014. 10. 7).
________. 「근로정신대 할머니들, 국가 상대 손배소 추진」(2011. 11. 1).
《오마이뉴스》. 「세월호 유가족의 6개월과 박근혜의 6개월, 이렇게 달랐다」(2014. 10. 16).
__________. 「십승지는 조선판 이중국적이었을까?」(2014. 3. 25).
《위클리 오늘》. 「세월호 참사 100일 … 여야 책임전가 공방전」(2014. 7. 24).
《중앙선데이》. 「청와대·여·야 네 탓 공방 … '유민 아빠' 불상사 때 핵 폭풍」

(2014. 8. 24).

《중앙일보》. 「왜 다시 정도전인가, 최상용이 본 조선의 풍운아. '한국 양극화 고려 말 닮아 … 600년 전 메시지 귀 기울여야'」(2014. 1. 30).

김용삼. 「조선시대 문과 급제자 1만 4600명 분석한 송준호 교수, '전쟁이 없었기 때문에 지배 엘리트는 공리공론에서 헤어 나오지 못했다'」. 《월간조선》(2000년 12월).

배진영. 「이 사람, 인기사극 〈정도전〉의 작가 정현민, '〈정도전〉을 통해 정치의 맨살을 보여주고 싶었다'」. 《월간조선》(2014년 4월호).

육군사관학교 전사학과 김광수 교수와 인터뷰(2002. 4. 16).

Aron, Raymond. 1966. *Peace and War: A Theory of International Relations*, trans. by Richard Howard and Annette Baker Fox. New York: Doubleday & Co..

Bruhns, Hinnerk. 2012. "Weber's Patrimonial Domination and Its Interpretation" in Daniel C. Bach and Mamoudou Gazibo. eds.. *Neopatrimonialism in Africa and Beyond*. Oxford: Routledge.

Clausewitz, Carl von. 1976. *On War*, ed. and trans. by Michael Howard and Peter Paret. Princeton. New Jersey: Princeton University Press.

Cosmo, Nicola Di ed.. 2009. *Military Culture in Imperial China*. Cambridge, Mass.: Harvard University Press.

__________. 2009. "Introduction" in Nicola Di Cosmo. ed.. *Military Culture in Imperial China*. Cambridge, Mass.: Harvard University Press.

__________. 2002. *Ancient China and Its Enemies: The Rise of Nomadic Power in East Asian History*. Cambridge: Cambridge University Press.

Creel, Herrlee Glessner. 1929. *Sinism: A Study of the Evolution of the Chinese World-View*. Chicago, Illinois: The Open Court Publishing Co..

Eisenberg, Andrew. 1998. "Weberian Patrimonialism and Imperial Chinese

History." *Theory and Society*. Vol. 27.

Feith, David. ed.. 2011. *Teaching America: The Case for Civic Education*. Lanham: Rowman & Littlefield.

Ginsberg, Benjamin et al.. 2009. *We the People: An Introduction to American Politics*. 7th Texas ed.. New York: W. W. Norton & Co..

Goulde, John Isaac. 1985. "Anti-Buddhist Polemic in Fourteenth and Fifteenth Century Korea: The Emergence of Confucian Exclusivism." Ph. D. diss., Harvard University.

Grayson, James H. 2001. *Myths and Legends from Korea: An Annotated Compendium of Ancient and Modern Materials*. Richmond, Surrey: Curzon Press.

Gutmann, Amy and Dennis Thompson. 2014. *The Spirit of Compromise: Why Governing Demands It and Campaigning Undermines It*. Princeton: Princeton University Press.

Hahm, Pyong-Choon. 1967. *The Korean Political Tradition and Law: Essays on Korean Law and Legal Theory*. Seoul: Hollym Co..

Hao, Chang. 1974. "On the Ching-shih Ideal in Neo-Confucianism." *Ch'ing-shih wen-t'i*. Vol. 3, No. 1.

Henning, Brian G. 2005. *The Ethics of Creativity: Beauty, Morality, and Nature in a Process Cosmos*. Pittsburgh, PA: University of Pittsburgh Press.

Isaacson, Walter. Sept. 6, 2014. "Henry Kissinger Reminds Us Why Realism Matters." *Time*.

Jacobs, Norman. 1985. *The Korean Road to Modernization and Development*. Chicago: University of Illinois Press.

Jullien, François. 2004. *A Treatise on Efficacy: Between Western and Chinese Thinking*. trans. by Janet Lloyd. Honolulu: University of Hawaii

Press.

Kim, Sung Nam. 2002. "State Success and Failure: Comparison of Military Capabilities of Koguryo and Choson." MA thesis, Graduate School of International Studies, Yonsei University.

Kim, Sungmoon. 2010. "Mencius on International Relations and the Morality of War: From the Perspective of Confucian *Moralpolitik.*" *History of Political Thought.* Vol. XXXI, No. 1

Kissinger, Henry. 2014. *World Order.* New York: Penguin.

Lagemann, Ellen Condliffe and Harry Lewis. eds.. 2012. *What is College for? The Public Purpose of Higher Education.* New York: Teachers College Press.

Maddox, Graham. 1986. "The Christian Democracy of A. D. Lindsay." *Political Studies.* Vol. 34.

Münch, Richard. 2001. *The Ethics of Modernity: Formation and Transformation in Britain, France, Germany, and the United States.* Lanham: Rowman & Littlefield Publishers.

Nuyen, A. T. 2013. "The 'Mandate of Heaven': Mencius and Divine Command Theory of Political Legitimacy." *Philosophy East and West.* Vol. 63, No. 2.

Pines, Yuri. 2009. *Envisioning Eternal Empire: Chinese Political Thought of the Western States Era.* Honolulu: University of Hawaii Press.

Poggi, Gianfranco. 1988. "Max Weber's Conceptual Portrait of Feudalism." *The British Journal of Sociology.* Vol. 39, No. 2.

Schwartz, Benjamin. 1959. "Some Polarities in Confucian Thought" in David S. Nivison and Arthur F. Wright. *Confucianism in Action.* Stanford, California: Stanford University Press.

Thucydides, 1972. *History of the Peloponnesian War.* trans. by Rex Warner. Penguin Books.

Tillman, Hoyt Cleveland. 1982. *Utilitarian Confucianism: Ch'en Liang's Challenge to Chu Hsi.* Cambridge, Mass.: Harvard University Press.

______________________. 1981. "The Development of Tension between Virtue and Achievement in Early Confucianism: Attitudes toward Kuan Chung and Hegemon (pa) as Conceptual Symbols." *Philosophy East and West.* Vol. 31, No. 1.

Wang, Yuan-kang. 2011. *Harmony and War: Confucian Culture and Chinese Power Politics.* New York: Columbia University Press.

Weber, Max. 1968. *Economy and Society: An Outline of Interpretive Sociology.* ed. by Guenther Roth and Claus Wittich. New York: Bedminster Press.

Whitehead, Alfred N. 1959. *Symbolism: Its Meaning and Effect.* New York: Capricorn Books.

____________________. 1950. *Science and the Modern World.* New York: The Macmillan Co..

Zhao, Dingxin. 2015. *The Confucian–Legalist State: A New Theory of Chinese History.* Oxford: Oxford University Press.

4장
생활세계와 시민

이병택

1. 생활과 세계

근대과학의 등장으로 우리가 사는 세계에 대한 생각은 큰 변화를 겪었다. 근대과학은 무엇보다도 우리를 위협하는 자연세계를 통제하고 나아가서는 정복하고자 하는 의식적이거나 무의식적인 의도를 깔고 있었다. 통제하려는 인간적인 관점에서 드러난 자연은 기계적으로 작동하는 사물로 비쳤다. 이것은 도구를 사용하는 인간을 극대화시킨 것이라고 할 수 있다. 기계적인 측면에 대한 강조는 미학적인 관점에서 나타난 세계나 혹은 통제와는 그 종류를 달리하는 실천의 방향에서 드러나는 세계를 간과하게 했다. 심지어 근대철학은 자신의 의도에 저항하거나 대립하는 다른 관점들을 집요하게 배제하고 제거하려 했다. 그 결과 인간은 한편으로는 문명의 이기를 획득하는 길을 열게 되었지만, 다른 한편으로는 자연의 파괴와 인간성의 상실이라는 부작용을 겪게 되었다.

자연을 통제하려는 관점은 '일차성질'과 '이차성질'이라는 용어의 사용법에도 나타난다. 일차성질은 인간의 통제 안으로 들어올 수 있는 딱딱한 성질을 추상한 것이고, 이차성질은 그 이외의 나머지 성질을 지칭한다. 그리고 근대과학은 이차성질을 일차성질의 작용에 따른 결과 혹은 효과로 파악했다. 이차성질은 그 자체로 설명될 수 있는 것이 아니라 일차성질의 이름으로 설명되어야 했던 것이다. 이차성질은 기껏해야 그 자체로 존재하는 일차적 세계의 반영 혹은 '주관적인' 성질로 전락하게 되었다. 근대과학은 인간의 실천적 술어들을 주관적인 것으로 치부하면서 세계를 기계론적인 관점에서 해석하고 설명했다. 근대의 객관과 주관의 구분은 공평한 대접을 받은 상관적인 항들이 아니라, 객관의 전적인 우위로 귀결되었다. 그 결과 타인의 불행에 대한 동정은 사치스러운 주관적인 마음작용 정도로 치부될 수밖에 없었다.

이런 이유로 근대과학의 술어로 시민의 자세나 마음가짐을 서술하는 것은 불가능하다. 한 가지 더 명심할 점은 근대정치학의 관점에서도 시민성을 서술하기는 쉽지 않다는 점이다. 가령 근대정치학의 선구자로 잘 알려진 홉스(Thomas Hobbes)는 인간의 본성을 이기성에서 찾았다. 그렇기 때문에 길거리의 거지에게 자선을 하는 것도 그 모습을 통해서 느끼는 자신의 고통을 줄이기 위한 이기심으로 해석한다. 인간의 이기심이 마치 일차성질로 이해되는 것이다. 이런 설명 방식은 벤담(Jeremy Bentham)이 행복을 쾌락과 고통으로 설명하는 데서도 잘 드러난다. 이것은 마치 뉴턴이 자연사물을 질량과 크기를 가진 물체(body)로 해석하는 것도 다를 것이 없다. 일반적으로 말하면 근대의 학문은 대체로 여러 차원의 현상을 하나의 단일한 기준이나 성질로 설명하는 환원주의의 늪에서 헤어나지 못하는 것이다.

위와 같은 환원주의는 사실과 가치를 분리하는 근대의 관점으로 이어진다. 근대인은 일차성질을 가진 사실을 추출하는 데 관심을 집중하기 때문에 가치는 일종의 부수적인 현상이 된다. 이런 근대인의 태도에서 문제가 되는 것은 사실을 마치 '주어진'(given) 것으로 간주하는 데 있다. 사실이 주어진 것이라면 가치는 주관적으로 덧붙여진 것이 될 수밖에 없다. 이른바 '소여(所與)'의 일차성에 대한 도그마가 생기는 것이다. 소여의 일차성에 대한 비판이 있기도 했다. 그런 비판은 윈치(Peter Winch)의 사회과학 방법론에 나타나듯이 대체로 언어를 강조하는 주관적 구성주의로 귀착하는 경향을 가졌다.[1] 그리고 오늘날까지도 과학에 대한 비판과 그에 대한 반대의 비판은 대체로 이런 식으로 계속되고 있다.

'생활세계'에 대한 관심도 근대과학이 전제하고 있는 객관적 세계를 비판적으로 고찰하기 위한 시도이다. 근대과학이 전제하는 세계는

---

1 Peter Winch, *The Idea of Social Science* (London: Routledge & Kegan Paul, 1958).

이념화된 혹은 추상된 세계이지 우리가 살고 있는 바로 그 세계는 아닌 것이다. 생활세계란 개념을 처음으로 제시한 후설(Edmund Husserl)에 의하면 생활세계의 가장 큰 특징은 주관과 관련된 세계란 데 있다. 즉 주관과 대상은 서로 상관자로 존재하는 것이다. 그러나 이것이 무엇을 의미하는 것인지는 대단히 논쟁적인 것으로 남아있기 때문에, 생활세계와 시민에 관한 우리의 연구도 어느 정도는 그런 한계를 가진 채 진행될 수밖에 없을 것이다.

생활세계는 근대과학이 전제하는 객관적 세계와 대조적이기도 하지만, '주위세계'의 개념과도 차이를 가진다. 주위세계는 생활세계와는 달리 비판적인 거리와 자유가 없는 세계이다. 여기서 자유가 없다는 말은 우리가 주위세계에 거리를 두지 않고 빠져 산다는 의미이다. 근대과학은 과학적 대상을 구성하는 독특한 거리두기를 수행한다. '자연'은 이런 과학적 태도에 상관적이다. 과학적 태도의 문제는 그 태도가 전제하고 있는 의도에 맹목적이기 때문이다. 반면에 주위세계는 우리가 일상적으로 의심의 여지없이 받아들이는 세계를 의미한다. 뉘앙스 있게 말하면 주위세계는 우리가 자연스럽게 살아가는 생활공간인 것이다. 나는 스스로를 나 자신으로 받아들이면서 가족의 일원으로 의심의 여지없이 살아간다. 학교와 마을, 그리고 직장을 넘어서 국가에 이르기까지 아무런 유보도 없이 그 속에서 살아가고 있다고 확신하는 것이다. 이렇게 살아가는 세계가 다름 아닌 주위세계이다.

그런데 주위세계를 시민적 태도로 참여한다면 어떨까? 생활세계와 시민이란 주제는 철학적 반성에 의한 세계의 참여를 유보하면서 실천적으로 주위세계에 참여함으로써 획득되는 독특한 반성을 추출하려는 데 의미를 둔다. 생활세계에 상관적인 시민은 유보 없이 받아들인 자기 자신이나 자연적으로 어디에 귀속된 자신, 그리고 자발적 선택에 의해서 집단에 귀속하게 된 자신에 이르기까지 여러 차원의 자기 자신을 반성하는 과정에 있다. 즉 시민생활에 상관적인 세계를 발견하려는 시도이고 그 의미를 추적하려는 노력이 생활세계와 시민인 것이다. 여기서 생활세계는 인간의 특정한 태도에 상관적인 세계를 의미하고, 주위세계처럼 닫힌 세계가 아니라 열려있는 세계이다.

근대의 시민은 정치적으로 대표되는 자격을 가진 존재로부터 시작했다. 그러나 대의정치의 위기로 인해서 대표되는 자격을 가진 시민의 존재에 대한 회의가 시작되었다. 대표되는 자격을 가진 시민은 이론상으론 중심을 차지하지만, 실천적인 측면에서 보면 잉여적 존재로 추락한다. 마치 정당한 권력은 인민으로부터 나온다는 말은 누누이 말해졌지만, 그럼에도 이 말이 실현된 경우는 거의 없는 경우와 흡사하다. 비슷하게 시민의 동의는 정치에서 대단히 중요한 것으로 말해지지만, 정치현실은 그와 무관하게 작동하고 있다. 이런 대의정치의 위기에 대한 진단에 의거해서 숙고하는 시민이나 참여하는 시민의 상이 이론적으로 논의되기도 했다. 이런 시도들이 가진 핵심적 의미는 주변으로 몰려난 혹은 잉여적 존재로 버려진 정치적 주체를 복원하려는 데 있을 것이다. 그러나 이런 시도들이 근대의 주객이분법을 적절하게 극복하고 있는지는 불투명하다고 생각된다. 이런 시도들이 근대과학을 비판하려는 또 다른 버전의 주관주의나 인간주의로 귀착하고 있지는 않은지 지켜볼 일이다.

숙고하는 시민이나 참여하는 시민의 이념에 비해서 생활세계에 상관적인 시민은 더 온건한 입장을 가진다. 우선 생활세계에 상관적인 시민은 처음부터 인간에 대한 존재론적이거나 인식론적인 보편적 주장을 개진하지 않는다. 생활세계는 우리가 살고 있는 주위세계로부터 출발하며 이런 주위세계를 보편적으로 초월하거나 떠나지 않는다. 이론적인 보편적 초월을 인정하지 않는다는 의미에서 생활세계는 우리가 살고 있는 실천적 세계이다. 이런 의미에서 생활세계는 실천적 초월을 강조한다.

이론적 초월과 실천적 초월의 차이를 이렇게 비유해 보자. 우리 사회의 대다수의 사람들은 학교가 '전인교육'에 봉사해야 한다고 믿는 경향이 있는 것 같다. 좋아 보이는 것이 좋은 것이니까 말이다. 그러나 교육과 관련된 사람들은 현실적으로 그 이념과 전혀 관계없이 교육일에 종사하거나, 자녀의 진로를 결정하며, 입시에 몰입하면서 살아가고 있다. 그러다가 학교폭력이 문제가 되면 다시 전인교육의 부재에 대한 한탄이 나오곤 한다. 한편에서는 교사의 권위를 높이는 것에서 문제 해결의 실마리를 찾으며, 다른 한편에서는 학생인권을 외친다. 그러다가 다시금 조용해진다. 실효성이 없는 이념에 실효성이 떨어지는 주장들만이 제기되곤 하는 것이다. 독서인구 비율이 낮은 우리 사회가 전인교육을 외치는 것은 아이러니를 넘어서 부조리한 것이라는 느낌을 갖게 만든다.[2] 그럼에도 불구하고 전인교육의 이념이 가진 문

2 인성교육을 학교가 담당해야 할 필요에 대해서 우리 사회가 일종의 강박관념을 가지고 있는 원인에 대해서는 깊은 연구가 필요할 것이라고 생각된다. 서구의 경우에는 교회 즉 종교가 담당해야 할 부분을 우리 사회는 학교에 부과하

제점에 대해서는 침묵한다. 이와는 대조적으로 교사들은 종종 교육 현장에서 일어나는 학생들의 초월 사례를 서로 이야기하곤 한다. 이런 보고는 우리 사회에서는 불가능할 것 같았던 일들이 현실적으로 발생한 사건의 보고라고 할 수 있다.

우리가 사는 세계는 크고 작은 실천적 초월이 발생하는 곳이다. 이런 초월은 인간의 생활로부터 자연스럽게 발생하는 현상이라고 할 수 있다. 그렇기 때문에 이 세계는 닫힌 세계가 아니라 열린 세계가 되는 것이다. 생활세계와 시민은 이런 세계를 시민이라는 존재를 중심으로 탐구하려는 데 그 의의가 있다. 아리스토텔레스는 인간의 실천을 어떤 목적 혹은 의미의 추구라는 관점에서 보려고 했다. 인간은 본성적으로 알고자 하는 욕구를 가진다고 한 점이나, 윤리적으로는 좋은 것을 추구하고자 하는 본성을 가진다거나, 정치적으로는 좋은 결사를 맺고자 하는 욕구를 들고 있다. 그리고 그는 이런 욕구를 누가 주입한 것이 아니라 생활 그 자체에 내재한 것이라고 간주한다. 이런 관점은 생활세계와 시민을 이해하는 데 하나의 지침으로서 사용될 수 있다고 생각된다.

고 있다고 생각된다. 그리고 교양교육과 인성교육은 엄밀한 의미에서 분리되어야 할 성질의 것이라고 본다. 현재 우리 사회에서는 인성교육과 교양교육이 서로 혼동되고 있다는 느낌을 받는다. 시민교육은 두 차원에서 함께 이루어져야 할 그런 성질의 것이라고 할 수 있다.

2. 한국인의 주위세계: 공/사의 견제와 균형의 붕괴

한국인의 주위세계를 서술하는 일 시급한 작업임과 동시에 한국인이 존재하는 한 끊임없는 진행되어야 할 작업이다. 그것은 한국인의 정체를 구성하는 것이 무엇인지를 질문하는 것과 동일한 맥락에 있다. 현재 한국인의 정체 구성에 대한 질문에는 크게 두 가지 대립적인 접근법이 존재한다. 첫 번째는 외부로부터 현재 한국인의 정체가 규정되었다는 견해이고, 두 번째는 한국인 자신의 역사적인 생활발전으로부터 정체를 규정하려는 견해이다. 식민사관이 아니더라도 사대주의의 늪에 빠진 한국의 모습은 전자의 견해를 뒷받침하기에 충분한 모양새이다. 오늘날 일본이나 미국을 방문해서 관찰하면 우리의 것으로 간주했던 것들이 대부분 '모방품'인 것을 발견할 것이다. 우리의 동요로 간주했던 것들조차도 다른 나라의 것이란 사실을 발견하고는 놀라곤 한다. 정치적 사고에 있어서는 도대체 우리의 것이 있는 것인지 의심스럽기조차 하다.

그럼에도 불구하고 한국인이 독특한 정체를 유지하고 있다는 점은 후자의 견해를 떠받친다고 생각된다. 문명이나 문화의 수용은 역사에서 늘 일어나는 일일 뿐이기 때문에, 다른 문명이나 문화의 모방이 우리의 정체를 결정하는 것은 아니라는 주장이 가능하기 때문이다. 그러나 우리의 것이 무엇이냐는 질문에는 마땅한 대답을 내놓기 힘들다는 점은 늘 아쉬운 부분이 된다. 우리가 '단군의 자손'인가, 아니면 유교가 우리의 것인가 등의 단순한 질문만으로도 이런 입장이

처한 어려움을 드러낸다. 특히나 정치적 정체가 약하고 일종의 문화적 정체가 강조되는 점은 눈여겨 볼 점이다. 정치적 정체성이 허약하기 때문에 정치는 문화적 정체성을 정치적 목적에 봉사하는 볼모로 사용했다고 생각된다.

나아가 자생적 발전을 인정하더라도 우리의 문명수용의 방식에 대해서는 더 큰 의문이 드는 것이 사실이다. 제1절에서 관계성이 생활세계의 핵심적 부분이라고 말했기 때문에, 문명수용의 사실이 아니라 문명수용의 방식이 우리의 정체를 규정하는 데 결정적 역할을 한다는 점은 인정될 것이다. 이런 점에서 보면 오백년 간 성리학적 이념이 지배한 나라에서 주자에 대한 주석이나 해석이 활발하지 않았다는 사실은 놀라움을 넘어선다. 우리 스스로 연구를 했던가? 더 심각하게는 우리에게 연구의 전통이 있기는 했는가? 이런 질문에 대한 여러 가지 방식의 대답이 가능하겠지만 우리의 정체성에 기초한 연구의 전통이 우리에게 약한 것만큼은 부정할 수 없을 것이다. 덧붙여 문명의 수용과 관련해서도 고립정책을 유지한 혹독한 경험은 우리 사회의 개방성을 변호해줄 수 없다고 생각된다.[3]

원인이 무엇이든 간에 외부세계와의 교섭에 있어서 자주성이 결여되어 있는 점은 우리 사회의 특징이라 생각된다. 이런 이유로 우리

---

3 Gregory Henderson, *The Politics of the Vortex* (Cambridge, Massachusetts and London, England: Harvard University Press, 1968). 핸더슨에 따르면 한국이 고립정책을 채택한 까닭은 국방의 무력함에 기인했다. 여기서 외부세계는 "위협"(threat)으로 인식되었다(14쪽 참조).

사회에는 반복적으로 읽고 새롭게 해석되어야 할 고전이 존재하지 않는다. 더 심각하게 말하면 고전이 아니라 받들어 모셔야 할 경전이 존재하며, 그것도 대체로 시험 대비용 공부가 지배적인 것이었다. 이런 가운데 해석의 다양성이 생겨날 까닭이 없었던 것이다. 핸더슨의 관찰했듯이, 다른 곳에서 유래를 찾기 힘든 동질적인 문화를 공유하면서도 사회적·정치적 결속이 약한 대단히 특이한 사회인 것이다. 한국 사회는 겉과 속이 다른 역설적인 풍경을 드러내고 있는 것이다. 비슷한 맥락에서 최정운 교수는 한국 사회의 반지성주의 풍조에 대해서 신랄하게 비판한다. 길지만 그의 글을 인용하면 아래와 같다.

> 우리 사회에서 지식인들은 전통문화의 관성으로 인해 자신들이 대단한 존재이며 큰 책임을 갖고 있다고 자부한다. 그러나 지난 20여 년간 대한민국의 최고의 학부인 모교에서 가르치고 연구하면서 느껴온 것은, 연구 환경은 열악하고, 학문을 연구하는 분위기는 전혀 내실이 없고, 연구를 제대로 하려고 하면 주변에서, 학교 제도에서, 그리고 무엇보다 학생들의 의식상태가, 가장 심각하게는 사회 전반의 가치관이 결코 학문 연구를 권장하지도, 지원하지도, 허용하지도 않는다는 사실이었다. 더욱 심각한 문제는 이러한 분위기는 대학 밖에서 오기도 하지만 대학 안에서 더욱 팽배하다는 점이다. 이 책에서 지적하고 있는 반지성주의(反知性主義)는, 잘 보이지 않지만 밑바닥으로부터 스며드는 섬뜩한 저주의 안개처럼 우리 사회가 성숙하지 못하게, 우리가 자라지 못하게 하고, 우리 몸과 의식을 썩게 만드는 독소(毒素)이며, 이는 역사적으로

형성된 것으로 어떤 특정한 세대의 특정한 사상을 넘어선다는 것을 느끼지 않을 수 없다. 그간 오랫동안 필자 자신도 자유로울 수 없었던, 외국에서 학문을 배워 도입하면 된다는 생각은 바로 이 반지성주의의 원인이자 결과며 동일한 동전의 앞뒷면이라는 사실도 느끼게 되었다. 물론 필자는 해외에 유학가지 말라고 말하고 싶은 생각은 없다.[4]

우리에게 독설로 들릴 수 있는 우리의 일그러진 자화상의 역사도 짧지 않을 것이다. 우리의 자화상에 대한 거듭된 냉소에도 불구하고 어디서부터 변화를 구해야 할지에 대한 통찰은 찾기 힘들다. 문명개화 운동이 없었던 것도 아니고, 근대화 운동이 없었던 것도 아니고, 세계적 흐름에 동참한 신자유주의적 광풍이 없었던 것도 아니다. 그러나 우리 사회는 여느 때나 다름이 없는 사건들이 연일 발생하고 있다. 문제의 뿌리가 생각했던 것보다 더 깊은 것이다. 여기서 우리는 한국인의 습속과 끈끈히 붙어있는 주위세계를 이해할 필요가 있는 것이다.

한국인의 습속에 대한 흥미로운 연구방법의 한 예를 우리는 전인권의 『남자의 탄생』에서 찾아볼 수 있다.[5] 이 책에서 그는 자기밖에 모르고 이기적인 한국 남자의 탄생과 가부장적인 주위세계를 결부시킨다. 그리고 '동굴의 황제'로 불리는 한국 남자는 공적 영역보다는

4 최정운, 『한국인의 탄생』(서울: 미지북스, 2013), 9-10.

5 전인권, 『남자의 탄생』(서울: 푸른숲, 2003).

사적인 영역을 선호하는 습속에 배여 있다. 이런 습속은 가부장적 주위세계 속에서 살기 위한 엄마의 생존전략을 통해서 형성된다. 그 결과 엄마는 나를 가장 좋아하실 거라는 환상이 아들 각자의 뇌리에 박히는 것이다. 그런 엄마의 사랑을 확인하는 공간은 다른 사람들의 시선으로부터 차단된 사적인 공간이다. 그런 공간은 가장 친밀하면서도 각자의 마음을 내보이고 서로 확인하는 공간으로 인식된다. 이 책의 저자는 결국 우리 사회의 사적인 공간에 대한 선호현상과 그로 인한 공적인 공간의 퇴락을 설득력 있게 제시한다. 한국인의 주위세계를 특징짓는 것은 사적인 공간의 생생함과 공적인 공간의 형식성이다. 생생함이 살아있는 공간과 형식적 허울만이 유지되는 공간 사이의 싸움은 당연히 사적인 공간의 팽창과 공적인 공간의 축소로 귀결될 수밖에 없다.

사적인 공간의 선호와 팽창은 시민의 형성을 어렵게 한다. 시민형성이 잘 되지 않기에 시민사회의 지속적인 성장 또한 기대하기 어렵다. 공적인 공간이 사적인 공간을 견제하고 균형을 맞추질 못하기 때문에 한국인은 시민으로 성장하는 데 어려움을 겪으며 사인(私人)으로 전락할 가능성이 크다. 권위를 억지로 강요하는 것으로는 공적인 공간이 생동성을 가질 수 없다. 우리의 역사적 경험에 비추어 보면, 권위의 강요는 공적인 공간을 희화시키는 결과를 가져왔다. 우리 사회는 정치권위의 희화로부터 시작해서 가정, 학교, 마을 단위에 이르기까지 거의 모든 권위가 희화되기에 이르렀다. 희화되고 냉소 받지 않는 권위가 우리 사회에 존재하는 것인지 회의가 생기기도 한다. 공직자들의 식상할 정도의 부정부패로부터 세월호 사건에서 나타나듯

각 기관 관련자들의 극단적 무책임에 이르기까지 어느 한 군데도 권위가 살아있는 곳이 드물다는 인상을 받는다. 이렇게 볼 때 우리 사회의 각 영역에서 최소한의 시민성을 기대하기도 힘들어 보인다.

공적인 영역의 퇴조로 우리 사회는 폭발적으로 분출되는 사회적 갈등을 해결할 수 있는 토양을 마련하는 데 어려움을 겪는다. 1960년대 이후 우리 사회는 압축성장이라고 표현되는 엄청난 변화를 겪었다. 변화가 압축적이었던 것만큼 그에 따르는 갈등(계층, 지역, 이념, 환경, 세대갈등) 또한 복합적이고 압축적이었다. 이런 상황에서 복합적이고 압축적인 갈등을 해결하고 봉합하기 위한 정치적 권위의 수립은 더 힘들 수밖에 없었고, 따라서 국가에 의한 폭력이나 사적인 폭력의 방식으로 갈등의 문제를 해결하는 경향을 보이게 되었다. 가해진 폭력에 대한 저항 또한 폭력적인 방식으로 이루어질 수밖에 없었다. 폭력적 억압은 필요 혹은 불가피성이라는 외양으로, 거친 저항은 권리추구의 명분으로 진행되기도 한다.

선진사회가 사회적 갈등을 해결하는 주요 기제인 법의 지배 또한 쉽게 정착되지 않고 있다. 법의 지배가 정착되지 못하는 데는 여러 가지 원인이 있다고 생각된다. 위에서 언급한 공적인 영영의 잠식과 더불어 우리 사회는 법에 의한 지배보다는 사람에 의한 지배를 선호하는 인치(人治)의 습속이 강하다는 점을 들 수 있다. 인치는 흔히 온정주의적 입장에서 옹호되곤 한다. 한국인의 온정주의는 독특한 측면이 있다. 학교에서 한국인의 온정주의적 태도는 학교를 규율이 없는 곳으로, 폭력이 허용되는 공간이 되게 하는 데 책임이 있다. 최소한 몇 가지 주요한 시민적 규율조차도 수립하지 못하는 학교가 되어 버리는 것이다. 그러나 학교에서 통용되던 온정주의는 사회로 나가는 순간 끝이 나버린다. 비정한 사회와 온정주의적 학교가 대립되어 나타난다. 학교에서는 시민적 규율보다는 공부에 따른 우선순위가 행동양식을 결정해버리고, 사회생활에서는 규칙을 잘 준수하는 자가 아니라 규율을 잘 피해가는 사람이 유능한 자로 인식된다. 더 놀라운 점은 이런 태도가 지도층을 필두로 사회전반에 퍼져있다는 데 있다.

흔히 정치는 그 사회를 크게 보여주는 확대경이라고 말해진다. 후쿠야마도 말하듯이, 지도층이 법을 지키지 않으면 법치가 정착될 수 없다.[6] 지도층은 '모범'을 보여야 할 존재가 아니다. 사회적 문제의 해법으로 모범을 강조하는 것은 다분히 귀족적 인치를 용인한다는 함의를 갖는다. 어떤 의미에서 볼 때 지도층의 모범을 강조하는 자체가 그 사회에 법치가 정착되지 못했음을 반증한다. 우리 사회에 법치가 미정착한 데는 지도층의 자의성 혹은 방종과 밀접한 관련이 있다. 달리 말해 지금까지 한국의 지도층은 굳이 법의 굴레 안으로 들어가야 할 필요성이 없었던 것이다. 이것은 왕의 자의성이나 귀족의 방종을 처리하지 않을 수 없었던 서구가 겪은 역사적 필요 혹은 경험이 우리 사회에 부재했다는 데 큰 원인이 있는 듯하다. 달리 말하면 법치는 우선순위를 가리는 선호의 문제가 아니라 '필요'(necessity)의 문제이다.

위에서 한국인의 주위세계의 특징을 공적인 영역의 쇠퇴나 붕괴를 중심으로 간략하게 조망했다. 주위세계의 문제를 계몽주의적 관점

---

6 후쿠야마, 함규진 역, 『정치질서의 기원』(파주: 웅진지식하우스, 2011), 295-296.

에서 고치려는 시도는 효과보다는 부작용이 더 심각했다는 반성이 정착한지는 오래되었다. 이것은 근대과학이 자연 파괴로 귀결된 것과 동일한 맥락이다. 주위세계는 우리가 빠져 사는 세계이기 때문에 일방적인 개혁으로는 해결될 수 없는 세계이다. 수많은 인적 개혁을 해보았지만 바뀌는 것은 없었고, 수많은 제도개혁도 해보았지만 그 또한 항상 미봉책에 불과한 것이었다. 개혁의 방식에도 문제가 있었겠지만 우리는 한국인의 습속에 내재한 관성의 존재를 추론할 수 있게 된다. 습속에 내재한 관성이 무엇이냐에 대한 논의는 여러 가지 방향에서 접근이 가능하다고 생각된다. 위에서 우리는 시민성과 관련해서 공적인 영역과 사적인 영역의 견제와 균형의 붕괴를 언급했다. 그리고 자주성의 결핍과 관련해서는 큰 나라들에 둘러싸인 한국의 지정학적인 위치를 지적했다.

3. 주위세계와 갈등

주위세계는 객관적인 세계가 아니라 우리가 빠져 사는 세계이기 때문에 문제의 해결도 그 만큼 더 힘들기 마련이다. 주위세계의 사물은 객관적인 성질로 구성된 것이 아니라 그 속에 사는 사람들의 가치가 침윤된 사물이다. 가치가 스며든 사물을 다루거나 혹은 그런 사물을 쟁취하기 위한 투쟁은 단순히 중성적인 사물을 다루거나 뺏으려는 행위를 넘어선다. 가족 간의 싸움, 학교에서의 폭력이나, 세대 간의 갈등, 사이버에서의 폭력성 등은 일방적인 접근법으로는 해결될 수 없는 성질의 것이다. 가령 학교에서의 폭력을 단순히 폭력행위로 볼 경우 감시카메라의 설치를 늘이는 등의 폭력근절의 관점에서 접근하게 된다. 반면에 학교라는 공간을 강조한다면 학교문화가 강조되고, 감시와 처벌의 관점이 아니라 예방적이면서도 교육적인 관점이 부각된다. 그러나 더 심각한 점은 이와 같은 시각이 모두 어른의 눈 혹은 이론적인 접근법에 가깝다는 데 있다. 이런 접근법이 놓치는 것은 주위세계의 특징을 망각한다는 점이다. 학생의 눈에 비친 주위세계의 사물의 특징에 주의를 기울여야 할 이유가 여기에 있다. 학교폭력을 직접 경험한 문뫼한 학생의 사례를 들어보자.

우리가 어른들에게 이야기하지 못하는 데에는 여러 가지 이유가 있습니다. 먼저 두려움 때문입니다. 가해자가 그 얘기를 들었을 때 보복을 할 것이라는 두려움도 있지만, 이러한 순진한 생각만으로는 우리들의 생활을 잘 이해할 수 없습니다. 학교에서 일어나는 대다수 심각한 폭력은 '일진' 아이들에 의해서 일어납니다. 어른들에게야 일진 아이들이 조금 더 힘이 세거나 인맥이 더 넓은 정도라고 생각할지 모르지만, 아이들에게 일진 아이들은 학년과 학교, 지역사회에서 거대한 조직을 이루면서 무엇이든 할 수 있는 힘을 가진 존재로 다가옵니다. 선생님과 상담을 하려고 해도 일진 아이들이 상담실 앞에서 누가 오나 항상 감시하는 것이 현실입니다. 그리고 교무실이나 상담실에 찾아가는 학생이 있으면 학교 전체 차원에서 그 아이를 왕따로 만들어버립니다. 대전 여학생 자살사건,

그리고 대구에서 지난 7월에 일어났던 자살사건은 그래서 생긴 것입니다. 우리 학생들의 눈에는 이렇게 확실하게 보이는데, 왜 어른들의 눈에는 안 보이는 것인지 답답하기 짝이 없습니다.

다음으로 어른들에게 이야기를 하더라도 어른들이 우리 시대와 경험이 다르기 때문에 제대로 이해하지 못해서 설명하기 힘들기 때문입니다. 요즘 학교폭력을 주도하는 것이 일진 아이들인데 다른 말로 '노는 아이들'이라고 합니다. 그런데 부모님과 이야기를 하면서 노는 아이들에 대한 개념이 우리 시대와 부모님 시대가 다르다는 것을 알 수 있었습니다. 옛날에는 노는 아이들이 주류가 아니었습니다. 노는 아이들이라고 해도 학교 바깥에서만 일탈행동을 하고, 교실에서는 교사에게 찍힐까봐 조용히 있었고, 돈을 뺏거나 다른 아이들을 괴롭힐 때 평범한 친구들이 협력하지 않았죠. 그러나 요즘 일진들은 다릅니다. 일진 아이들이 만들어가는 일진 문화는 청소년 문화의 주류입니다. 일진 아이들이 성·운동화·옷에 대한 모든 유행을 주도합니다. 대표적으로 요즘 유행하는 노스페이스 패딩도 일진들이 입어서 유행이 된 것입니다. 그래서 요즘 일진들은 돈을 걷을 때에도 몰래 갈취하는 것보다는 합법적인 명분을 동원해서 빼앗습니다. 연애 기념일(투투데이, 백일기념일 등), 생일, 빼빼로데이, 밸런타인데이 선물 등의 이유로 돈을 갈취하고 때로는 티켓 강매 등으로 돈을 모금하기도 합니다. 왕따현상 역시 일진 아이들의 지위를 이해하지 않고서는 이해하기 힘듭니다. 옛날에는 노는 아이들이 한 아이를 왕따시키려 해도 다른 아이들이 동조하지 않았습니다. 그러나 요즘에는 일진 아이들이 주류로서 학급 아이들의 생활 문화와 질서를 장악하고 있기 때문에 일진 아이들이 한 아이를 왕따시키면 다른 아이들도 살아남기 위해, 즉 자신이 왕따 당하지 않기 위해 동조할 수밖에 없습니다.

마지막으로 괴롭힘 당한 것을 선생님이나 부모님께 알릴 경우 고자질했다고 '찌질이'로 놀림을 받기 때문입니다. 일진 아이들이 의도적으로 그런 방향으로 몰아가고 다른 아이들도 거기에 동조하거든요. 또 학생들은 또래집단에서 일어난 일을 어른들에게 말하면 배신자로 낙인찍어요. 그래서 그런 아이들이 '전따'가 될 가능성이 높습니다. 이런 여러 가지 이유 때문에 왕따를 당하는 아이들은 '누구도 자신의 말을 믿어주지 않을 것이다', '이야기해도 잘 들어주지 않을 것이다', '이 세상에 나 혼자밖에 없다'고 느낍니다. 이런 관계적 곤경에 빠진 아이들은 학생이든 어른이든 누군가가 진심으로 말을 들어주려고 할 때만 마음을 엽니다. 평상시에는 아무런 관심을 가지지 않다가 이런 사건이 터졌을 때에만 흥분해서 신상 정보를 파헤치고 공격적인 말들을 쏟아내는 것은 또 다른 폭력입니다. 그것이 바로 자살 충동을 일으키게 하는 사회적 공격이라는 것을 알아야 합니다.[7]

학교폭력의 피해학생이 경험하는 주위세계의 사물은 그 속에 살지 않으면 잘 보이지 않는 성질들로 구성되어 있다. '왕따'를 간단히

---

7 《한겨레신문》, 「왜냐면, 어른들이 마음을 열지 못하면 아이들은 계속 죽어갑니다」(2011. 11. 28).

무시하고 지나가라는 충고를 하기에는 그가 느끼는 현실이 너무 가중하게 느껴진다. 피해학생의 현실감각이 잘못된 것이라고 말한다면 더 이상의 논의가 불필요할 것이다. 그의 문제는 참으로 현실적인(real) 세계를 보는 법을 배우면 해결될 것이기 때문이다. 그러나 불행히도 현실(reality)의 문제는 한 번도 해결된 적이 없는 난제였다. 바로 이런 이유 때문에 주위세계에 대한 이해가 그 만큼 더 급박한 문제로 제기되었던 것이다. 피해학생이 묘사하는 대상들이 현실적인 것인지를 처음부터 재단하려고 하면 그가 당면한 문제는 이해될 수 없는 것으로 남게 될 것이다. 시야를 확대해 보면 우리가 당면한 문제들은 모두 위에서 말한 피해학생이 겪는 문제와 다를 바가 없다. 가족 간의 재산을 둘러싼 갈등이나 세대 간의 갈등, 정치적 갈등도 모두 위와 같은 범주에 속한다. 약육강식이 현실임을 주장하면서 그 폭력사태에 순응하게 하든, 아니면 인권의 신성함을 설파하면서 상대방을 교화하든, 이런 접근법은 모두 추상적 문제 해결의 수준에 머물고 있다.

주위세계가 갖는 또 다른 특징은 시간성에서도 잘 나타난다. 특히 시간성의 문제는 세대갈등의 근본적인 문제로 자리한다. 사람이 나이가 먹고 늙어가는 존재이자, 지나간 사물을 잘 기억하질 못하는 존재라면 역지사지의 교훈을 학습하는 데 근본적인 장애를 가질 것이다. 한 세대는 다른 세대의 시간을 공유하지 못하기 때문에 역지사지의 조언은 그냥 추상적인 말의 향연으로 종결될 수밖에 없을 것이다. 이런 이유로 세대갈등과 관련하여 학자들은 '역지사지', '상호이해와 존중', '배려와 관용', '객관적 사실에 대한 합의' 등을 원론적인 해결책으로 제시하지만, 이런 조언을 실제생활에 적용하기는 쉽지 않게 된다. 다른 한편으로는 청년기의 사회적 사건이 사람들의 내면에 응결되어 평생을 두고 반복되어 나타나기도 한다. 이런 반복은 생산적이고 창조적인 반복이 될 수도 있으나, 강박적인 트라우마(trauma)로서 작용할 수도 있는 것이다. 청소년기에 형성된 가치관·세계관에 고착되어 인생의 방향을 결정하고 또한 그것을 고수하는 세대들 간에 소통을 가로막는 벽이 생기게 된다. 따라서 역지사지를 통한 세대 간 소통이라는 원론적 조언이 도대체 존재론적으로 가능하기나 한가라는 의구심을 갖질 수밖에 없게 된다.

특히 우리 사회는 일제식민기와 6·25라는 깊은 트라우마를 겪었기 때문에 그때를 산 사람과 그렇지 않은 사람 간에는 건너기 힘든 소통의 문제가 발생한다고 생각된다. 그 세대와 그 이후의 세대는 세월호 사건에 대한 평가에서도 달라진다. 척박한 시대를 경험한 자에게 세월호와 같은 사건은 가슴 아픈 것이기는 하나 그럴 수 있는 것으로 이해된다. 그렇기 때문에 누구의 책임소재를 가리기 힘들다는 입장으로 귀결된다. 특히 그들에게는 정치시스템에 대한 문제 제기가 부재하다는 느낌을 받는다. 그들의 태도에는 사실상 우리의 국가는 늘 그런 것이었다는 응어리(습관)가 가로 놓여 있다고 생각된다. 반면에 그 이후의 세대는 국가의 의무 혹은 시스템의 부재를 문제 삼는다. 마치 조선의 선비가 유교경전의 교리를 무의식적으로 말하듯이. 소설가 김훈은 『남한산성』에서 그런 선비를 배출한 나라가 바로 조선이라고 자조적으로 말한다. 그 이전 세대에게 현 세대는 현실감각이 없는 세대로, 현 세대에게 옛 시대의 사람들은 부도덕하고 무책임한 사람으로 비친다. 그래도 이 지점까지는 서로 이해하고 공감할 수 있는 부분이라고 생각된다. 그러나 소설가 백가흠이 『나프탈렌』에서 묘사하는 6·25 세대의 천박하면서도 저열한 행동양태는 이해될 수는 있어도 공감하기는 쉽지 않다. 근대의 정치사상가 홉스는 정치공동체 수립의 발단으로 죽음의 공포를 전제한다. 홉스에게 죽음의 공포는 이성을 깨우는 역할을 하지만, 소설가 백가흠에 의해 묘사된 죽음의 트라우마를 느낀 6·25 세대는 몸에 좋은 보양식은 어떻게든 챙겨먹고, 젊은 여자를 탐하는 등의 죽음과 어떻게든 멀어지려는 강박증에 시달린다. 이런 모습에 대한 역겨움은 월남전에 참전하여 부상을 당한 상이용사가 시골마을에서 행패를 부리는 모습에서 느꼈던 막역한 공포심과 유사한 것이다.

위와 같은 이유에서 함께 경험할 수 있는 대상의 조건은 주위세계에서의 갈등에 대단히 중요한 조건이 된다. 근대과학은 무의미한 혹은 나와 아무런 관련도 없는 무관심한 객관성을 산출했다. 이런 객관성에 대한 비판으로 철학은 '체험'(erlebnis)의 의미를 복원하고자 했다. 그러나 체험으로서의 주관경험도 결국에도 함께 경험할 수 있는 대상이 될 수 있는지에 대한 의문을 낳게 되었다. 예술작품과 관련해서 체험은 천재의 신화를 낳기에 이르렀다고 가다머(H. G. Gadamer)는 비판한다. 그러면서 그는 예술작품은 우리 모두가 함께 경험할 수 있는 존재성을 갖는 것이라고 주장한다. 그리고 그는 이것을 해석학의 일반적인 조건으로 규정한다. 이런 의미에서 그는 주관주의에 빠진 '미적 의식'을 비판하면서 예술 경험과 예술작품의 존재방식에 대한 물음을 제기한다. 이런 경험은 '놀이'의 존재방식에 대한 설명에서 보듯이 놀이하는 사람이 놀이를 대상으로 대하는 것을 허용하지 않는다. 역설적이게도 우리가 함께 경험할 수 있는 경험은 '경험하는 사람을 변화시키는 경험'이 된다. 그에 따르면, '변하지 않고 지속하는 것은 예술을 경험하는 자의 주관성이 아니라, 예술작품 자체이다.'[8]

그러나 가다머의 경험에 대한 의미를 받아들인다면 한 가지 중요한 주위세계의 문제를 간과하게 된다. 특정한 역사적 경험을 한 사람이나 세대는 그 체험의 독특성이나 그 고통의 진실을 주장하고 싶은 것이기 때문에, 자신을 변화시키는 경험에 관심을 두지 않는다. 우선적으로 그들은 자신들이 경험한 아픔에 관련된 그 특수한 존재의 진리성에 매달린다. 달리 말해 그들은 남들이 자신의 가슴에 맺힌 응어리를 봐주고 달래주기를 욕구하는 것이다. 대상을 부여잡고 끌어 잡으려는 태도가 인간에게 일차적인 것이 아닌가? 그런 응어리의 완고성이 어떠한 것인지는 문학평론가 김현의 고백에 잘 나타난다. "내 육체적 나이는 늙었지만, 내 정신의 나이는 언제나 1960년의 18세에 멈춰 있었다. 나는 거의 언제나 사일구 세대로서 사유하고 분석하고 해석한다. 내 나이는 1960년 이후 한 살도 더 먹지 않았다. 나는 내 자신이 조금씩 변화하고 있다고 믿고 있었지만, 그 변화의 씨앗 역시 옛 글들에 다 간직되어 있었다. 나는 변화하고 있지만 변화하지 않고 있었다."[9]

위와 같이 주위세계의 특징을 고려한다면 사람들이 흔히 쉽게 말하는 공존의 미학 혹은 역지사지의 정신을 어떻게 학습하는지는 대

---

8 가다머. 이길우 외 역, 『진리와 방법 I』(파주: 문학동네, 2000), 191.

9 김현, 『분석과 해석』(서울: 문학과지성사, 1988), 책머리에 iv－v.

단히 중요한 질문이 될 것이다. 이 질문에 대한 한 가지 대답을 데이비드 흄(David Hume)의 『영국사』로부터 얻을 수 있다. 흄은 이성이 인간을 통제할 수 있으리란 철학자의 주장을 반박한다. 인간은 정념의 존재이기 때문에 오직 정념만이 정념을 통제할 수 있으리라고 주장한다. 예를 들어 인간이 스스로 자의성을 통제할 수 있으리라 주장하는 것은 허구에 가깝다고 보는 것이다. 그렇기 때문에 역지사지의 정신을 학습하는 길은 각각의 정치행위자들이 비슷한 경험을 해보는 데 있다. 영국사는 왕, 귀족, 사제, 그리고 평민들이 번갈아가며 권력을 잡고 번갈아 고통을 당하면서 학습하는 과정이다. 이렇게 본다면 '공평한 관찰자'(impartial spectator)의 눈이 성장하는 과정은 고통을 통한 학습임이 드러난다.

극심한 의견의 분열에 시달리는 우리 사회에서 역지사지의 정신과 공평한 관찰자에 대한 언급은 강요처럼 들린다. 사람들의 의견은 서로 수렴될 수 없을 정도로 갈라져 있기 때문이다. 마치 플라톤의 『국가』에 등장하는 과두정체와 민주정체의 차이처럼 두 나라 이야기를 듣는 착각을 일으킨다. 이러한 우리 사회의 현상은 다양한 의견이 존재한다는 사실을 증명하는 것이 아니다. 왜냐하면 표출된 의견들이 참신하고 독창적인 내용이라기보다는 기계적으로 반복되는 판에 박힌 의견이기 때문이다. 우리처럼 의견의 극심한 분열에 직면한 고대 아테네는 그 해결책으로 솔론이란 현자에게 제정권을 맡겼다. 그는 귀족 출신이면서도 많은 부를 갖지 않았기 때문에 공평한 입법을 할 것으로 예상했기 때문이다. 이런 시각에서 보면 주위세계의 갈등을 인식론적·윤리적 문제로 환원하는 것은 문제의 선후를 착각하는 것이다.

4. 수평적 연대로서의 시민

사람의 존재는 대체로 어떤 특정 지역의 거주민으로 시작한다. 그리고 지역거주민이 인민으로 '초월'하는 계기는 대체로 중요한 역사적 경험에 근거한다. 인민은 누구를 가리지 않고 불의를 당했을 때 그것에 대해 공분을 표명하는 존재이다. 왜냐하면 사람들은 대체로 그 사람의 비중에 따라서 반응하는 것이 자연적 경향이기 때문이다. 다시 말하면 인민은 정치적 존재인 것이다. 문화적 존재에 대한 강조는 근대의 민족주의에 많은 상상력을 불어넣었음에도 불구하고, 민족주의 자체는 정치적 결정으로 간주하는 것이 옳을 듯하다. '국민'은 국가의 民임을 표명하는 정치적 용어임에도 불구하고, 우리 사회는 사회통합의 원리로 정치적 통합을 강조하기보다는 문화적 특성을 부각시키는 경향이 있었다.

《독립신문》은 우리 인민의 비참함을 외치고 있으나, 사실 엄밀히 말한다면 인민의 부재 혹은 해체를 드러내고 있다.

> 조선백성은 불쌍하기가 세계에서 제일 불쌍한 백성이나, 불쌍하게 여기는 사람은 별양 없는 보양이라. 외국에서는 전국 백성 중에 사람 하나가 남에게 무례한 일을 받았다든지 어떤 관원이

무법하게 대접을 할 것 같으면, 전국 인민이 떠들고 나와 기어이 그 사람을 도와주고, 그 무례하게 대접한 사람이나 무법하게 다스린 관원에게 죄를 주어 그런 일을 다시는 못하게 하는 것이, 다만 한 사람을 위하고 한 사람만 미워서가 아니라 전국 인민을 위하여 그렇게 하는 것이요, 사람마다 제 몸과 제 집안을 위하여 그런 일이 없도록 하는 것이라.

조선에서는 못된 사람이 못된 일을 하여도 놀라고 분해하는 사람이 없고, 도리어 사람이 옳은 일을 하거드면 그때는 놀라고 이상히 여겨 그 사람을 도로 미워하며, 전국 인민이 원과 관찰사와 토호하는 양반들에게 압제를 받아 억지로 돈을 뺏기고 맞기도 하고 욕을 보아도 경향(京鄕: 서울과 지방) 인민이 이런 것을 변괴로 알지 않고 으레 그런 줄로 아노라.[10]

독립신문에 나타난 인민의 부재는 해방 이후 대한민국의 건국 과정에서도 그대로 재현되었다고 생각된다. 이런 의미에서 우리에게 해방은 건국의 과제와 더불어 인민형성의 과제를 동시에 던져주었다. 그 중 인민형성이 더욱 힘든 과제였음은 우리의 근대사를 통해서 자연스럽게 읽어낼 수 있다고 생각된다.[11] 이런 관점에서 우리는 독립신문이

10 전인권 편집·김홍우 감수, 『독립신문 다시읽기』(서울: 푸른역사, 2004), 127-128.

11 후쿠야마는 『정치질서의 기원』에서 중국이 국가 만들기에 일찍이 성공했다고 설명한다. 그런데 그의 논의를 인민형성의 측면에서 본다면 중국의 역사는 인

제기한 인민의 부재현상이 현재 어느 정도 개선된 것인지 질문해 볼 수 있다. 이 질문에 대한 여러 가지 방향의 답변이 있을 수 있다. 그러나 법치의 측면에서 볼 때 우리 사회는 아직도 인민 형성에 있어서 상당히 미성숙한 단계에 있다. 그 한 단면을 우리는 '내부 고발자'에서 볼 수 있다. 영국에서 내부 고발자 사례는 대헌장으로부터 시작해서 왕의 목을 치고 왕을 몰아내는 단계로 발전해 갔다. 그 반면 우리 사회에서 내부 고발자는 대체로 내부 배신자로 이해되고 있다고 생각된다.

이런 시각에서 보면 우리 사회가 인민이 아닌 '시민'을 언급할 수 있는 단계가 되었는지 의심이 간다. 생활세계와 시민이란 주제는 니체의 말을 빌면 '시기상조'(untimely)인 것이다. 그럼에도 불구하고 시민이란 말은 현 시점에서 더욱 절실한 것으로 다가온다. 백성, 인민, 국민이란 말이 정치적 생동감을 상실했거나 상실해 가고 있기 때문에, 시대의 급박성으로(untimely) 시민에 정치적 의미를 부여하는 것이기 때문이다.[12] 다른 한편으로 서구의 경우에는 경제에 대한 관심에 밀려서 정치제도의 생동감이 사라지면서 시민에 새로운 의미를 부여하고자 했다. 그러나 시민성을 구성하는 내용에 대해서는 일종의 프로젝트

민 형성과 실패의 연속이었다고 볼 수 있다. 그의 말을 빌면 중국 사회는 계속해서 '부족적 연대'로 퇴락하는 경험을 한 것이다. 이것은 영국아 인민 형성에 성공한 것과 대조된다. 우리의 경우는 대체로 중국의 역사와 비슷하다는 생각된다. 그리고 이런 맥락에서 그는 가(家)의 윤리를 강조한 유교를 비판한다.

12 untimely는 '반시대적'이라고 일반적으로 번역된다.

성격의 답변만이 가능할 것이다.

인간에게 자연을 넘어서는 초월은 존재하지 않는다고 생각된다. 서구의 로고스, 신, 이성 등 어떠한 원리로도 그런 초월은 불가능했다. 그래서 시민의 존재를 과장하지는 말자. 상식에 따라 법을 잘 준수하는 시민, 자신의 재능으로 생계를 꾸려갈 수 있는 존재가 가장 기본이 될 것이다. 그리고 한 발짝 더 디뎌보면 시민들 사이의 수평적 연대를 잘 할 줄 아는 덕성 정도를 꼽을 수 있을 것이다. 수평적 연대는 생활세계에 사는 우리에게 가능한 초월이면서도 가장 민주적 특성을 가진 결합이라고 생각된다. 우리 사회에서 수평적 연대의 전통은 상당히 약하다고 생각된다. 흔히 지적되듯이 파당의 습성이 아직도 강하게 자리하고 있는 것이 현실이다. 토크빌에 따르면 "만약 (시민들이) 일상생활에서 단체를 구성하는 습관을 갖지 못하고 있다면 문명 자체가 위험에 처할 것이다. 개인으로 큰일을 성취할 수 없는 국민은 만약 그들이 단결된 노력으로서 그것을 성취할 수 있는 방법을 강구하지 못한다면, 곧 야만상태로 전락할 것이다."[13]

한편 근대국가의 수직적 질서에 대항해서 수평적 연대를 강조하는 흐름도 지속되고 있다. 그것도 특정한 주체를 강조하지 않는 연대의 가능성이 타진되고 있다. 들뢰즈와 가타리(Gilles Deleuze and Félix Guattari)는 '리좀'(rhizome) 이미지로 이러한 연대를 지시한다. 리좀은 나무의 이미지에 따른 질서에 대립하는 사고하는 방식이다. 리좀 이

13 토크빌, 「민주주의와 결사의 자유」, 『제2의 탄생』(경희대 출판문화원, 2011), 37-38.

미지는 수직적인 질서체계가 아니라 수평적인 연계를 강조한 땅속줄기의 질서체계이다. 리좀 이미지는 최근에 '네트워크 행위자'로 새롭게 전개되기도 한다. 이러한 상상력은 주관과 객관을 근대적인 이분법적 방식으로 사고하지 않으려는 시도라는 점에서 높이 평가할 수 있다. 정치학적인 맥락에서 리좀은 리바이어던으로서의 국가 이미지에 대항하여 시민들 사이의 연대를 강조한다. 이것은 강력한 행정국가가 부과하는 위압에 저항하기 위한 적절한 전략으로 볼 수 있다. 이런 이유 때문에 리좀의 이미지로서의 시민상은 근대국가를 비판하는 탈근대적 입장에 상상력을 제공하는 것임에 틀림없다.

리좀으로서의 시민존재는 생활세계와 관련해서 더 의미를 가진다. 대표될 자격을 가진 시민을 전제하는 대의정치는 결국 시민을 노예의 지위로 추락시키고 만다. 선거 때면 주인이 된 듯이 보이는 시민이 선거가 끝나면 노예로 전락하는 일이 반복해서 일어나는 사태는 대의정치의 위기로 해석된다. 대의제도의 문제점을 비판하거나 보완하기 위해서 시민적 숙의를 강조하거나, 시민의 참여성을 강조하는 주장도 존재한다. 숙의의 능력의 갖춘 시민이나 직접 참여할 수 있는 용기와 능력을 갖춘 시민의 이미지는 나무랄 데가 없는 시민의 모습으로 해석될 수 있다. 체코슬로바키아의 대통령이 되기도 한 하벨(Vaclav Havel)의 인생역정은 숙의와 참여의 시민존재를 잘 표현하는 하나의 예가 될 수도 있겠다.[14] 그러나 사람을 앞세우지는 말자. 우리의 문제

14 The Economist, "Living in truth (Vaclave Havel 1936–2011)" (Dec 31st, 2011). 그의 인생을 시민존재 이상으로 해석할 수도 있겠다. 간디의 삶과 비교

는 사람에 있는 것이 아니다. 그보다는 제도를 잘 운영하고 그때그때의 문제를 해결할 수 있는 시민들의 모임을 구성해내는 능력이 시민성에 핵심이 될 것이다. 더 이상 메시아적 영웅주의에는 빠지지 말자.

될 수 있다는 점에서는 '성인'의 반열에 포함시킬 수도 있을 것이다.

참고문헌

가다머. 이길우 외 역. 2000. 『진리와 방법 I』. 파주: 문학동네.

김 현. 1988. 『분석과 해석』. 서울: 문학과지성사.

전인권. 2003. 『남자의 탄생』. 서울: 푸른숲.

전인권 편집·김홍우 감수. 2004. 『독립신문 다시읽기』. 서울: 푸른역사

토크빌. 2011. 「민주주의와 결사의 자유」. 『제2의 탄생』. 경희대 출판문화원.

최정운. 2013. 『한국인의 탄생』. 서울: 미지북스.

후쿠야마. 함규진 역. 2011. 『정치질서의 기원』. 파주: 웅진지식하우스.

《한겨레신문》. 「왜냐면, 어른들이 마음을 열지 못하면 아이들은 계속 죽어갑니다」(2011. 11. 28).

Henderson, Gregory. 1968. *The Politics of the Vortex.* Cambridge, Massachusetts and London, England: Harvard University Press.

The Economist. 2011. "Living in truth (Vaclave Havel 1936–2011)." Dec 31st, 2011.

Winch, Peter. 1958. *The Idea of Social Science.* London: Routledge & Kegan Paul.

5장
행위와 참여*

송경재

1. 참여와 민주주의

대다수의 현대 민주주의 국가가 채택하고 있는 대의민주주의제도가 보편적인 민주주의 정체로서 자리를 잡은 지 200년이 경과하고

---

* 5장의 주요 내용은 이동수·김기태·송경재·신두철·이성훈·주성수·채진원 등이 수행한 2012년 특임장관실의 연구용역인 『민관협력과 시민사회발전을 위한 청사진 연구』의 내용 중 필자가 작성한 부분을 바탕으로 전면 재작성한 것이다.

있다. 민주주의는 고대 그리스에서 중세말기의 유럽의 도시국가를 거치고 시민혁명을 통해서 현대의 가장 많은 다수의 국가에서 궁극적인 가치를 가진 정체(政體)로서 의미를 가지게 되었다. 그렇지만 민주주의는 필연적으로 몇 가지 제약이 있을 수밖에 없다. 그것은 광대한 국민국가 차원에서 통치를 하는 것이기에 시민들이 참여할 수 있는 방식이 몇 가지로 한정된다.

근대 시민혁명을 통해서 맹아가 형성된 대의민주주의는 여러 정치적 고민과 토론의 결과물이다. 그러나 최근 대의민주주의 제도에 대한 의문은 민주주의의 위기로까지 불리고 있다. 과연 대의민주주의 제도가 얼마나 시민의 의사를 정치의사 결정과정에 제대로 반영시켜 진정한 시민을 위한 정치형태가 되고 있느냐는 많은 학자들의 연구주제가 된지 오래다. 불행히도 대의민주주의제도에서 시민은 대표를 선출하거나 중요한 공공문제의 결정에 관한 투표행위 외에는 정치적 영향력을 행사하기 어려운 것이 사실이다.[1]

투표는 시민에 의한 대표를 선출하거나 국가적인 중요한 사안을 직접 국민들에게 묻는 방식이지만, 일상화하기에는 한계가 있다. 때문에 대부분 현대 민주주의 국가에서는 행정적인 경향이 강해지면서 정부 운영상에서 선출직보다 임명직의 권한이 강화되는 이른바 '행정국가'도 등장하고 있다. 이는 정부만의 문제가 아니다. 오히려 직접적인 시민들의 대표로 이루어진 입법부 자체도 점차 시민과의 간극으로

1 이승종·김혜정, 『시민참여론』(서울: 박영사, 2011), 11.

인해 시민의 의사를 충분히 반영하지 못하는 문제점이 노정되고 있다.

이러한 상황 속에서 여러 학자들은 이른바 시민참여의 중요성을 강조한다. 시민참여는 대의민주주의 제도가 안고 있는 민주적인 대표성과 책임성의 문제를 해결할 수 있고 보다 많은 시민들의 지향과 요구를 모아서 정치적으로 실현할 수 있기 때문이다. 그런 차원에서 본다면 참여는 민주주의 국가에서 중요한 시민의 권리라고 할 수 있다. 주지하다시피 민주주의가 가지고 있는 의미 자체가 민중에 의한 통치이기 때문에 현대적인 의미에서의 민중인 시민의 참여를 담보하고 있기 때문이다.

현대 민주주의 국가에서는 시민의 참여를 확대하고 시민 의사를 국정에 반영하려는 많은 제도적 보완을 모색하고 있다. 이러한 대의민주주의의 한계와 시민참여의 필요성을 보았을 때 시민사회의 역할은 중요하다. 시민사회는 현대 민주주의에서 가장 중요한 시민참여를 활성화할 수 있는 중요한 통로이기 때문이다. 시민사회는 시민들로 구성되며 시민참여를 확대하고, 시민들의 의사를 반영하기 위한 정치매개집단(intermediaries)적인 속성을 가진다. 참여에서 정치매개집단은 주로 시민과 권력 간의 관계에서 시민의 관점을 연계하는 기능을 하는 조직을 의미한다. 시민사회가 매개집단으로서 기능하는 이유는 일반 시민들은 지식과 기술, 물적·인적 자원이 부족하기 때문에 직접 정부를 상대로 협상하는데 어려움이 있기 때문이다.

시민사회의 급속한 발전은 단순히 정부 정책에 시민들의 의견을 개진하는 것이 아니라 공적 이익을 실현하기 위한 시민참여 영역도 활발해지고 있다. 시민사회가 다양화되고 아래로부터의 생활 속의 운동이 확대되면서 단순히 정부에 건의하고 협상하고 요구하는 것이 아니라 스스로 참여를 통한 사회의 공공재를 생산하기도 한다. 일반적으로 시민의 행위와 참여는 정치적인 직접행동을 중심으로 상정하는 경향이 강하다. 그 이유는 여러 가지가 있을 것이지만 참여에 대한 과도한 정치적 해석으로 인한 것이다.

실제 시민참여는 유형만 해도 학자에 따라서 다양하게 나타난다. 참여의 방식과 시기, 자발성의 여부, 그리고 주체 등에 따라서 다양한 시민참여의 유형이 발견된다. 우리가 일반적으로 알고 있는 것은 비교적 일상적인 참여의 유형인 관습적인 참여와 그렇지 않은 비관습적인 참여, 제도적인 틀 속에서의 참여인 제도적인 참여와 비제도적인 참여, 아예 사안 자체에 관심을 두지 않고 무시하는 참여, 비판적인 참여, 광범위한 정치적 관심까지도 학자들은 참여의 범주에 포함한다.

하지만 시민학에서 다루는 시민의 활동은 정치적 활동에 참여하는 것만을 시민참여로 한정할 수는 없다. 시민이 사회와 공동체의 구성원으로서 자리매김할 수 있는 모든 행위를 참여로 본다면 참여의 범주를 정치적인 영역에서 사회 공동체에 참여하는 것으로 광범위하게 재해석 할 필요성이 있다. 그런 맥락에서 본 장에서는 참여의 범주를 협소한 정치참여(political participation)로 한정하는 것이 아니라 광범위한 시민이 사회에서 행하는 전체 행위 영역으로 살펴볼 것이다. 시민참여는 과거와 달리 정부를 상대로 하는 것이 아니라 자발적으로 공적 서비스를 생산할 수 있는 기부, 자원봉사 영역까지 확장되고 있다. 그럴 경우 시민의 행위는 기부와 자원봉사, 청원, 직접행동, 자치

참여 등 다양한 스펙트럼의 참여를 하고 있다는 점이 발견된다.

2. 시민참여의 유형

1) 기부와 자원봉사

시민학에서 다루는 시민참여의 대표적인 유형은 기부가 있다. 기부활동은 시민들이 사회에 참여하는 중요한 시민참여의 유형이다. 기부의 사전적인 의미는 '자선 사업이나 공공사업을 돕기 위하여 돈이나 물건 따위를 대가 없이 내놓는 것'을 지칭한다. 일반적으로 기부는 나눔에서 유래한다. 나눔은 어떤 대가를 바라지 않는 호혜성(reciprocity)을 바탕으로 한다. 호혜성은 어떤 대가를 바라지 않고 상대방을 도와주려는 인간의 기본적인 속성이다. 그런 차원에서 기부는 자발적이고 이타적인 행위라고 할 수 있다. 이러한 이타적인 호혜성은 한 사회의 신뢰와 협력을 강화시키는 사회적 자본(social capital)의 주요한 요소이기도 하다.

기부는 여러 단위로 구분이 가능하다. 먼저 개인 스스로의 의지에 의해서 참여하는 개인 기부가 존재하고 기관이나 단체에서 진행하는 집단 기부가 있다. 그리고 개인의 기부도 개인의 사적영역과 공적영역에 따라 구분할 수 있다. 최근에는 정보통신기술이 보편화되면서 소셜네트워크서비스(SNS)를 이용한 디지털 기부도 진행된다. 그리고 개인의 재능을 기부하는 방식의 재능기부도 정보사회에서 하나의 기부 트랜드가 되고 있다.

기부는 일반적으로 개인이 단독으로 진행하기도 하지만 기부단체를 구성해서 집단적인 차원으로 기부를 한다. 이에 따라 시민의 기부참여를 확대하기 위한 다양한 시민단체도 활발한 활동을 하고 있다. 최근의 기부활동에서 과거와 다른 변화는 지정기부제도의 도입을 통해서 일상적인 기부와 함께 특정한 목적에 기부하는 방식도 등장했다. 예를 들어, 기아빈민국의 특정한 대상자와의 결연을 추진한다던가, 집단적인 활동이나 목표를 제시하고 이를 성취할 경우 기부에 참여하는 방식 등 점차 다원적으로 진행되고 있다.

이러한 기부참여의 증가 이면에는 사회적으로 명망을 가진 이들의 참여도 일정한 기여를 했다. 대표적으로 마이크로소프트사의 빌 게이츠와 그의 아내 멜린다 게이츠는 빌 & 멜린다 게이츠 재단(Bill & Melinda Gates Foundation)을 통해 세계적인 기부 열기를 고양시켰다. 한국에서도 유명인들이 기부에 참여함으로 상대적으로 기부참여를 망설였던 시민들의 참여를 유도하기도 했다.

그리고 나눔문화의 일환으로 시민이 지역사회에 참여하기 위한 또 하나의 방식은 자원봉사(volunteer)가 있다. 자원봉사는 사전적인 의미로서는 '어떤 일을 대가 없이 자발적으로 참여하여 도우는 것'을 지칭한다. 국제노동기구(ILO)는 자원봉사활동(voluntary activity)은 '자원봉사자 자신의 가계나 친지가 아닌 타인의 이익을 위해 법적 강제에 의하지 않고 금전적 지급이나 보상이 없는 노동(work)'이라 정의한다.[2] 이러한 개념에 따라서 국제노동기구는 헌혈이나 장기기증, 정당

활동도 자원봉사로 간주한다.

기부와 마찬가지로 자원봉사는 전문기관이나 단체를 통해 조직적, 체계적으로 이뤄지는 경우가 많지만, 주변에서 도움을 필요로 하는 이웃을 돕는 활동에 일정기간 시간을 내서 참여하는 경우까지를 포괄하는 것이라 할 수 있다. 그런 차원에서 지원봉사는 단순히 협소한 의미보다는 광의의 의미로 사용된다.

자원봉사에 참여하는 자원봉사자는 자신의 힘으로 사회에 기여한다는 보람을 얻을 수 있다. 아울러 지역사회활동에 참여함으로써 공동체성 형성과 자원봉사를 통한 만족감은 시민참여에서 자원봉사가 왜 중요한지를 알려준다. 자원봉사는 최근 전국적인 차원에서 활발하게 진행되고 있다. 해외에서의 자원봉사 경험이 한국에 도입되면서 기부와 함께 나눔문화의 한 축을 담당하게 된 것이다. 자원봉사는 지역사회에서의 작은 활동에서부터 국가적인 행사에 직접 자원봉사자로 참여하는 것까지 다양하다. 실제 한국에서 진행되었던 굵직한 국제행사에서 자원봉사자의 역할은 매우 크다고 한다.

2 ILO, "Manual on the Measurement of Volunteer Work," (2011), http://www.ilo.org/wcmsp5/groups/ public/@dgreports/@stat/documents/publication/wcms_162119.pdf (accessed November 14, 2015).

2) 청원

시민은 개인적으로 또는 매개집단인 시민단체를 통해 정책과정에 참여할 수 있다. 따라서 가장 많이 활용되는 방법 중의 하나가 청원(請願)이다. 청원은 사전적으로 '시민이 국가기관에 대하여 어떤 사항에 관한 희망을 진술하는 행위'를 지칭한다. 여기에서 국가기관이란 단순히 행정부만을 상정하는 것이 아니라 입법부와 사법부, 지방자치단체 등 전 국가기관을 망라한다. 그리고 청원은 시민의 개별적 또는 집단적 권리와 이익이 침해된 경우에만 하는 것이 아니라는 점에서 소원(訴願)과는 구별된다. 청원은 피해 구제와 공무원의 비위 시정 또는 공무원에 대한 징계나 처벌 요구, 법률·명령·규칙의 제·개정 또는 폐지, 공공의 제도 또는 시설의 운영, 기타 공공기관의 권한에 속하는 사항에 한해서 할 수 있다.

청원이 의미를 가지는 것은 적극적 참여제도로서 시민 또는 시민단체가 주도권을 가지는 참여 형태라는 점이다. 이 때문에 적극적 참여제도로서 청원과 주민참여 제도를 통칭해 시민의 직접청구로서 민주정치의 이상에 가장 가까운 제도라고 평가한다.[3] 일반적으로 직접적 청구형태는 스위스의 칸톤(canton)과 미국의 주(states)에서 등장한 참여제도로서 일정한 요건을 가진 시민들의 발의에 의해 국가의 공공문제에 관한 결정에 참여하는 제도로서 의미를 가진다.

---

3 이승종·김혜정, 『시민참여론』.

3) 직접행동

다음으로 살펴볼 시민참여의 유형은 직접행동(direct action)이다.[4] 직접행동은 '협력과 지지를 철회하거나 세금납부 거부, 스트라이크, 보이콧, 특정 법률에 대한 도전 등 정부나 기업체와 같은 강력한 제도나 기구에 압력을 행사하는 수단'으로 정의된다. 에이프릴 카터(April Carter)는 직접행동을 지구화 시대에 민주주의의 후퇴를 막아내고, 더 많고 더 강하고 더 좋은 민주주의로 나아갈 수 있는 최소한의 수단으로 간주하고 과반수가 넘는 수많은 작은 사람들에게 유일하게 허용된 민주적 안전장치로 규정한 바 있다.[5] 그는 직접행동이 현 단계 후퇴하는 민주주의에서 시민들이 스스로 자신의 시민권을 유지·향상하기 위한 한 방편으로 간주한다. 특히, 신사회운동이 등장한 이후 제도화된 의회 정치와 직접행동이 어떤 관계가 있는지에 대한 많은 논란이 있었다. 하지만 직접행동이 증가한다는 것은 역설적으로 제도정치가 제대로 작동하지 않았을 경우라고 할 수 있다. 직접행동은 자유민주주의가 특정 사회집단의 이익을 비호할 때 이에 대한 저항의 표

---

4 직접행동은 매우 포괄적인 용어이다. 가장 포괄적으로 의미한다면 청원과 주민참여 등의 모든 내용을 포함할 수 있다. 하지만 이 책에서는 현실적인 영역을 고려하여 청원과 주민참여를 구분하고 직접행동을 협소한 개념으로 한정하여 시위 및 저항운동을 직접행동으로 조작적으로 정의하겠다. 이에 대한 보다 자세한 논의는 에이프릴 카터, 조효제 역, 『직접행동-21세기 민주주의, 거인과 싸우다』(서울: 지식인, 2007) 참조.

5 에이프릴 카터, 『직접행동-21세기 민주주의, 거인과 싸우다』.

시로 나타난다. 때문에 직접행동은 주로 '여성, 인종적 소수자, 원주민, 노인, 장애인, 이민자 등 사회적으로 배제된 이들이 자신들의 권리를 찾기 위한' 동기에 이뤄진다. 그리고 직접행동은 민주적 가치에 대한 믿음이 확산되어 있는 환경에서 나타난다. 권력의 자의적, 권위적 지배에 대한 거부감이 직접행동에 의한 저항을 부른다. 대중이 대의민주주의에 결핍을 느낄 때, 자신들의 의사가 정책결정에 반영되지 않거나 정치적 접근이 차단되었다고 느낄 때 스스로 해결하는 수단으로서 행동에 호소한다. 그러므로 직접행동은 대중이 주류정치에 불만을 갖고 있음을 뜻한다.

직접행동은 시민들이 공공정책에 문제의식을 가지고 적극적으로 의사를 개진하고 이를 행동에 옮긴다는 점에서 참여의 중요한 형태이기도 하다. 즉, 선거라는 제도적인 참여의 틀이 아닌 중요하고 긴급한 이슈인 경우 선거 때까지 그 평가를 미룰 수는 없다. 그럴 경우 시민들은 적극적으로 자신들의 의사를 표출하고 공정인 문제에 대한 해결을 요구할 수 있는 것이다. 직접행동은 그런 차원에서 시민참여의 중요한 요소이기도 하고 시민참여의 가장 직접적인 형태이기도 하다.

그러나 때에 따라서 직접행동은 불법적이고 비합법적인 영역으로 발현되기도 한다. 직접행동의 개념에서도 확인되지만 합법적인 압력을 행사하는 방식도 직접행동의 범주에 들어가지만 스트라이크, 보이콧, 특정 법률에 대한 도전도 직접행동의 범주에 들어가기 때문이다. 특히 한국에서는 집회와 관련된 법률이 집회에 관한 신고를 하게 되어 있는 관계로 이를 둘러싼 논란도 존재한다. 하지만 직접행동은 시민들이 스스로 자신의 의견을 전달하는 방식으로 그 의미성을 가진다.

직접행동은 새로운 패러다임에 맞게 변화하고 있으며 그 영향으로 직접참여의 방식도 과거와 같은 방식에서 새로운 모색을 하고 있다. 이와 같은 직접참여의 형태가 변화하는 것은 긍정적인 차원과 부정적인 차원이 동시에 나타날 수 있다. 긍정적인 측면에서는 시민사회의 성숙에 따른 제도적 차원에서의 시민참여 방식이 강화되고 있다는 점이다. 그러나 부정적인 측면은 시민사회가 가지고 있는 견제와 감시 기능이 자칫 약화될 우려도 있다. 그런 맥락에서 본다면, 직접행동은 양면성을 가질 수밖에 없다. 지나친 정부와 시장 권력에 저항하는 직접행동은 계속되어야 할 것이고 이것이 자칫 체제내적인 타협보다는 건강한 긴장관계를 형성했을 때 직접행동의 목적도 달성될 수 있을 것이고 보다 중요하게 시민들의 의사와 요구를 제대로 표출할 수 있을 것이다.

4) 주민자치 참여

현대 민주주의 국가에서 시민들의 자치와 참여는 다양하다. 지방자치제도가 도입된 이후 지방자치를 위한 다양한 참여제도가 만들어진 때문이기도 하지만 2000년 이후에 활발해지기 시작한 지역 기반형 시민운동이 활성화되면서부터이다. 1991년 지방자치제도가 실시된 이후 주민자치에 대한 인식이 확산되고 있다. 지방자치제도의 실시 이후 한국은 정치와 행정상의 변화상을 실감하고 있다. 지역 정치차원에서 지방정부의 장과 지방의원을 주민들이 직접 선출한다는 점에서 정치적 차원에서 분권이 가시화되었다고 할 수 있다. 이처럼 우리나라에서도 선거에 의한 지방정부의 장과 지방의원을 선출하면서 주민자치에 대한 새로운 인식을 하게 된 계기가 되었다.[6]

특히, 2000년 이후에 활발해지기 시작한 지역기반 시민사회가 등장하면서부터 주민자치 운동이 활성화되고 사회적인 관심이 제고되었다. 최근의 주민자치의 범주는 단순한 중앙집중식의 통치 행위가 아닌 스스로 통치하는(self-governing) 주민자치가 점차 확대되고 있다. 뿐만 아니라 지역 공동체 단위에서 마을 만들기 운동과 결부되어 주민자치는 더욱 부각되고 있는 상황이다. 대표적인 참여제도는 주민발의(initiative), 주민투표(referendum), 주민소환(recall), 주민감사청구, 주민소송, 주민참여예산제도 등을 들 수 있다.[7]

3. 한국의 시민참여

1) 기부와 자원봉사

기부가 시민참여에서 중요하고 나눔문화의 일환이라는 중요성이

6 이승종·김혜정, 『시민참여론』(서울: 박영사, 2011), 308-324.

7 오수길, 「주민참여제도의 활용과 효능감 분석-시민사회단체의 경험과 인식을 중심으로」, 『한국행정논집』 제20권 4호 (2008).

커지면서 기부의 양적인 증가와 질적인 증가가 동시에 나타나고 있다. 한국에서는 특히 기부와 관련된 유명 인사들의 활동도 기부의 증가와 일정한 연관성을 가지고 있다. 하지만 무엇보다 중요한 것은 기부와 나눔문화에 관한 시민들의 인식 변화이다. 그동안 재산이나 재능 등을 개인이 소유하고 독점하려는 의식에서 점차 시민교육의 확산과 기부에 관한 인식이 전환되면서 한국에서의 기부도 증가하고 있는 추세이다.

그렇지만 기부는 법적으로 정부의 모금기관 승인을 받아야 하므로 승인을 받지 못하면 공식적 모금을 할 수 없다.[8] 그럼에도 한국의 시민참여의 한 방편으로서의 기부는 지속적으로 증가하고 있다. 이에 대한 증거는 각종 자료에서도 확인된다. 국가통계포털(http://kosis.kr/)의 「2015 사회조사」에 따르면, 지난 1년간 기부했다는 응답은 29.9%, 기부하지 않았다는 응답은 70.1%인 것으로 나타났다. 이 중에서 지난 1년간 한국의 현금 기부 인구는 평균 27.4%인 것으로 조사되었다. 이에 대한 세부적인 방식은 〈표 5-1〉과 같다.

---

8 기획재정부는 〈소득세법〉 시행령과 〈법인세법〉 시행령에 따라 기부금대상 민간단체를 정기적으로 지정한다. 요건으로는 1) 수입 중 개인의 회비·후원금이 차지하는 비율이 기획재정부령이 정하는 비율(100분의 50)을 초과할 것, 2) 개인의 회비·후원금은 단체나 법인 후원금 등이 아닌 순수하게 개인이 납부한 금액을 말함, 3) 수입을 친목 등 회원의 이익이 아닌 공익을 위하여 사용하고 사업의 직접 수혜자가 불특정 다수일 것, 수익을 회원이 이익을 위하여 사용하지 아니하고 사회복지, 문화, 예술 등 공익을 위하여 사용할 것, 4) 특정 정당 또는 선출직 후보를 지지·지원하는 등 정치활동을 하지 아니할 것 등이다.

〈표 5-1〉 한국의 현금 기부 인구

(지난 1년간, 복수응답, 13세 이상 인구/단위: %)

	현금 기부 인구	대상자에게 직접 후원	언론기관을 통한 후원	모금단체를 통한 후원	종교단체를 통한 후원	직장을 통한 후원	기타
13-19세	28.4	10.2	3.8	69.7	9.6	2.0	12.2
20-29세	18.8	17.3	8.4	55.9	16.9	14.3	2.0
30-39세	28.7	14.1	7.3	55.8	18.0	22.8	1.3
40-49세	35.3	16.8	7.9	54.8	23.8	19.8	1.2
50-59세	32.3	18.5	9.1	54.6	29.0	13.9	1.8
60세 이상	20.6	12.6	10.7	53.5	34.1	3.0	2.5
65세 이상	17.7	12.0	9.6	54.5	33.8	1.7	3.3
평균	27.4	15.4	8.1	56.3	23.4	14.1	2.7

* 출처: 통계청 국가통계포털(http://kosis.kr/ 검색일: 2016년 10월 27일).

구체적으로 살펴보면, 현금 기부는 40대와 50대가 가장 많은 비중을 차지하고 있다. 대상자에게 직접 후원하는 방식을 택하는 이들은 20대가 가장 많은 17.3%이고 전체 평균은 15.4%였다. 언론기관을 통해서 후원한다는 응답은 60세 이상이 많은 비중을 차지했고(10.7%) 평균은 8.1%였다. 모금단체를 통한 후원은 10대 청소년의 비중이 가장 높으며(69.7%) 전체 평균으로도 가장 많은 54.5%였다. 종교단체를 통한 후원도 상당히 높은 것으로 나타나는데 특히 60세 이상이 34.1%, 65세 이상이 33.8%로 노년층의 기부가 주로 종교단체를 통해 진행되고 있음을 알게 해준다. 평균은 23.4%였다. 그리고 직장을 통한 후원도 14.1%의 비중으로 비교적 높은 수준이었다. 이와 같이 많은 국민들은 나눔문화의 일환으로 기부를 다양하게 진행하고 있으나 주로 모금단체를 통한 후원이 56.3%에 달할 정도로 높은 비중을 차지하고 그 뒤를 종교단체(23.4%), 직접후원(15.4%)의 순으로 나타났다.

그렇다면 아직 70.1%의 국민들이 지난 1년간 기부를 하지 않은 이유는 무엇일까? 〈2015 사회조사〉에 따르면, 기부하지 않는 이유는 (지난 1년간, 13세 이상 인구 대상) 경제적 여유가 없어서라는 응답이 63.5%, 기부에 대한 관심이 없어서 15.2%, 기부단체 등 불신 10.6%, 직접적인 요청을 받은 적이 없어서 7.1%, 기부방법을 몰라서 3.5%의 순으로 나타났다.

〈그림 5-1〉 기부하지 않는 이유(지난 1년간, 13세 이상 인구)

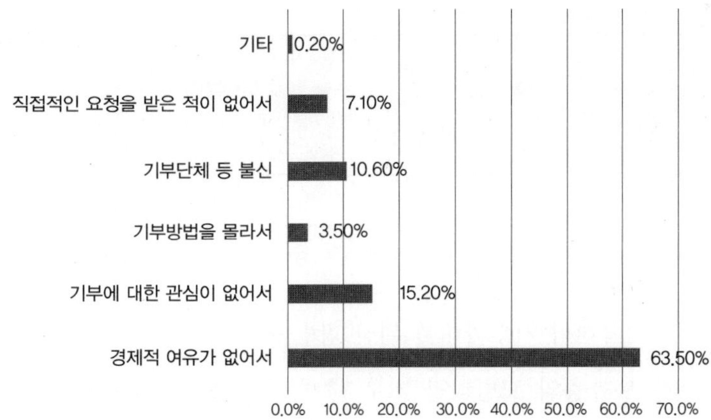

* 출처: 통계청 국가통계포털(http://kosis.kr/ 검색일: 2016년 10월 27일).

이 결과는 한국의 기부에 대한 몇 가지 시사점을 제공해 준다. 첫째, 기부단체에 대한 불신 비율이 상당히 높은 것으로 도출되었다. 시민들이 기부에 대한 필요성은 인지하지만 기부단체에 관한 일부 불신으로 참여하지 않는다는 응답이다. 이는 시민단체의 지속적인 신뢰하락과 함께 일부 기부단체가 과거 일부 기부금의 잘못된 사용에 대해 아직도 국민들이 신뢰하지 못하고 있기 때문으로 해석된다. 둘째, 조사 결과에서 기부방법을 몰라서라는 응답(3.5%)과 직접적인 요청을 받은 적이 없어서라는 응답(7.1%)은 기부가 상당히 보편화되었지만 구체적인 방법이나 권유 등의 운동 또는 캠페인 효과가 낮은 수준이라는 것을 알려준다. 따라서 이러한 시민들을 대상으로 방법과 권유를 통해서 다양한 기부활동에의 참여가 필요할 것이다.

〈표 5-2〉 기부확대를 위한 방법(%)

	사회지도층과 부유층의 모범적 기부 증대	나눔에 대한 인식 개선	기부단체의 자금운영 투명성 강화	소득공제 확대 등 정부지원 강화	기부방법의 편리성 증대	다양한 기부방법 홍보	기타
응답	54.5	15.3	20.5	5.8	2.5	1.2	0.4

*출처: 통계청 국가통계포털(http://kosis.kr/ 검색일: 2016년 10월 27일).

그런 맥락에서 기부확대를 위한 방법에서 다수의 국민들은 사회지도층과 부유층의 모범적인 기부 증대, 즉 노블레스 오블리주(noblesse oblige)를 강조하고 있으며, 응답자의 54.5%가 기부문화를 활성화하는 데 가장 중요하다고 지적했다. 이는 앞서 제시한 유명인과 연예인 등의 활동이 사회적으로 큰 영향이 있다는 것과 같은 맥락이다. 그리고 기부단체의 자금운영 투명성 강화가 필요하다는 응답도 20.5%에 달해 역시 기부단체의 운영 투명성 문제가 기부문화의 발목을 잡고 있는 측면도 다시 확인했다. 그리고 나눔에 대한 인식개선은

15.3%로서 기부문화에 대한 시민교육과 함께 캠페인을 통한 기부문화 확산이 앞으로 참여문화와 연관되어 중요할 것이라고 제시했다.

또 다른 나눔문화의 하나인 자원봉사도 기부와 함께 각광을 받고 있다. 자원봉사는 기부와 마찬가지로 사회 전반적인 의식개선과 함께 전 세계적으로 크게 확장되고 있다. 한국에서도 이러한 영향으로 최근 급격한 증가세를 보이고 있다. 실제 통계청이 조사하고 있는 한국인 교육 수준별 자원봉사 참여율은 1999년 13.0%에서 2015년에는 18.2%로 증가하고 있다. 이 수치는 아직은 선진국 수준에는 미치지 못하지만 이제 자원봉사에 대한 개념이 정립되고 확산되는 단계임을 감안하면 지속적으로 증가하고 있는 추세이다. 특히 주목할 만한 것은 자원봉사 참여율에서 교육수준이 낮을수록 참여가 높다는 것이다. 이는 자원봉사와 기부 등과 같이 나눔문화가 노블레스 오블리주로서 교육과 소득 수준이 높은 사람들이 더 많이 참여해야 하는데 아직 한국에서는 학력적으로는 저학력층이 적극적이란 의미는 시사하는 바가 크다. 그런 측면에서 한국의 자원봉사 참여는 넘어야할 산이 많고 한국인의 노블레스 오블리주의 실천 수준은 미흡한 것으로 보인다.

〈표 5-3〉 교육 수준별 자원봉사 참여율(%): 1999~2015년

	1999년	2003년	2006년	2009년	2011년	2015년
전체	13.0	14.6	14.3	19.3	17.6	18.2
초졸 이하	8.7	10.0	8.9	10.4	24.0	22.5
중졸	20.5	27.7	30.8	42.4	39.8	37.1

고졸	11.9	12.2	11.4	15.0	13.6	11.9
대졸 이상	12.7	13.6	12.7	18.4	16.2	16.1

*출처: 통계청 국가통계포털(http://kosis.kr/ 검색일: 2016년 10월 27일).

한편, 연령별 자원봉사활동 참여 의사는 한국의 자원봉사에 희망적인 요소도 발견된다. 자원봉사활동 참여는 연령대가 낮을수록 적극적인 것으로 나타난다. 오히려 60세 이상의 고연령층은 자원봉사에 소극적이고 청소년층이 가장 높은 것으로 조사되었다. 이 결과는 한국의 미래세대인 청소년층에서는 자원봉사에 대한 의식이 많이 개선되고 있으며 앞으로 자원봉사가 증가할 것을 알려주는 긍정적인 데이터이기도 하다. 하지만 이 설문조사의 결과는 한편으로 왜곡된 측면도 있을 수 있다. 그 이유는 청소년들이 대학 입시에서의 자원봉사 점수를 받기 위해 자원봉사에 참여한 경우도 존재하기 때문이다. 그럼에도 불구하고 자원봉사의 참여확대는 그 학습효과로 인해 앞으로 긍정적인 효과가 있을 것으로 기대된다.

〈표 5-4〉 연령별 자원봉사 의사(%)

연령별	자원봉사활동 의사 있다	자원봉사활동 의사 없다
13-19세	71.4	28.6
20-29세	41.1	58.9
30-39세	36.6	63.4
40-49세	40.8	59.2
50-59세	34.9	65.1
60세 이상	18.3	81.7

65세 이상	14.5	85.5
계	37.3	62.7

*출처: 통계청 국가통계포털(http://kosis.kr/ 검색일: 2016년 10월 27일).

2) 청원

청원제도는 시민이 합법적으로 입법활동에 참여할 수 있는 좋은 제도적 장치이다. 한국에서도 1987년 〈헌법〉 개정 당시 청원제도의 필요성을 인지하고 청원에 관한 조항을 삽입한 바 있다. 그러나 청원제도가 본격적으로 사회적으로 주목을 받게 된 것은 시민사회가 성숙한 단계에 이르는 2000년대부터라고 할 수 있다.

청원의 구체적인 법적 근거는 〈헌법〉과 〈청원법〉에 의거 규정된다. 〈헌법〉 제26조에서는 "모든 국민은 법률이 정하는 바에 의하여 국가기관에 문서로 청원할 권리를 가지며, 국가는 청원에 대하여 심사할 의무를 진다"고 규정하고 있고, 〈청원법[시행 2015.3.31. 법률 제12922호]〉 에서는 이러한 청원권 행사의 절차와 청원의 처리에 관한 사항을 규정하고 있다. 구체적으로 〈청원법〉 제3조에서는 청원을 제출할 수 있는 기관(청원대상기관)을 ① 국가기관 ② 지방자치단체와 그 소속기관 ③ 법령에 의하여 행정권한을 가지고 있거나 행정권한을 위임 또는 위탁받은 법인·단체 또는 그 기관이나 개인으로 규정하고 있고, 같은 법 제4조 (청원사항)에서는 ① 피해의 구제 ② 공무원의 위법·부당한 행위에 대한 시정이나 징계의 요구 ③ 법률·명령·조례·규칙 등의 제정·개정 또는 폐지 ④ 공공의 제도 또는 시설의 운영 ⑤ 그밖에 국가기관 등의 권한에 속하는 사항으로 규정하고 있다.

그러나 청원이 장점만을 가지고 있는 것은 아니다. 청원은 그 장점과 함께 문제점도 동시에 가지고 있다. 여기서 시민단체들이 주목해서 활용하고 있는 것은 시민참여의 한 방편으로서의 입법청원이다. 물론 다른 행정기관의 청원도 무수히 많은 것이 사실이지만 너무 많은 관계로 이를 체계적으로 자료화하기는 어렵다. 그리고 여러 성명서 및 사회단체와 연대하여 발표하는 자료 등도 광범위한 의미에서의 청원의 영역에 포함될 수 있다. 그런 맥락에서 본다면 청원은 다양한 형태와 방식을 가지고 있다.

다만 입법청원은 국회 의안정보 시스템을 통하여 데이터가 발표되고 있다. 입법청원은 국가기관이나 지방자치단체를 상대로 법률·명령·조례·규칙 등의 제정·개정 또는 폐지에 관한 청원을 의미하는 바 입법청원에 관하여 비교적 자세한 규정을 두고 있는 법은 〈국회법〉이다. 〈국회법〉 제9장(청원)에서는 청원서의 제출(의원의 소개 필요), 청원의 심사·보고 등에 관하여 규정하고 있고 국회청원심사규칙(국회규칙)에서 청원심사에 관한 구체적 사항을 규정하고 있다.

〈표 5-5〉 2000년 이후 국회 입법 청원 통계

구분	접수	처리 내역			
		채택	본회의 불부의	철회	폐기
16대 (2000~2004)	765	4	316	19	426
17대 (2004~2008)	432	4	102	10	316
18대 (2008~2012)	272	3	61	5	203

19대 (2012~2016)	227	2	44	4	177

* 출처: 국회 의안정보 시스템

〈표 5-5〉의 국회의안정보시스템에 따르면, 2000년 이후 국회 입법 청원 통계를 보면, 16대 국회가 765건 접수에 4건 채택, 17대 국회가 432건 접수에 4건 채택, 18대 국회가 272건 접수에 3건 채택, 19대 국회가 227건 접수에 2건으로 나타났다. 물론 상당수의 접수된 청원이 소위원회 등에 계류되어 있는 것을 감안해도 청원을 통한 입법화가 제도적으로 상당히 어려움을 알려준다. 하지만 입법 청원이 그대로 원안대로 통과되기보다는 정당 또는 국회 위원회에서 조율 후에 입법화되는 경우도 있기 때문에 청원의 채택 건수 이외의 큰 의미가 있다.

첫째, 입법 청원은 시민과 시민단체가 공공정책에 직접 참여한다는 의미가 있다. 대의제 민주주의 하에서 쉽게 정책에 접근하기 어려운 조건에서 입법 청원은 시민들의 의사와 요구를 반영할 수 있는 중요한 통로 기능을 수행한다. 18대와 19대 국회에서 입법 청원이 크게 줄어들기는 했지만 입법 청원은 시민단체와 시민들의 법안을 직접 발의하기 위한 시민참여 행위로서 의미를 가지고 있다.

둘째, 입법 청원은 실제 채택률은 저조함에도 불구하고 그 자체가 가지는 사회적 환기효과가 크다는 점에서 의미가 있다. 사회적 환기효과는 입법 청원을 통해 여론을 형성하여 이를 국회에서 입법화 할 수 있는 계기를 마련해 준다는 점에서 중요하다. 실제 입법 청원은 법제화하는 것도 중요하지만 법안의 필요성과 문제점 개선 등의 사회적 환기 효과도 상당하다. 실제 시민단체에서는 입법 발의의 내용을 공개하여 국회의원들과 행정부를 견제하는 수단으로 사용하기도 한다.

그럼에도 18대 국회기간(2008~2012) 동안 접수된 272건의 청원 중 200여건, 19대 국회기간(2012~2016) 동안 227건의 청원 중 177건이 소위원회에 계류되어 있었다는 점을 감안하면 입법 청원제도의 맹점을 잘 알려준다. 국민 참여의 중요한 수단 중의 하나인 입법 청원이 현실적으로 상당히 어렵고 국민들이 입법권에 영향력을 행사하기는 근본적으로 제약요소가 있음을 알려준다. 그럼에도 청원제도는 시민 또는 시민단체가 국회에 법안을 발의하여 시민의 입장에서 입법화 할 수 있는 유용한 통로라는 점에서 의미를 가지고 있다. 다만 활용에서 보다 많은 개선이 필요하고 이를 보완할 수 있는 다양한 노력이 요구된다 하겠다.

그런 맥락에서 〈청원법〉의 내용을 세부적으로 검토해 볼 필요가 있다. 〈청원법〉의 내용과 달리 〈국회법〉 제123조(청원서의 제출)에 따르면, 1항에 국회에 청원을 하려고 하는 자는 의원의 소개를 얻어 청원서를 제출하여야 한다는 조항이 있다. 이는 시민들이 자유롭게 입법 청원을 하는 것이 아니라 반드시 국회의원의 소개를 얻어야 함을 명기하고 있다. 그러다 보니 〈청원법〉의 취지를 〈국회법〉에서 제대로 반영하지 못한다는 비판도 있다.

3) 직접행동

일반적으로 한국에서의 직접행동은 시위와 저항, 보이콧 등의 형태로 나타난다. 물론 직접행동의 유형이 스트라이크, 보이콧, 특정 법률에 대한 도전 등 다양하지만 한국에서 일반적인 의미의 직접행동은 시위, 저항, 보이콧을 지칭한다. 저항과 시위일지라도 기존의 참여방식과 달리 제도적인 차원 또는 비제도적인 차원에서 전개된다. 직접행동의 두 가지 양태를 구분한다면, 먼저, 법률적인 위법성에 따라서 합법적인 직접행동과 비합법적인 직접행동이 있다. 그리고 이슈의 성격에 따라서 정치투쟁인지, 비정치 영역의 경제투쟁 또는 제도개선투쟁인지 구분할 수 있다. 또 참여집단의 성격에 따라서 노동자, 학생, 농민 등의 직접행동으로 구분이 가능하다.

1987년 민주화 이후 한국의 시민운동은 직접행동과 긴밀한 연관을 가지고 있다. 이와 같이 직접행동은 다양한 형태로 나타나기 때문에 이를 집계할만한 데이터가 부재한 것이 사실이다. 광의의 의미로서 집단행동을 정의한다면 하루에도 수십 건의 집단행동이 지역단위에서 일어나고 있기 때문이다. 특히 보이콧이나 불매운동은 인터넷상에서나 현실공간에서 심심치 않게 등장하는 단골메뉴라는 점에서 집계의 어려움은 더하다고 할 수 있다. 때문에 이 글에서는 집단행동의 변화상을 중심으로 활용 가능한 데이터를 적용했다. 민주화 이후에 제도적·절차적 차원의 민주화가 진행됨에 따라 시민사회의 직접행동에서 몇 가지 특징이 나타난다. 물론 이러한 특징은 시민단체 만을 상정한 것이 아니라 각종 이익단체와 노동운동, 농민운동 등을 망라한 것이기 때문에 이를 일반화할 수는 없다. 하지만 전반적인 직접행동의 추세를 파악하고 사회 제 집단 중에서 강력한 위치를 점하고 시민단체의 직접행동의 양식에서도 그 함의를 찾을 수는 있다.

한국의 직접행동 양상을 살펴보면 최근 몇 가지 변화가 나타난다. 직접행동의 큰 특징은 첫째, 불법 폭력시위가 점차 줄어들고 있다. 물론 직접행동의 주체가 시민단체만을 상정하지 않음을 감안해도 현저하게 불법 폭력시위는 하향세를 보이고 있다. 집회와 시위는 2008년 이후로 지속적인 감소추세를 보이고 있다. 경찰청 자료에 따르면 서울의 불법집회 및 시위는 2006년에 62건이었으나 2009년엔 45건에서 2014년 35건, 2015년 30건으로 불법집회 및 시위는 꾸준히 감소하고 있다. 그리고 집회와 시위에 단골로 등장했던 화염병의 사용은 2009년 단 2건 이후에는 화염병을 이용한 불법시위가 등장하지 않았다.

〈표 5-6〉 불법 과격, 폭력 시위 현황

구분		2006	2007	2008	2009	2010	2011	2012	2013	2014	2015
집회·시위횟수		10,368	11,904	13,406	14,384	8,811	7,762	8,328	9,738	10,504	11,311
불법·폭력시위		62	64	89	45	33	45	51	45	35	30
화염병 시위	횟수	3	–	–	2	–	–	–	–	–	–
	갯수	8	–	–	569	–	–	–	–	–	–
부상자		817	202	577	510	18	179	57	92	78	302

*출처: 사이버 경찰청 http://www.police.go.kr/infodata/pds_07_totalpds_06_01.jsp#none.

둘째, 집회와 시위가 2009년 이후 감소하다가 다시 2012년부터 증가하고 있다는 점이다. 이 수치는 최근 10년 동안의 수치인데 집회와 시위건수 1만여 건이 매년 직접행동의 양식으로 나타나고 있다. 이러한 결과는 한국에서 집회와 시위가 합법적인 직접행동의 하나의 참여방법이 되었고 제도적인 틀 내에서의 참여가 증가하고 이에 대한 항의가 계속 진행되고 있다는 것을 의미한다.

셋째, 대규모의 직접행동과 함께 1인 시위 방식의 소규모 직접행동이 증가하고 있다. 불법시위의 수는 사라지고 합법적인 제도적인 틀 속에서 직접행동은 점차 증가하고 있다. 실제 정부 부처와 각급 기관 등 공공기관 앞에서의 1인 시위는 거의 일상화되어 있다. 최근에만도 국회와 광화문 등 시민들이 많이 모여 있는 공간에서 1인 시위는 이제 보편적인 현상이 되었다. 특히 주요한 사회정치적인 쟁점이 있을 때마다 1인 시위와 합법적인 릴레이 시위 등은 계속 증가하고 있는 것으로 보인다.

넷째, 첨단 정보통신기술을 활용한 직접행동이 증가하고 있다. 특히 소셜미디어가 등장하면서 인터넷에서는 새로운 저항과 항의의 방법이 개발되고 있다. 특정한 정치적인 이슈가 있을 때는 시민들이 스스로 글머리에 정치적인 표현을 하거나 해시태그(hash tag) 등을 달아서 주장을 전파하기도 한다.[10] 스마트폰을 위시로 한 정보통신기술은 시민들의 자발적인 조직화와 동원의 기제로서 시민참여 가능성을 높여주고 있다. 최근에는 트위터나 페이스북이 시민운동에 도입되면서 직접행동을 위한 유력한 도구가 되기도 한다. 실제 사회고발성 이슈나 사회문제를 환기하는데 있어서 인터넷과 소셜미디어는 유력한 시민직접행동의 도구가 되었다. 이에 자극을 받은 시민단체에서도 인터넷을 활용한 조직화와 동원, 회비 모금, 이슈 알리기 등을 적극 활용하고

있는 추세이다.[9]

다섯째, 직접행동의 주체가 네트워크형으로 다양해지고 있다. 이는 한국 시민운동의 네트워크화와 연결된 것이고 사회이슈가 복잡하기 때문에 등장한 것일 수도 있다. 하지만 최근의 직접행동은 특정 단체가 주도하는 것이 아니라 국내외적인 연대운동 방식으로 표출된다. 몇 년 전 한국에서 사회적으로 이슈가 되었던 쌍용자동차와 한진중공업 사례는 이러한 네트워크화의 한 단면을 제공하고 있다. 과거에는 환경이나 여성, 생태, 평화, 경제민주화, 복지 등의 한두 가지 이슈를 중심으로 시민운동단체에서 중심적으로 직접행동을 전개했지만 최근에는 사회적인 사안일 경우 시민운동단체가 네트워크 형태로 결집하여 직접행동을 전개한다는 특징을 보이고 있다.

4) 주민자치 참여

현재 대표적인 주민자치 참여의 공간으로는 주민자치센터(회관)가 있다.[10] 주민자치센터는 1999년부터 지방자치관련 법률에 따라 읍면

9 해시태그는 #(샤프 기호)와 특정 단어(들)를 붙여 쓴 것이다. 해시태그는 트위터, 페이스북 등 소셜미디어에서 주제어를 편리하게 검색할 수 있도록 하는 한 형태이다.

10 원래 명칭은 주민자치센터였으나 기존 동사무소가 2007년 주민센터로 변경되면서 혼란을 방지하기 위하여 지방자치단체장의 조례개정을 통해 자율적으로 변경하게 되었다.

동 기능전환 추진, 주민의 문화·복지 및 자치기능 강화 등을 위해 읍면동사무소 여유 공간 등에 주민자치센터 설치가 시작되었다. 일부 지역에서는 '동 주민센터(종전의 동사무소의 변경된 이름)'와의 용어 혼동을 줄이기 위해 주민자치센터를 '주민회관', '자치회관'등으로 사용하고 있다. 전국 주민자치센터 설치는 2011년 1월 기준으로 전국 3,477개 읍면동중 2,681개 읍면동에 설치되어 있다.

이러한 주민자치센터의 운영은 주민자치위원회에서 자발적인 참여로 이루어지고 위원회의 구성은 지역 내의 다양한 시민들과 시민단체가 참여하고 있다. 주민자치위원회의 심의를 거쳐 읍면동장의 책임하에 주민들의 자율 운영을 기본 방침으로 하고 있다. 주민자치센터는 자발적인 지역 거버넌스를 시행하며 지방자치제도에서 지역의 문제를 스스로 해결할 수 있는 자립 능력을 확대하고 있으며 기존 중앙정부 위주의 시민자치 운동이 아닌 풀뿌리에서의 지역자치운동을 전개하고 있다.

주민자치센터의 기능은 대략 여섯 가지로 분류할 수 있다. 첫째, 주민자치기능으로 주민참여를 바탕으로 지역문제의 토론, 마을 가꾸기, 자율방재 등의 자치활동의 장이자 구심점 역할을 수행한다. 둘째, 지역사회 진흥기능이다. 주민자치위원을 중심으로 지역운동을 펼치거나 지역 복구 활동, 봉사 및 불우이웃돕기 등 지역 공공 서비스 생산에 기여한다. 셋째, 지역복지 기능으로 지역 내 사회적 약자의 보호, 재난구호 활동에 주민의 참여를 조직화하여 문제를 해결하는 복지향상 기능을 수행한다. 넷째, 문화여가 기능으로 주민들의 욕구에 맞는 다양한 문화 취미생활 관련 프로그램을 제공하고 그를 위한 장소와 기회를 부여하는 등 주민들의 문화적 삶의 기회를 높인다. 다섯째, 주민편익 기능으로 주민자치회관의 활용도를 향상시키고 회의실, 교육장, 행사장 등의 공간으로 활용하고 지역관련 정보를 제공하는 기능을 말한다. 마지막으로 여섯째, 시민교육기능이다. 학교교육 이외의 지역사회의 민주시민교육, 외국어교육, 정보화교육과 취업 관련 기술교육 등을 개발 제공한다.

주민자치센터를 운영하는 주민자치 위원회는 지역마다 차이가 있지만 시민이 직접 주민자치를 위해 참여할 수 있는 공간으로 유용하다. 지역마다 차이는 있지만 주민자치위원은 각계각층의 주민대표 10~25명 내외로 구성되고, 위원들은 주민자치센터 운영에 주민들을 위한 봉사자로서 역할을 수행한다.[11] 위원 위촉은 주로 동장이 추천을 하지만 시민 사회단체에서 추천하거나 공개모집 방식으로 주민자치센터 운영에 전문적인 지식이 있는 자를 위촉한다.

물론 주민자치센터와 주민자치위원회가 문제점이 없는 것은 아니다. 현실적으로 운영에 많은 어려움과 제도적인 문제점도 가지고 있는 것이 사실이다. 가장 많이 지적되고 있는 문제는 주민자치위원의 구성과 관련된 부분이다. 주민자치위원회가 자율적으로 주민자치센터를 운영하기 때문에 그 위상과 역할은 크다고 할 수 있다. 그런데 일반 주민들의 참여가 확대되지 않아 주민대표성이 부족하다. 이는 각계각층의 주민대표를 선출해야 하지만 아직 상당수의 시민들은 이

11 조석주, 「주민자치위원회의 인식분석과 시사점-군포시 주민자치 위원을 중심으로」, 『지방행정연구』 18(3) (2004), 87-88.

러한 조직이 운영되고 있는지에 대한 인식이 부족한 상황이다. 그렇다 보니 상당수가 소수의 의견을 대표하거나 지역 명망가 중심으로 주민자치센터가 운영되고 있다는 비판도 있다. 하지만 몇몇 문제에도 주민자치제도에서 센터는 중요한 제도적인 도구가 되고 있다는 점은 분명하다.

다음으로 한국의 대표적인 주민참여제도를 살펴보면, 먼저, 주민발의는 〈지방자치법〉 제13조의 3에 의거·조례의 제정 및 개폐 청구권을 두고 있다. 미국이나 스위스의 시민발의를 원형으로 하여 1999년부터 도입이 되었다. 이후 조례제정 개폐청구 건수는 크게 증가하지는 않았지만 주민의 의견을 자치단체에 반영하려는 안이나 주민의 문화수준을 제고하기 위한 안들이 많다. 이에 청구요건, 청구대상의 제한, 서명수집의 어려움 등으로 활용실적이 낮고 개인정보 유출 등 운영상의 문제점이 있었지만, 주민들이 원하는 조례안을 부결시킨 지방의원들에 대해 다음 선거에서 정치적 책임을 물을 수도 있다는 장점이 있다.

주민투표는 1994년 〈지방자치법〉이 개정되면서 근거가 마련되었다. 그런데 실제는 2004년 1월 〈주민투표법〉이 제정되고 이 법이 시행된 2004년 7월부터이다. 주민들이 주민투표의 실시를 청구하기 위해서는 전체 유권자 총수의 5분의 1에서 20분의 1사이의 서명을 받아야 한다. 주민투표는 지방의 중요한 공공문제에 대하여 시민이 직접 투표로서 최종적인 결정을 내리도록 한다는 제도로서 시민참여의 주요한 제도적 장치이기도 하다. 우리나라에서 최초의 주민투표는 2005년 7월 28일 〈제주도특별자치법〉 시행 주민투표였고 이후 주요한 지역 의제가 발생할 때마다 주민투표는 시민들의 의사를 표현할 수 있는 주요한 방법이 되었다.

주민소환제도의 경우 제주특별자치도에서의 입법화를 거쳐 2006년 5월 2일 〈주민소환에 관한 법률〉이 국회를 최종 통과하였고, 2007년부터 시행되고 있다. 주민소환제도는 고대 그리스의 오스트라시즘에서 유래한 것으로 선거에 의해 공직에 취임한 자를 임기만료 전에 해직하도록 주민이 결정한 제도에서 그 유래를 찾아볼 수 있다.[12] 일반적으로 주민소환은 선거에 의해 선출된 공직자에 대해 일정 수 이상의 유권자가 서명하여 해임을 청구하면 주민투표를 거쳐 해임시킬 수 있다. 이러한 면에서 주민소환제는 선출직 지방 공직자의 부패를 견제하는 강력한 제도적 장치라고 볼 수 있다. 현행법에 따르면 광역과 기초단체장, 지방의원은 각각 유권자의 10%와 15%, 20% 이상의 찬성으로 주민투표가 가능하고 소환 대상자는 유권자 3분의 1 이상 투표, 과반의 찬성이 나오면 해임되도록 규정하고 있다. 그러나 법의 남용으로 인한 혼란을 막기 위해 취임 뒤 1년 이내, 남은 임기 1년 이내, 그리고 같은 사람은 1년 이내에 다시 소환청구를 할 수 없도록 되어 있다.

그러나 주민소환제도 역시 단점이 있다. 주민소환제의 남발로 인한 국민 세금의 낭비 문제점이나 소환추진 사유가 직무와 예산낭비 등과 같은 포괄적인 것으로 나타나 오히려 지역에서의 정쟁을 부추긴

12 이승종·김혜정, 『시민참여론』.

다는 비판도 있다. 그럼에도 불구하고 주민소환제도는 민주주의에서 시민이 대표자를 견제할 수 있는 기제라는 점에서 그 의미를 폄훼할 수는 없다. 따라서 일부에서는 오히려 주민소환제의 문제점을 해소하고 보다 적극적으로 주민소환제도의 긍정적인 측면을 보완해야 할 것이란 주장도 있다.

그리고 이러한 제도 이외에 또 다른 주민참여 제도로는 주민감사청구가 있다. 감사청구는 〈지방자치법〉 제13조의 4에서 명시하고 있다. 이는 기존 행정감독기관이나 의회의 감사에 대한 대안이 되고 있는데, 2006년 1월부터 주민소송제도가 시행되었다. 당시 민선 지방자치 3기에 이르는 과정에서 지방자치단체의 집행부가 자치 권력의 남용이나 공익을 저해하는 행정 비리를 저지르더라도 이를 통제 또는 제재할 수 있는 수단이 결여되어 있다는 사실에서 시작되었다. 주민감사청구제도는 1996년 1월 서울특별시가 전국최초로 도입하였고 이후 1998년 7월 전면적으로 지방자치단체 전반에 관한 주민감사제도를 신설하기로 입법화했다. 이후 1999년 2월 전국 처음으로 전남 해남군에서 지방의원의 발의로 '해남군 주민감사 청구절차 및 운영 등에 관한 조례'가 제정되었다.

주민감사청구제도는 지방자치단체와 그 장의 권한에 속하는 사무의 처리가 법령에 위배되거나 공공의 이익을 저해하는 경우 주무부장관 또는 상급 광역자치단체에 주민들이 감사를 청구할 수 있는 권리이다. 그러나 주민감사청구제도에 대한 비판도 존재한다. 감사청구의 근본취지는 시민들의 권리라는 차원에서 중요하지만 도입된 지 여러 해가 지났지만 실제적으로 지방자치단체를 감시·견제하는 기능을 하고 있지는 못한 것으로 평가된다. 아직 제도의 효율성이 보장되지 않고 상급기관에서의 주민감사청구에 대한 이해가 부족하다는 점에서 향후 제도적인 보완이 필요하다.

주민참여예산제도(participatory budgeting)는 주민이 예산의 편성과정에 직접 참여해서 예산편성에 영향력을 행사하는 제도이다. 쉽게 말해서, 주민참여예산제도는 지방자치단체가 주민과 함께 예산을 편성해 나가는 새로운 예산편성체제이다. 동 제도는 주민자치 이념을 재정분야에서 구현하는 새로운 지역거버넌스의 한 형태로서 참여 민주주의의 실현, 집행부 예산편성권한의 주민 공유, 집행부 기능의 유연한 보완, 지방정부와 주민 사이의 새로운 소통경로 개설 등의 의미를 지닌다. 그리고 참여예산제도는, 논란의 여지가 있지만, 지방의회 예산심의 활동의 한계를 해소해 주는 대의민주주의 제도의 보완적 기제로서의 의미도 지닌다. 국내외의 실시 경험을 대체로 살펴볼 때, 주민참여예산제 또는 예산편성권한의 주민 공유(sharing), 분권(decentralization), 권한이양(empowerment)의 과정 내지 수단적 도구로서의 특성을 지닌다.[13]

마지막으로 주민참여 제도 중에서는 주민소송제도가 있다. 주민소송제도는 일본에서 시작되었는데, 지방자치단체의 위법한 예산집행을 견제하고 지방자치단체 및 주민 공동의 이익을 보호하기 위하여 주민 또는 납세자에게 원고적격을 인정하는 공익소송 제도이다. 지방

---

13 임성일, 「지방재·세정 연구: 주민참여예산제도의 발전방향」, 『지방재정과 지방세』 통권 제40호 (2011).

공공단체 직원이 위법 또는 부당한 재무회계행위를 행함으로 인하여 직접적으로 지방자치단체가 손해를 보게 되고 결과적으로 주민이 손실을 입을 경우 주민의 청구에 의하여 직원의 위법 부당한 행위를 예방·시정할 수 있게 만든 제도이다.[14] 한국에서는 2006년부터 주민소송제도가 시행되고 있으며, 이에 따라 지방자치단체의 위법한 재무회계 행위에 대해 지역주민이 자신의 개인적 권리·이익의 침해와 관계없이 그 위법한 행위의 시정을 법원에 청구할 수 있다. 소송대상은 지방자치단체의 위법한 재무회계행위로 자치단체가 행하는 공금의 지출, 재산의 취득·관리·처분, 자치단체를 당사자로 하는 매매·임차·도급 그 밖의 계약의 체결·이행이 위법한 경우거나, 지방세·사용료·수수료 등 공금의 부과·징수를 위법하게 태만히 한 경우이다.

4. 시민참여의 과제

사회 구성원으로서의 시민참여와 행위는 다양하다. 특히 1987년 민주화 이후 성숙한 시민의식과 교육받은 현명한 시민적 덕성을 가진 시민의 증가는 다양한 형태의 시민참여를 가능하게 한다. 특히 이 글에서는 다루지 않았지만 지역 공동체의 구축과 생활협동조합 등의

14 이승종·김혜정, 『시민참여론』.

사회적 경제참여 등의 시민의 행위와 참여 활동은 무수히 분화되고 있는 것이 사실이다. 그런 차원에서 시민학에서 시민의 행위는 고정불변의 개념이 아닌 유동적이고 가변적인 개념으로 보아야 할 것이다. 시민사회의 성숙에 따라 시민의 행위는 다양하게 나타날 것이고 이에 따른 참여도 각기 다른 양상으로 나타날 것이기 때문이다.

사실 이 책에서는 시민참여의 여러 스펙트럼 중에서 극히 일부를 다룬 것이다. 다원화된 사회 속에서 시민의 활동의 여러 유형으로 구분하기 어려운 것이 사실이고 행위로서의 참여는 더욱 복잡한 양상을 보이고 있다. 그러나 분명한 것은 이제 참여가 대의민주주의에서 이야기한 대표를 선출하는 행위로서의 한정된 의미로 간주되지는 않는다는 것이다. 보다 적극적인 차원에서의 시민참여가 등장하고 이는 앞으로 더욱 확대될 것이다. 그렇다고 시민참여를 사회적 혼란의 증가로 이해해서는 안 된다. 원래 민주주의는 많은 비용과 시간을 필요로 한다는 점을 감안하면 시민의 행위와 참여도 이런 과정에서 보다 발전된 민주적인 토론과 행동 그리고 협의를 위한 하나의 과정이기 때문이다.

인간이 등장하면서 사회를 구성하고 탈근대 사회에서의 새로운 시민사회 발전은 저절로 되지 않는다. 그것은 무수한 시민들의 행위와 참여를 통해서 가능한 것이다. 그래서 시민학이 단순히 분파적인 학문이 아니라 시민의 사고와 덕목을 파악하여 생활세계에서 어떤 시민으로 성장해야 되는지에 대한 이해가 필요하고 구체적인 행위와 참여를 분석해야 할 것이다.

물론, 시민참여가 절대선일 수는 없다. 과거 20세기 초반에는 참여의 과잉으로 위한 민주주의의 왜곡 현상에 주목한 학자들은 참여가 오히려 민주적인 질서를 해칠 수 있다고 경고한 바가 있다. 특히 제1차 세계대전 이후의 독일의 바이마르공화국(Weimarer Republik)은 민주적 절차를 가진 시민참여가 활성화되었다. 하지만 이 바이마르공화국은 오히려 너무 과도한 시민참여의 과잉에 빠져 혼란에 빠졌고 이는 결국 나치의 등장과 나치즘(Nazism)으로 빠져버린 역사적 경험이 있다. 그런 맥락에서 시민의 행위와 참여는 단순한 권리 차원이 아니라 의무적인 측면도 같이 고려해야 하고 가장 중요한 가치가 바로 인류의 공공선의 증진을 위한 시민사회의 발전에 기여해야 한다는 것이다.

탈근대 사회에서의 시민은 다양한 가치를 가지기 때문에 이슈별로, 사안별로는 서로 반목하고 갈등할 수도 있다. 그리고 해법에 따라 다른 형태를 보이기도 한다. 하지만 분명한 것은 시민의 참여가 바람직한 방향을 발전하기 위해서는 현명한 시민적 덕성이 필요하고 이를 구체적인 행위로 이어졌을 때 긍정적인 기여를 할 수 있다 그런 차원에서 시민교육의 중요성은 아무리 강조해도 지나치지 않을 것이다. 시민학에서 바람직한 시민 되기의 핵심이 행위와 참여로 표출된다면, 그 기반은 시민교육에서 시작될 것이다.

참고문헌

오수길. 2008. 「주민참여제도의 활용과 효능감 분석–시민사회단체의 경험과 인식을 중심으로」. 『한국행정논집』 제20권 4호.

카터, 에이프릴. 조효제 역. 2007. 『직접행동–21세기 민주주의, 거인과 싸우다』. 서울: 지식인.

이동수·김기태·송경재·신두철·이성훈·주성수·채진원. 2012. 『민관협력과 시민사회발전을 위한 청사진 연구』. 특임장관실.

이승종·김혜정. 2011. 『시민참여론』. 서울: 박영사.

임성일. 2011. 「지방재·세정 연구: 주민참여예산제도의 발전방향」. 『지방재정과 지방세』 통권 제40호.

조석주. 2004. 「주민자치위원회의 인식분석과 시사점–군포시 주민자치 위원을 중심으로」. 『지방행정연구』 18(3).

ILO. 2011. "Manual on the Measurement of Volunteer Work." http://www.ilo.org/wcmsp5/groups/public/@dgreports/@stat/documents/publication/wcms_162119.pdf (accessed November 14, 2015).

6장
시민단체*

채진원

1. 시민사회의 기원과 시민단체

시민의 사회참여 활동은 일반적으로 국가(정부)와 시장(기업)으로부터 독립적이며 자율적인 '시민사회' 영역에 참여하는 것을 말한다.

---

* 본 글은 연구용역인 이동수·채진원 외(2012)의 『시민사회발전을 위한 청사진』 중 「한국 시민사회의 역사와 현황」과 「정부–시민사회 거버넌스」 및 「시민사회의 역량 강화」 그리고 저널 『인문사회21』 7–6호에 실린 「한국 시민단체의 기원과 전개 그리고 과제」(2016)를 본 저서의 의도에 맞게 수정·보완한 것이다.

그것의 핵심은 기부와 자원봉사 등의 개인 차원의 활동뿐만 아니라 환경, 소비자, 공동체, 사회복지, 사이버 공동체 참여 등 각종 NGO(비정부기구)와 NPO(비영리기구)로 대변되는 시민단체(시민결사체)에 참여하는 활동이다.[1] 시민(citizen)이 오늘날 어떻게 근대적인 산물인 정당과 이익단체들과 달리 정치·경제·사회·문화 등 모든 방면에서 중요한 행위자로서 부각되게 되었을까?[2]

그 핵심적인 이유는 지구화, 후기산업화, 정보화, 탈냉전, 탈물질주의, 포스트모던과 같은 시대전환기적인 격변에 따른 탈근대적인 규범과 질서(자발적인 시민결사체)가 형성되었기 때문이다. 탈권위주의, 탈물질주의, 탈중심적 다양성 등을 내세웠던 68혁명의 가치와 1990년대 초반 사회주의의 몰락 및 복지국가의 쇠퇴는 자본의 독점과 불평등 및 불안정을 낳는 시장의 폐해를 극복하기 위해 등장했던 기존의 사회주의 국가와 복지국가가 시민들의 역동적이면서도 자발적인 참여를 부정하고, 삶의 터전인 생활세계를 자본과 권력의 도구로 식민화함으로써 부패와 관료주의를 양산하는 한계를 보였기 때문에, 시장과 국가를 넘어서는 다른 대안으로 시민사회의 주요 행위자인 시민이 주목을 받았다.[3]

대안으로 제시되었던 시민사회(civil society) 영역은 국가와 시장의

1 김태룡 외, 『현대사회와 NGO』(서울: 대영문화사, 2013).

2 Lester Salamon, M. & Helmut K. Anheier. *The Emerging Sector: An Overview* (Johns Hopkins Univ. Institute for Policy Studies, 1994).

3 정수복 편역, 『새로운 사회운동과 참여민주주의』(서울: 문학과지성사, 1993).

영역을 근본적으로 부정하지 않고, 그것을 인정하면서도 새로운 공공성의 형성을 위해 NGO·NPO에 참여하는 자발적인 결사체와 개별 시민활동을 중심으로 한다. 시민사회 영역은 단순히 정부와 기업의 문제점을 비판하는 데 머무르지 않고, 더 나아가 그들과 파트너십과 협치를 형성하면서 거버넌스(Governance)의 중요한 행위자로 나서고 있다. 특히 우리나라는 IMF 경제위기와 세계화된 국가환경 변화에 따라 그동안 관행으로 굳어졌던 국가주도 성장전략을 경험하면서 새로운 정부운영의 모델과 전략이 절실했던 상황에서 시민참여를 기반으로 하는 '거버넌스'의 시도는 이론적으로나 실천적으로 새로운 통찰력을 제공해 주고 있다.[4]

근대적인 의미에서 시민과 시민사회의 개념은 서구에서 17-18세기에 본격적으로 등장하기 시작한 부르주아지와 부르주아의 헤게모니가 반영된 사회를 지칭하는 개념이었다. 그러나 20세기말부터 본격적으로 등장한 오늘날의 시민과 시민사회는 부르주아지의 것과는 전혀 다른 의미와 맥락에서 사용되고 있다. 부르주아지가 봉건제적 사회질서를 무너뜨린 것이 그들의 사적 이익추구의 과정이었다면, 최근에 논의되고 등장하고 있는 현상인 시민과 시민사회는 부르주아지의 사적 이익추구의 과정에서 초래된 부정의와 파괴된 공공영역을 복원하기 위한 차원에서, 개인의 사적이해와 공공성을 균형감 있게 조화시키기 위한 대안적 문명질서를 창출하기 위해 대안적 패러다임으로

4 김준기, 『정부와 NGO』(서울: 박영사, 2006).

탄생했다는 점에서 이전과의 차별성이 있다. 따라서 대안적 문명질서로서 시민과 시민사회는 고정되어 있고 닫힌 세계가 아니라 참여자들의 상호작용에 따라 정체성이 변화할 수 있는 열린 공간으로 흔히들 제1섹터인 정부와 제2섹터인 시장에 이어서 '제3섹터'로까지 호명되고 있다.[5]

정부와 시장의 실패에 대한 대안으로 제시되고 있는 제3섹터의 영역으로서 시민사회가 주목받고 있는 것은 시민사회가 현대 사회에서 발생하고 있는 다양한 문제들에 대해 시민의 자발적 참여를 통해 문제를 주체적·자율적으로 해결해 나가고자 하는 공적인 역할이 정부와 시장의 한계를 보완할 수 있다는 가능성 때문이다. 현대사회에서 시민은 민주사회의 구성원으로써 공동체의 주요한 정책결정에 능동적으로 참여하고 행동하는 사람을 말한다. 시민에 대한 이해는 일반적으로 고대 폴리스의 자유민을 중심으로 하여 근대국가 체계에서 형성된 국민과의 비교를 통해 드러날 수 있다.

후자인 국민은 국가를 이루는 추상적인 집합자로서의 관계측면을 강조하는 차원에서, 정부의 엘리트에 의해 위로부터 만들어지는(making down) 동원성이 강한 집합정체성의 개념이다. 반면에 국민이 아닌 시민은 고대 폴리스와 같이 약한 국가체제에서 자유와 자율성을 강조하는 자유민에서 기원하고 있으며, 개별성과 타인과의 상호성을 동시에 지니고 있는 특징이 있다. 즉 시민은 스스로의 자발적인 의

---

5 헬무트 안하이어·볼프강 사이벨, 『제3섹터란 무엇인가: 비영리조직에 대한 비교연구』(서울: 아르케, 2003).

견과 의지로 시민사회 내에서부터 자라나고(growing up) 태동했다는 점에서 자발성과 공공성이 강한 상호주관성의 정체성을 가진 개념에 가깝다.

시민의 속성과 성숙도는 국가와의 관련 속에서 일반적으로 시민권(citizenship)과 시민성(civility)으로 구분되거나 이것의 종합으로 평가될 수 있다. 대개 시민권은 시민 됨의 자격(qualification)과 소속(belonging) 및 권리-의무관계를 규정하는 법적 지위(status)와 제도적 장치를 가리키는 것이고, 시민성은 시민의 자질(disposition)과 덕성(virtue) 그리고 시민행동(action)과 시민의식(manner)에 관한 것이다.[6] 시민들은 고대 폴리스 이후 세속적인 시민권과 규범적이고 당위적인 시민성의 적절한 균형을 통해 보다 행복한 삶을 살아가기 위해 민주적인 정치공동체(시민생활 공동체)를 추구해왔다. 우리나라 역시 민주화 이후 현재까지 시민들의 시민권은 개인의 기본 권리와 자유권을 중심으로 꾸준히 확대해왔으며, 시민성의 확대 역시 민주화 이후 확대된 개인의 시민적 권리와 더불어 타인과 관계하는 질서인 시민사회의 형성과 시민의식의 질적인 함양의 필요성을 중심으로 점차 화두로 등장하고 있다.

근대 이후 체계화된 국가 그리고 시장과 중첩되어 있으면서도 독립적인 제3의 영역인, 생활세계에 기초한 시민들 간의 자유로운 결사체이자 자율적인 공론장인 시민사회는 우리나라에서 민주화 이후 본

6 이동수 편, 『시민사회 파트너십과 공공성』(고양: 인간사랑, 2014); 김동춘, 「시민권과 시민성: 국가, 민족, 가족을 넘어서」, 《서강대 대학원 신문사》 135호(2015).

격적인 사회변화의 한 축으로 등장했다. 시민사회란 곧 모든 구성원이 시민으로서의 소속과 지위 그리고 자질과 덕성을 갖는 정치공동체라 할 수 있다. 그동안 우리의 시민사회는 권위주의적인 정치체제와 불공정한 시장체제를 민주적인 규범과 법제도로 정상화시키는 과정에서 제대로 작동되지 않은 정당정치를 대신하여 대의민주주의를 정상화시키려는 차원에서 불가피하게 정부권력에 대한 감시운동, 시장권력에 대한 감시운동, 시민들의 기본권을 대변하기 위한 운동 등 시민권의 확보와 확대를 위한 운동을 펼칠 수밖에 없었으며, 점차 본연의 정체성을 정립하는 방향으로 변화하고 있다. 우리의 시민사회는 왜 등장하였는가? 시민참여는 언제 기원하여 현재 어떻게 진행 중인가? 시민참여의 미래는 무엇인가? 이 같은 질문은 현재를 살아가고 있는 시민이 고민하고 확인해야 하는 중요한 물음들이다.

이 글의 목적은 정부, 기업에 이어서 제3섹터로 불리는 시민사회 영역의 구현체이자 실체인 시민단체(시민결사체)의 역할과 활동을 한국적인 맥락에서 역사적으로 이해하는 한편 이후 과제를 모색하는 데 있다. 이를 위해 한국 시민단체의 활동 사례, 즉 NGO(Non-Governmental Organization)와 NPO(Non-Profit Organization)의 활동과 역할을 한국적 기원에서부터 현재까지 통시적으로 관찰하고 그 의미와 과제를 서술하고자 한다. 특히 시민단체의 거버넌스 활동과 관련해서는 김영삼 정부부터 이명박 정부 때까지 국정운영에 참여했던 시민단체의 거버넌스 사례를 통해 살펴보고자 한다. 아울러 NGO와 NPO가 더욱 성숙한 시민단체(시민결사체)가 되기 위해 당면한 과제에 대해서도 논의한다. 이러한 목적은 시민단체의 역사와 현황 및 과제를 다룬 기존의 논의[7]에서 다루지 못한 관점 즉, '시민권'과 '시민성'에 대한 논의를 기초로 한국 시민단체의 기원과 형성 및 분화과정을 역사적 활동사례와 함께 거버넌스적 관점으로 다룬다는 점에서 차별성과 의의가 있다.

우선 우리 근현대사가 서구 선진국의 경험처럼, 중세 봉건제 사회의 모순을 내생적인 발전경로에 따라 자체적으로 아래로부터 해결하기 위한 주체형성 및 갈등의 사회화와 통합을 통해 근대 국가와 시민사회를 형성해 나간 것이 아니라 일제 식민지 통치, 미군정 통치, 남북전쟁과 분단, 독재정권의 지속과 시민사회에 대한 억압 등으로 그것의 발전경로가 왜곡되었다는 것을 이해할 필요가 있다.

따라서 한국 시민단체의 활동에 대한 역사적 서술은 중세사회에서 근대 국가-시민사회로의 이행이라는 내생적인 발전과정의 관점에서 볼 때, 그러한 발전경로가 왜곡되는 현상과 현장, 그것이 어려워지는 사건, 그리고 이것을 정상화시키고자 하는 당시 시대적 저항과 대응, 주요한 사건에 대한 분기점이 있었다는 점을 고려하여 크게 4시기로 구분할 필요가 있다. 제1기는 근대 시민사회 태동의 맹아기(1895년-1948년) 활동, 제2기는 국가-시장 실패에 대한 비판기(1948년-1987년) 활동, 제3기는 국가-시장으로부터 자율적인 제3섹터의 태동기(1987년-2000년) 활동, 제4기는 제3섹터로서 시민사회의 확산·재편기(2001년-2014년 현재) 활동이다. 〈표 6-1〉과 같이 한국 시민단체 활동

7 대표적인 논의로는 조희연, 「한국 시민사회단체의 역사, 현황과 전망」, 『NGO란 무엇인가』(서울: 아르케, 2000).

의 시기적 구분 틀을 크게 4시기로 구분하여 주요 특징을 개괄적으로 살펴보면 다음과 같다.

〈표 6-1〉 한국 시민단체 활동의 시기구분 틀

시기연도	제1기 1895년-1948년	제2기 1948년-1987년	제3기 1987년-2000년	제4기 2001년-2014년
성 격	근대 시민 단체의 맹아기	국가-시장의 조정기능의 한계에 대한 근대 시민사회의 준비기	자율적인 제3섹터로서 탈근대 시민단체의 기원기	제3섹터로서 탈근대 시민사회의 확대기

제1기는 1895년부터 1948년까지 근대 시민단체의 맹아적 활동기로서, 이 시기에는 봉건사회의 내부 모순 속에서 근대적인 시민권과 시민사회에 대한 기초가 형성되었으며, 해방이전까지 일제의 강압에 저항하는 다양한 민권단체와 독립운동단체들이 등장하여 초창기 NGO의 맹아가 되었다는 것이 주요 특징이다. 제2기는 1948년부터 1987년까지 국가-시장의 조정기능의 한계에 대한 근대 시민사회의 준비적 활동기로서, 해방 이후 근대적인 국가와 시장의 조정기능이 형성되는 과정에서 NGO가 '대안제'라기 보다는 민주적인 국가와 공정한 시장으로 작동되도록 하기 위한 '보완제'의 성격으로 활동했다는 것이 이 시기의 주요 특징이다. 제3기는 1987년부터 2000년까지 자율적인 제3섹터로서 탈근대적 시민단체의 기원적 활동기로서, 이 시기는 1987년 민주화 운동이후 본격적으로 등장은 다양한 NGO들이 국가와 시장에 대한 보완제가 아닌 자율적인 제3섹터로서의 성격을 가지고 본격적인 시민활동을 시작했다는 것이 주요 특징이다. 제4기는 2001년부터 2014년 현재까지 제3섹터로서 탈근대 시민사회의 확

대적 활동기로서, NGO의 양적인 확대와 더불어 질적으로 다양성이 확대되었으며 그것의 활동성격도 '주창형'에서 점차 '자원봉사형', '사회서비스형', '사회적 기업형', '마을 만들기형' '자생형' 등으로 확대되고 있다는 것이 이 시기의 주요 특징이다.

2. 근대적 시민단체의 태동과 전개

1) 1895년-1948년(제1기)

이 시기의 주요한 현상과 특징은 봉건적인 신분제도가 잔존하는 가운데 맹아적인 수준에서 서양의 문물을 접한 지식인과 봉건적인 내부모순을 경험적으로 인식한 민중을 중심으로 근대적인 시민권과 시민사회에 대한 관점이 태동하고 있었다. 하지만 아래로부터 근대 시민사회를 개창할 만큼 성숙한 수준은 아니었다. 1948년 해방 이전 조선왕조와 대한제국 그리고 일본 식민지 통치 하에서는 시민권을 보장하는 법·제도적 장치가 정립되지 않았다.

물론 일본 제국주의 통치가 근대적인 법체계에 의존하기는 했지만, 이것은 일본의 한국지배를 위한 것으로서 식민지 민중의 자유와 권리보장을 위한 목적이 아니었다. 당시 조선왕조와 일제의 전제적이고 폭압적인 국가권력에 대해 저항하는 시민사회의 정치·사회적 세력화는 취약했지만 구한말의 동학농민운동, 3·1운동, 1930년대 이후의 독립운동 등이 보여주는 바와 같이, 국가권력에 대한 간헐적인 저항이 있었다.

1894년에 시작된 동학농민운동은 반제·반봉건적인 성격을 보여준 민중운동의 전형으로, 중세 신분제사회의 모순과 군주제의 폐정 그리고 농지개혁을 아래로부터 자주적으로 요구함으로써 근대 시민사회로의 이행 가능성과 잠재력을 보여주었다. 농민들은 지주와 지방수령의 예속과 수탈구조에서 벗어나 자유롭고 평등한 사회계약의 주체이자 근대 시민인 부르주아지 혹은 소부르주아지로 성장하기를 열망했다. 하지만 당시 근대사회로의 이행에 소극적인 조선왕조와 외세의 압력으로 그들의 열망과 내생적인 발전 전망은 억압당했다.

1896년에 독립협회에 의해 개최된 만민공동회는 지식인에 의해 주도된 것으로서, 일제의 침탈에 대항하여 자주 독립의 수호와 자유민권의 신장을 계몽하기 위해 조직된 민중집회로 근대적인 결사와 표현의 자유를 보여준 상징적인 집회활동이었다. 독립협회가 발행한 독립신문은 자유로운 언로의 확보를 통해 당시 민중의 힘을 조직하고자 했던 활동으로서, 이것은 부르주아 공론장의 성격을 지니고 있었다.

1889년의 대한제국의 헌법인 〈대한국 국제(大韓國 國制)〉가 제정되기는 했지만, 이 헌법은 황제의 권한만을 규정하고 시민권은 규정하지 않았다. 하지만 당시 독립협회와 만민공동회 등 개명된 지식인을 중심으로 아래로부터 시민권에 대한 요구가 나타났다. 주로 집회·결사 및 언론에 대한 자유 등 자유권과 선거제도 확립, 의회설립, 지방자치 등 정치권에 대한 요구였다. 하지만 대한제국이 제도개혁을 통해 근대적인 시민권의 보장을 정립하기도 전에 제국주의로 치닫는 일본의 침략으로 1910년 일본에 병합되고 말았다. 1910년 한일병합 이후에도 조선인의 시민권에 대한 요구는 일본에 의해 받아들여지지 않았다. 1903년에 '황성기독교청년회'를 모태로 하는 YMCA가 조직되었다.

YMCA의 멤버들은 초창기부터 근대적 사회개혁 의식에 고취돼 있었기 때문에 직업교육, 농촌운동, 기독교 민권운동에 정열을 쏟았으며, 이후 이상재(2대 회장), 윤치호(4대 회장), 김규식, 홍재기 등 독립협회 지도자들이 YMCA에 대거 참여하면서 이미 해체된 독립협회의 정신을 계승하는 기틀을 세우기도 했다. YMCA는 체육활동에도 노력을 기울여 1905년 야구를 처음으로 보급하였고, 이어 농구(1907년), 스케이트(1908년) 등을 조선에 소개했다. 이후 1919년 2·8독립선언과 3·1운동을 선도했고 1922년부터 물산장려운동, 농촌강습소개소운동 등으로 자립 경제운동을 펼쳤으며, YWCA 및 보이스카우트, 신간회 등의 단체도 지원함으로써 근대적인 시민주체의 형성을 도왔다.

1906-1907년까지 존재하였던 대한자강회(大韓自强會)는 개화파 계통의 합법적인 사회단체로 활동하였고, 1907-1911년까지 지속된 신민회(新民會)는 비합법적인 비밀결사단체로서 독립운동을 전개했다. 신민회는 한국 재야운동단체의 뿌리라고 할 수 있다. 1913년에 미국에서 창설된 흥사단(興士團)은 신민회의 후신으로 안창호에 의해 주도되었다. 1919년 3·1운동은 재야 지식인과 종교인들의 활동이 각 지역 민중들의 참여와 결합되면서 전국적인 차원에서 범국민적인 운동으로 진행되었다는 점에서, 한국 최초의 대중적 독립운동이라고 할 수 있다. 일제에 의한 억압이 전민중의 저항운동으로 승화되어 전국차원의 항거로 폭발했다는 점에서, 시민참여운동의 기원이라고 볼 수

있다.

이러한 3·1운동은 식민지 민중들에게 주체적인 힘으로 일제로부터 벗어나 근대적인 독립 국가를 세워야 한다는 근대적 주체의식과 시민의식 및 시대적 사명감을 고취시켰다. 특히, 조선물산장려운동, 외화배척운동, 납세거부운동, 소작쟁의, 민립대학설립운동 등과 함께 일어난 협동조합운동은 농민·노동자·지식인·일반 서민 대중이 주체가 되어 자발적으로 소비조합과 신용조합을 조직함으로써 경제적 자력갱생운동을 벌이는 한편 계몽활동을 병행함으로써 민족의식을 고취시켰다. 또한 소작쟁의와 원산파업을 통한 노동인권의 각성과 단합은 인권운동의 시초로 평가될 수 있다. 아울러 1927년 5월에 조직된 항일여성운동 단체인 근우회(槿友會)는 최초의 여성운동단체로서 그들이 제시한 여성해방과 사회개혁의 강령은 매우 선진적인 것이었다.

3·1운동 이후 1927년 이상재에 의해 신간회(新幹會)가 조직되었다. 이 단체는 민족주의계열과 사회주의계열이 연합하여 만든 독립운동단체이다. 3·1운동 이후 만들어진 신간회를 비롯하여 1922년에 설립된 한국 YWCA 등 다양한 독립운동단체와 사회단체 등이 만들어졌는데, 이들이 바로 한국 NGO의 맹아에 해당한다. 《시민의 신문》이 출간한 1997년 민간단체총람에 의하면 우리나라 최초의 시민단체로 1903년 설립된 서울 YMCA를 들고 있으며, 1905년에 설립된 대한적십자사와 대한변호사협회를 초기 NGO로 소개하고 있다. 또한 1913년 설립하여 무실역행을 근간으로 계몽활동과 신문화 교육에 전념했던 흥사단과 1919년에 설립한 천도교 청년회, 1920년 설립된 한국불교청년회도 한국 NGO의 맹아로 포함시킬 수 있다. 이들 초기 NGO

단체들은 주로 신문화 교육활동을 통해서 한민족의 정체성과 일본의 식민지로부터 독립심을 고취하는 민중계몽활동을 전개하여 근대적 시민의식의 함양과 근대적 시민의 주체형성에 기여하고자 노력했다.

2) 1948년-1987년(제2기)

이 시기는 일본의 패망 그리고 또 다른 외세의 개입이라는 변화된 환경 속에서 민중들과 지식인들이 어떻게 근대적인 독립국가를 건설할 것인가에 대한 여러 방법론을 놓고 여러 정파와 진영 간에 분열하여 격렬한 논쟁과 사회적 쟁투를 벌이던 시기였다. 특히 1945년 해방 직후 노동자·농민 등 민중운동의 분출, 1960년의 4·19, 1980년의 서울의 봄과 5·18, 1987년 6월의 직선제 쟁취를 위한 민주화운동 등을 들 수 있다. 따라서 당시 시민사회진영의 주요 관심사는 구미 선진국들의 전례를 따라서 근대적인 국가건설과 함께 자본주의적 시장경제질서를 수입하여 압축적인 방식으로 추진한 국가권력과 시장권력에 맞서 이러한 흐름을 견제하거나 그것의 폐해를 보완하는 공익적·공공적 활동의 추구였다.

당연히 그 활동수준은 국가와 시장의 영역을 넘어서는 분명한 제3섹터로서의 '대안제'라기 보다는 민주적인 국가와 공정한 시장으로 작동되도록 하기 위한 '보완제'의 성격이 강했다. 왜냐하면 이 시기에 국가권력은 국가, 시장과 구분되는 독립적인 제3섹터로서의 시민사회를 허용하지 않았기 때문에, 즉 시민들에게 집회·시위·결사·언론의 자유를 허용하지 않아서 시민사회의 자율적인 성장이 불가능했기 때문이다.

해방 이후 다양한 이념적·정파적 색채의 정당과 사회단체들이 백화쟁명으로 존재하였지만 이들은 미국과 소련이라는 외세의 개입에 따른 냉전과 분단의 경쟁논리로 인해 사회단체들의 다양성은 사라졌고, 획일성과 이분법을 기초로 한 이념적·정파적 대립양상을 보일 수밖에 없었다. 따라서 이러한 정당과 사회단체들은 NGO를 기반으로 하는 시민사회적 성격보다는 국가를 건설하기 위한 준정당적인 정치단체의 성격을 지닐 수밖에 없었다. 따라서 시민사회의 자율성과 독자성은 상대적으로 빈약할 수밖에 없었다.

해방 직후 최초로 결성된 정치단체는 여운형 중심의 건국준비위원회를 들 수 있으나, 정당의 명칭을 최초로 명시한 것은 1945년 9월 1일에 창당한 조선국민당이었다. 이후 준정당적 정치단체의 활동은 우후죽순의 양상으로 좌파·우파·중간노선의 무수한 정당들이 이합집산을 거듭했다. 미군정이 들어오기 직전에 70개 이상의 정치 단체가 난립했고, 1945년 말 서울 시내에 게시된 정당 간판이 30개에 이르렀다. 1947년 7월에 미소공동위원회와 국정을 협의할 것을 신청한 남북한의 정당과 사회단체의 수는 무려 463개나 되었다.

미군정과 이승만 정부는 반공주의정책을 국시로 내세우면서 이것에 반대하는 단체들의 활동을 규제하였고, 이것에 대해 시민사회진영은 강력하게 저항했다. 또한 군사 쿠데타로 탄생한 박정희 정부 역시도 반공주의정책과 중앙집권적인 근대화 및 산업화 우선정책을 국시로 내세우면서 이것에 대해 비판하며 다른 목소리를 내는 민중들의 생존권과 시민권 및 인권 그리고 이것을 대변하려는 시민사회진영의 활동을 규제함으로써 이것에 대한 시민들의 저항은 반정부적 시위활동으로 등장했다.

그리고 박정희 대통령의 서거 이후 또다시 군사 쿠데타로 집권한 전두환 정부와 노태우 정부는 권력의 정통성을 문제 제기하는 재야와 시민사회진영의 비판과 공격을 무마하기 위해 강력한 규제와 억압으로 일관했다. 이러한 규제와 억압에도 불구하고 당시 시민사회진영은 계속되는 권위주의적 국가운영과 쿠데타 및 민중생존권과 인권에 대한 억압과 탄압에 대해서 4·19 항쟁, 부마항쟁, 광주민중항쟁 등으로 권력체제의 변화를 근본적으로 요구하는 반정부민중항쟁을 펼쳤으며, 이것을 추구하는 것에 대한 사회적 공감대를 확대하는 운동에 전력했다.

당시에는 제3섹터로서의 시민사회가 상대적으로 미약하였기 때문에 국가와 시장의 비판 및 시민권에 대한 옹호는 체제 밖의 재야운동단체와 체제내적인 NGO 단체가 담당할 수밖에 없었다. 당시 재야단체로는 1974년의 민주회복국민회의, 1970년대 후반의 민주주의와 민족통일을 위한 국민연합, 1983년의 민주화운동청년연합, 1984년의 민중민주운동협의회와 민주통일국민회의, 1985년의 민주통일민중운동연합, 1987년의 민주헌법쟁취국민운동본부, 1988년의 전국민족민주운동연합, 1990년대의 민주주의와 민족통일을 위한 전국연합 등이 있었다.

당시 체제 내적인 NGO는 1959년에 설립된 (사)한국여성단체연합회, 1963년에 설립된 (사)한국부인회, 1966년에 설립된 (사)대한주

부클럽연합회, 1971년에 설립된 (사)전국주부교실중앙회, 1970년에 설립된 (사)한국소비자연맹, 1976년에 설립된 (사)소비자보호단체협의회 등이 있었다. 또한 1970년대 초반 새마을운동협의회, 한국자유총연맹, 바르게살기운동협의회 등 준정부적이며 관변적 성격의 NGO가 탄생했다.

이들은 시민사회의 영역을 스스로 대변했다기보다는 국가정책의 정당화를 위해 시민사회의 역량을 동원하는 국민운동단체의 성격을 띠고 있었다. 국민운동을 전개했던 이 같은 NGO들은 민주화 이후 점차 시대상황이 변화하면서 관변성격에서 벗어나 녹색생활실천, 공정사회실현, 자유민주주의 가치 함양 등 공익을 지향하는 방향으로 자신의 활동을 변화시켜 가고 있다.

3. 탈근대적 시민단체의 기원과 전개

1) 1987년-2000년(제3기)

이 시기는 한국에서 제3섹터로서의 시민사회가 분명한 가치지향을 갖고 출범하는 시기이다. 중산층이 대거 참여하여 이루어진 1987년 6월 민중항쟁은 한국의 정치·사회적 민주화를 위한 일대도약이었다. 시민들의 시민권이 어느 정도 법·제도적으로 반영되어 가는 과정에서 비로소 국가와 시장으로부터 자율성을 지향하는 제3섹터로서의 시민사회가 출범할 수 있었다. 1987년 민주화항쟁 이후 변화된 상황 속에서 각종 NGO의 탄생이 분출했다.

이들은 기존의 이념운동과 계급운동 및 반정부–반시장운동을 지향했던 민중운동과 사회운동과는 다르게 권력교체와 체제교체보다는 권력과 체제의 문제점을 시정하는 것을 목표로 하는 '시민운동'을 표방했다. 즉, 민주화의 진전에 따른 절차적 민주주의의 도입과 사회경제적 권리의식의 증진이라는 사회적 변화에 부응하기 위한 시민사회진영은 종전의 재야와 민중운동진영 그리고 사회단체와 다르게 국가–시장으로부터 어느 정도 자율성을 갖는 제3의 영역으로서 '시민운동', '시민단체', '시민사회진영'이라는 새로운 패러다임을 제시하고 그 길을 개척하고자 했다.

이들은 기존의 전형적인 운동방식이었던 '반정부–반시장 민중투쟁'에서 벗어나 정부와 시장을 근본적으로 부정하지 않는 가운데, 이들의 행태와 잘못된 정책을 비판·견제하고 수정하기 위하여 정책대안을 제시하려는 활동을 새롭게 시도했다. 이들은 민주화 이후 노동자, 농민, 빈민, 재계, 변호사 등 각 계급계층별·직능단체별로 요구되는 이익의 극대화 노선에 연대하면서도 그 이익이 사회전체의 공공성과 충돌하거나 지나친 집단이기주의로 빠지는 경우에는 이를 바로잡기 위한 견제와 개입활동을 통해 자신의 노선을 차별적으로 정립해 나갔다.

특히 이들은 민중운동진영의 관성적인 운동방식이었던 '반정부–반시장적 태도'와 모든 이슈를 반정부로 환원하여 투쟁하려는 '반정부적 환원주의투쟁'에서 벗어나 여러 가지 개별적인 이슈와 사회적 쟁점에 개입하여 구체적인 정책대안을 제시하거나 언론과 미디어 매체에 공론화함으로써 사회적 공감을 얻어냄으로써 자신의 활동범위와 영향력을 점차 넓혀가면서 사회의 중심세력으로 대두했다. 이러한 시민사회진영은 대체로 노동운동이 추구해왔던 노동자 계급의 중심성을 거부하고 다원주의적인 입장에 서서 다양한 행위자들이 겪게 되는 민생과 생활세계의 이슈를 크게 부각시켰다.

또한 이들의 운동방식은 기존 사회운동방식에서 일반화되었던 이데올로기적 설득과 물리적 공격에서 벗어나 구체적이고 실용적인 방식으로 대안 제시와 언론매체를 통한 공론화로 바뀌었다. 활동 주체가 조직화된 소수에서 다양한 계층의 학생, 주부, 직장인 등 중간계층으로 이동했다. 또한 노동자, 농민, 도시빈민의 연대를 강조하면서 무시되어 온 도시중간 계층의 상대적 중요성이 강조되었고, 운동방식에서는 체제내적인 운동을 전개하는 것을 원칙으로 하는 양상을 띠었다. 1989년 7월 창립된 경제정의실천시민연합(경실련)을 비롯한 한국여성단체연합, 환경운동연합, 참여연대 등 한국의 대표적 NGO 단체가 이 시기에 출범하거나 결성되었다.

자율적인 제3섹터로서 시민운동의 출범을 알린 경실련은 투기를 통한 불로소득 근절, 토지의 재분배문제에 대한 관심 집중, 토지공개념의 확대도입, 부동산 과표의 현실화를 입법화시키려는 전문성을 가지고 부동산투기 근절운동과 세입자 보호 및 도시빈민주거안정대책 촉구 운동을 전개하여 많은 시민들의 호응과 참여를 이끌어 냈다. 이후 한국은행 독립, 금융실명제 실시, 세제개혁, 재벌로 집중된 경제력의 분산, 공명선거 캠페인 등 수많은 활발한 활동을 벌여 시민사회의 힘이 시민에게서 나온다는 것을 상징적으로 보여주었다.

1989년 2월 18일 발족한 한국여성단체연합은 그동안 소외되었던 여성들의 인권과 권리문제를 사회적으로 쟁점화하면서 여성들의 젠더의식과 양성평등의식의 확대에 많은 영향을 미쳤다. 1993년 설립된 환경운동연합은 종전의 반정부적인 정치투쟁의 영역에서 벗어나 후기 산업사회의 대표적인 주제인 환경문제를 제기함으로써 새로운 시민사회의 영역을 개척했다. 그리고 1994년 10월 9일 창립된 참여연대는 각계의 전문성과 활동가들의 활동성을 결합시켜 소액주주운동, 권력감시운동, 시민권리찾기운동 등 다방면에서 보다 적극적인 시민참여와 권력비판을 주도하여 종합적인 시민운동단체로 성장해 나갔다.

1990년대에 들어서 NGO를 기반으로 하는 시민사회운동은 새로운 도약을 하게 되어, 이 시기를 많은 사람들은 NGO의 르네상스기라고 불렀다. 이러한 NGO의 양적·질적 도약이 가능하게 되었던 배경은 민주화 이후 전환기적 시대상황에 따른 정부의 법제도적 지원이 있었기 때문에 가능했다. 우선, 전환기적 시대상황으로는 소련을 중심으로 하는 사회주의 진영의 해체와 이것에 따른 냉전의 종식, 세계화의 급진전, 정보통신 혁명 등으로 인해서 국가의 국정운영 방식이 폐쇄적이고 일방적인 방식에서 개방적이고 수평적인 방식으로 변화할 수밖에 없었고, 이러한 가운데 시민과 시민사회의 참여를 허용할 수밖에 없었기 때문이다.

또한 법제도적 측면에서는 시민들의 참여와 관심이 증대되면서 확대된 시민권에 기반을 둔 시민들의 자발적 결사체가 폭발적으로 증가하였고, 이를 지원하기 위한 차원에서 정치권과 정부는 관련법규정을 개정할 수밖에 없었다. 김영삼 정부는 1994년 사회단체등록에 관한법률을 폐지하고 사회단체신고에 관한 법률을 제정했다. 이후 이 법률은 김대중 정부에 들어와서 시민단체의 활성화를 목적으로 1999년에 〈비영리민간단체지원법〉으로 대체되었다.

〈표 6-2〉 정부부처에 등록된 NGO의 설립시기(1950-2000)

	1950년대	1960년대	1970년대	1980년대	1990년대	1996-2000
중앙	9	10	8	33	295	240
지방	48	100	174	740	1819	1242
(%)	1.8	3.4	5.6	23.9	65.3	45.8

* 출처: 행정자치부 민간협력과(2001). 『비영리민간단체 등록현황』.

2000년에 시행된 〈비영리민간단체지원법〉에 따라 이것의 전후과정에서 NGO단체들의 결성이 증가했다. 〈표 6-2〉에서 보듯이, 중앙정부 부처와 지방정부 부처에 등록된 NGO들의 설립시기가 대체로 1996년 이후 45.8%를 차지할 정도로 NGO의 양적인 성장이 1990년대 중·후반에 들어와서 본격적으로 이뤄졌다. 이러한 NGO와 시민운동진영의 양적인 도약은 1994년 4월에 출범한 경실련 주도로 결성된 시민사회운동단체간의 연대조직인 '한국시민사회단체협의회(시민협)'에서 잘 드러난다. 시민협은 경실련, YMCA, 환경운동연합 등과 같은 58개의 대규모 단체가 연대하여 창립한 연대조직으로 공동정책토론회, 공명선거캠페인과 공명선거실천협의회 결성, 정치개혁입법청원 등 다양한 운동을 전개했다.

하지만 시민협은 1994년 보다 진보적인 참여연대의 등장에 따라

단체 내부에서 활동방식과 노선의 차이를 놓고 서로 다른 조직의 틀로 분화해 나갔다. 즉 1994년 창립한 시민협 내부에서, 보다 진보적인 관점에서 권력비판적인 성향의 시민단체들은 참여연대가 주도하여 결성한 2000년 1월 전국 412개 단체들로 구성된 '총선시민연대'에 가입하여 활동했다. 또한 '총선시민연대'와 시민협이 통합한 조직이 2001년 '시민사회단체연대회의'로 발족하면서 시민협은 해산하는 운명에 처했다. 그러나 해산한 시민협은 당초 경실련과 시민협 결성의 주역이었던 서경석 목사와 참여정부에 비판적이었던 뉴라이트 계열 시민단체와 북한인권운동단체 등의 주도로 2012년에 동명인 '한국시민단체협의회'로 재발족했다. 이러한 시민협의 분화·해체와 재발족은 시민단체의 운동방식을 놓고 벌어진 이념과 노선의 차이를 보여주는 것으로써 많은 반성과 성찰의 계기를 만들어 주었다.

2000년 총선시민연대의 활동은 엄청난 사회적 영향력과 파장을 보여주었다. 이들은 16대 4·13 총선에서 부적절한 후보자에 대한 공천반대, 낙선운동을 전개할 것을 천명하고 4월 3일 공천 반대자 64명과 반인권 전력 및 납세 비리, 저질 언행 관련자 22명 등 모두 86명의 낙선 대상자 명단을 발표하여 자신의 영향력을 대의정치로까지 확장시켰다는 점에서 사회적 충격을 주었다. 이들은 피케팅이나 가두방송, 현수막 게시 등을 통해 특정후보를 떨어뜨리는 낙선운동을 전개했고 이에 대해 일부 정치권에서는 총선시민연대의 낙천·낙선운동은 〈선거법〉에 저촉되는 불법운동이라고 비판했다. 그럼에도 불구하고, 이들의 운동으로 86명의 낙선 대상자 가운데 59명(68.6%)이 떨어졌고, 22명의 집중 낙선 대상자 중의 낙선자는 15명(68.2%)이 될 정도로 위력적이었다.

이러한 '총선시민연대'의 낙천낙선운동은 제 역할을 못하는 정당정치를 보완하는 차원에서 대의적 제도정치권을 정상화시키려고 했다는 점에서 의미가 있었다. 그러나 정치적으로 중립을 지켜야 할 시민운동이 지나치게 정치적으로 개입했다는 점과 자발적인 시민참여가 부족한 가운데 시민엘리트들에 주도됨으로써, '시민 없는 시민운동'의 전례를 보여줬다는 점 등에서 부정적인 평가와 비판여론이 제기되었다. 이러한 논란과 논쟁을 둘러싸고 제3섹터로서의 시민운동의 적절한 방향성에 대한 논쟁이 일어났으며, 이것을 계기로 시민단체의 성향에도 많은 분화와 변화가 일어나게 되었다.

2) 2001년-2014년 현재(제4기)

이 시기는 우리나라에서 뿌리를 내린 제3섹터로서 시민사회가 양적인 면에서 비약적으로 증가하는 한편 질적인 면에서도 다양성을 근거로 분화와 확장의 단계로 나아가는 시기이다. 우리나라에서 국가-시장-시민사회라는 3분위 모델에 입각한 제3섹터의 영역으로서 시민사회는 1987년 민주화 운동 이후 본격적으로 등장한 시민운동을 지향하는 다양한 시민단체들의 등장을 통해 발현되었다. 그러한 시민단체들의 종류가 다양함에도 불구하고 그것의 성격을 몇 가지로 분류해 보면 다음과 같다.

정부권력에 대한 비판의 관점에 선 '주창형 NGO' 영역, 시장권력에 대한 비판의 관점에 선 '주창형 NGO' 영역, 사회복지정책에 있어서 정부와의 협력을 강조하는 '사회서비스 NPO' 영역, 사회적 일자리 창출에 있어서 시장과의 협력을 강조하는 '사회적 기업' 영역, 제3섹터의 관점에서 자생성을 강조하는 '봉사와 나눔의 NGO', '마을 만들기'와 '대안적 공동체' 등의 영역이다.

우리나라의 NGO 성격은 후발민주주의국가의 관행처럼 민주화 운동이 뒤늦게 일어나 제도적인 민주화 운동을 NGO가 일정정도 담당할 수밖에 없었다는 점에서 주창형과 정치적 성향이 강한 제3세계형 NGO에 가깝다. 즉 정치권력과 시장권력에 맞서는 '주창형 NGO' 등으로 표현되는 '비판형'에 가깝다. 하지만 최근 들어서 선진민주국가들이 걸어갔던 것처럼, 우리 사회에서도 '주창형 NGO' 외에도 '사회서비스 NPO', '사회적 기업 영역' 등의 '협력형 NPO'가 양적으로 확산되고 있는 가운데, 점차 '봉사와 나눔을 실천하는 NGO', '마을 만들기', '대안적 공동체' 등의 '자생형' 중심의 시민단체들이 점차 증가하는 경향을 보여주고 있다. 이러한 현상은 한국 시민사회의 성격이 변화되고 있음을 보여주는 징표라고 할 수 있다.

특히, '아름다운 재단', '아름다운 가게', '아름다운 커피', '희망제작소' 등에서 보여 지는 것처럼, 국가와 시민을 연계하는 사회서비스형 NGO와 NPO가 국민적 관심을 받으며 성장하고 있다. 이러한 것은 제3섹터로서 시민사회가 양적, 질적인 면에서 성숙하고 있음을 보여준다. 종전까지는 정치적 권리와 이익을 대변하는 '주창운동'(advocacy)이 주도하는 양상을 보였으나 이제는 공동체에 대한 책임과 의무를 다하는 '자원봉사활동'이 각광을 받고 있다. 1994년 후반부터

2000년대 초반에 자원봉사 NGO들이 대거 등장했다.

1994년 4월에 자원봉사계의 전국조직인 '한국자원봉사단체협의회'(한봉협)이 창립되었고, 2003년 6월 새마을, 적십자, 한국사회복지협의회, 한국대학사회봉사협의회, 청소년센터협의회, 한국자원봉사센터협회 등 1백여 개의 자원봉사 기관 단체들의 전국 연합체인 '한국자원봉사협의회'가 출범했다. 우리나라의 자원봉사의 역사는 두레, 계, 향약 등에서부터 출발하지만, NGO로서 현대적인 의미와 모양을 갖추고 폭발적으로 등장한 것은 1994년대 이후이고 관련법의 제도화는 2005년 〈자원봉사활동기본법〉으로 정비되었다.

뿐만 아니라 우리 사회가 IMF 이후 진행된 사회의 양극화 심화의 대안으로 취약계층의 일자리창출과 사회복지서비스 제공 등을 위하여 영국을 비롯한 유럽 선진민주국가에서 이미 대중적으로 안착된 제3섹터형 NGO와 NPO 영역이 시민들로부터 관심을 받으면서 새롭게 확대되고 있다.

또한 사회적 기업은 취약계층을 위한 고용창출형 사회공헌 모델로서 국가, 시장, 시민사회 세 부문이 함께 손을 잡는 일종의 민관협력모델 혹은 거버넌스 모델로 작동될 때, 더욱 활성화될 수 있다. 한국에서 대표적인 사회적 기업의 예는 '행복한학교재단'이다. 이것은 방과 후 학교 위탁사업을 운영하는 사회적 기업으로, SK그룹의 재원과 경영 노하우, 서울시의 행정 지원 역량이 결합돼 세워진 모델이다. '행복한학교재단'은 공교육 기능 보완과 더불어 교육격차 해소, 사교육비 부담 완화, 방과 후 강사 일자리 창출 및 고용 안정 등을 목표로 하고 있다. 현재 서울, 부산, 대구, 울산 등 4개 지역의 '행복한학교재단'은 2011년 기준 60여 개교, 1만여 명의 수강생을 대상으로 프로그램을 운영함으로써 400여 명의 강사를 채용해 신규 일자리를 창조했다.

자원봉사, 공공서비스 공급, 사회적 기업, 마을 만들기, 협동조합에 대한 관심은 시민사회의 영역을 종전의 '주창형'에서 '제3섹터형'으로 점차 재편되고 있으며, 이러한 경향은 한국의 시민사회가 성숙기로 이행하고 있음을 보여준다. 이러한 재편은 2007년 사회적 기업 육성법의 시행과 2012년 〈협동조합기본법〉의 발효와 더불어 탄력을 받고 있다. 사회적 기업 육성법이 시행된 지난 2007년만 해도 50곳에 불과했던 사회적 기업이 2012년 현재 5년 만에 680곳으로 늘었다. 현행 〈협동조합기본법〉은 어떤 종류의 협동조합이든 조합원 5명만 모이면 자유롭게 설립할 수 있도록 되어 있다. 따라서 5명으로도 다양한 사회서비스와 일자리를 만드는 협동조합형 사업 운영의 길이 열리게 됨으로써 자활·사회적 기업·마을 만들기·생활협동조합 등의 '사회적 경제활동'을 시·군 지역 단위에서 뒷받침하고 견인할 수 있게 되었다.

4. 시민단체의 정부 거버넌스 활동과 과제

1) 김영삼, 김대중, 노무현, 이명박 정부에서의 국정참여

〈표 6-2〉에서처럼, 1989년 경제정의실천시민연합 출범을 신호탄

으로 1990년대까지 양적·질적으로 성장한 수많은 NGO와 NPO 등 시민단체들은 단순히 정부와 기업을 비판하는 것에서 머무르지 않고, 정부와 기업과 함께 파트너십을 맺거나 공동의 목적과 가치추구를 위해 협력했다. 시민단체들의 정부와의 대표적인 협력은 시민대표자들의 국정운영 거버넌스에 대한 참가이다.

거버넌스는 '국정관리', '네트워크 통치', '공치(共治)', '협치(協治)' 등으로 번역되고 있다. 한국적인 상황에서 김영삼 정부 때부터 이명박 정부에 이르기까지 시민단체들의 국정운영 거버넌스에 대한 참가를 개괄적으로 살펴보면 다음과 같다. 물론 그 거버넌스 틀은 시민단체들에 의해 아래로부터 제안되기보다는 정부에 의해 위로부터 주도되고 정해진 경우가 대부분이라는 한계는 존재했다. 하지만 그러한 한계 속에서 시민단체들의 대표는 나름대로 견제와 균형을 잡기 위해 노력했다.

1994년에 김영삼 정부는 민주화 이후 성장한 시민단체의 활성화에 부응하기 위하여 '사회단체등록에 관한 법률'을 폐지하고 '사회단체신고에 관한 법률'을 제정함으로써 자율적인 시민단체 성장을 위한 제도적 장치를 마련했다. 이러한 제도적 기반을 매개로 경실련을 중심으로 하는 다양한 시민단체들은 정부정책의 감시활동과 비판활동에 적극적으로 참여하여 보다 시민단체적인 활동의 전형을 창출할 수 있었다. 이러한 사례는 정부와 시민단체의 관계를 과거 적대적이고 경쟁적인 관계에서 보다 긍정적인 차원에서 비판과 협력의 관계로 전환시키는 데 중요한 전기가 되었다.

김대중 정부는 IMF 국난 극복을 위해 시민단체들의 참여를 이끌어 낼 수밖에 없었다. 정부는 이를 위한 각종 위원회를 신설하였고, 시민단체들은 이에 부응하여 참여했다. 정부 초기부터 '노사정위원회'를 설치하여 IMF 경제위기상황에서 절대적으로 필요했던 노(勞)-사(社)-정(政)의 대화와 타협을 통한 갈등해결과 고통분담 및 국민역량의 집결에 노력했다. 또한 1999년에 시민단체 활성화를 목적으로 한 시민단체지원법인 〈비영리민간단체지원법〉을 제정한 것을 기반으로 하여 2000년 9월에는 대통령령으로 〈지속가능발전위원회〉를 설치하여 운영했다.

〈지속가능발전위원회〉는 정책자문기능과 갈등조정기능을 하는 본위원회와 전문분야별 주요 정책자문 과제 발굴 및 연구·검토 기능을 수행하는 사회건강전문위원회, 국토자연전문위원회, 에너지산업전문위원회, 지속가능발전이행전문위원회 등의 특별위원회로 구성되었다. 특히 〈지속가능발전위원회〉의 경우 시·도지사 추천, 시·도의회의장 추천, 시민단체 추천 등으로 본 위원을 구성하고, 또한 직능 및 각 분야 위원들로 구성되는 특징을 보였다. 이러한 정부의 각종위원회와 기구 신설 의지에 발맞추어 시민단체의 대표자들이 참가했다. 이것은 2007년 노무현 정부에게 계승되어 〈지속가능발전기본법〉에 따른 법적 위원회로 제도화되었다.

노무현 정부는 〈표 6-3〉처럼, 보다 확장된 시민단체와의 거버넌스를 위해 청와대, 국무총리실, 각종위원회 차원에서 시민참여를 확대하기 위해 여러 가지 시도를 하였고, 시민단체들은 이것에 부응하여 참여했다. 청와대는 청와대 정무수석실 내에 있던 시민사회 담당 업무를 2004년에 〈시민사회수석실〉로 통합하여 확대·개편되었다. 〈시민사회수석실〉은 갈등 조정과 예방을 위한 전담부서로서 〈시민사회수석실〉 아래 사회조정팀 1, 2, 3 비서실로 구성되어 각각 외교·안보, 산업·경제, 사회분야를 나누어 갈등현안이 나타날 경우 과제별로 업무를 수행했다. 사회조정팀에 부여된 주요 업무는 크게 1) 〈지속가능발전위원회〉가 마련한 갈등관리시스템을 관리, 점검해 갈등해결 프로세스를 구축하는 일, 2) 정책 수립 과정부터 국민과 시민단체가 실질적으로 참여할 수 있도록 법적·제도적 시스템을 갖추는 일, 3) 대화와 협의로 갈등을 해결하는 갈등조정 문화를 가꾸는 일, 4) 예상되는 갈등 과제에 대해 정기적으로 모니터 작업을 하는 일 등으로 갈등문제에 당사자들이 참여해 대화와 타협으로 문제를 해결하는 제도적 틀을 마련하는 것이었다.

〈표 6-3〉 노무현 정부 시민단체 국정참여 현황

	제도	목표	평가
청와대 주도	시민사회 수석실	사회갈등의 예방과 조정을 위해 시민사회 상층부와 직접 소통	·초기엔 소기의 목적을 달성 ·후기엔 정부정책에 대한 동원과 지지를 요청함으로써 관계가 소원해짐 ·한미 FTA, 미군기지 이전 등의 중대 사안이 발생하면서 기능 약화
국무총리실 주도	시민사회 발전위원회	시민단체의 참여를 유도하고 협력관계를 구축	·상위 수준의 거버넌스 제도화에 기여 ·공식적 기구보다 개인적인 네트워크 활용을 선호한 이해찬 총리 이후 기능이 약화됨 ·국무총리 훈령에 따른 자문기구라는 한계를 벗어나지 못함

각종 위원회	각종 위원회	제도적 의사소통과 정책 수렴 통로	·〈저출산·고령화대책 연석회의〉와 같이 주제가 구체적이고 사회적 공감대가 형성된 기구는 연금제도 개혁, 청소년 건강정책 입안 등의 성과를 거둠 ·형식적인 위원회의 경우 유명무실해지면서 거버넌스에 대한 회의를 불러옴
총괄 조정	국무/차관회의	정책화	·하위 단위에서의 의견 수렴

국무총리실도 국무총리 자문기구로 〈시민사회발전위원회〉를 만들었다. IMF 외환위기 극복과정에서 보았듯이 환경, 경제, 인권, 사회복지 등 사회 각 분야의 문제들을 해결하기 위해서 정부는 기업과 시민사회의 협력이 필수적이라는 판단 아래, 시민의 참여를 이끌어내고 이를 조직화하여 사회발전의 원동력으로 삼기 위한 종합적이고 체계적인 대응을 마련하고 이를 국가발전의 동력으로 활용하기 위한 여러 거버넌스 틀을 만들어 운영했다. 당시 많은 시민단체의 대표자들이 참여했다. 〈시민사회발전위원회〉는 시민사회 발전을 위한 다양한 이슈를 점검하고 사회 각 주체들의 상호이해와 소통을 확장하기 위해 정부와 시민단체, 학계, 재계, 방송·언론사 등 각계 주요 인사 22명으로 구성했다.

노무현정부의 거버넌스 틀인 각종 위원회에서 시민단체의 참여는 매우 활발했다. 대표적인 것이 〈저출산·고령화대책 연석회의〉이다. 〈저출산·고령화대책 연석회의〉는 사회협약을 통해 사회갈등을 치유하고 선진국으로 도약한 유럽 강소국을 벤치마킹하려는 취지에서 만들어진 거버넌스 틀로 이해찬 국무총리가 2005년 10월 12일 시정연설을 통해 〈국민대통합 연석회의〉를 제안하면서 이루어졌다. 이해찬

총리 등 정부위원 9명, 노동계 6명, 경제계 6명, 시민단체 4명, 종교계 3명, 농어민 여성 학계 사회원로 각 2명 등 총 36명의 위원으로 구성된 연석회의에는 국무총리 외 재경, 교육, 복지, 노동, 여성, 기획예산처 장관 국무조정실장, 저출산고령사회위원회 운영위원장과 경제 5단체장 등 경제계 6명과 양대 노총 대표자 등 노동계 6명, 대한불교조계종, 한국기독교총연합, 천주교계 등 종교계 대표, 참여연대, 한국YMCA전국연맹, 경실련, 민중연대 등의 시민단체 대표 4명, 전농과 농업경영인중앙연합회, 여성단체연합, 여성단체협회 등이 참여했다.

청와대 〈시민사회수석실〉은 갈등의 예방과 조정이라는 업무의 특성상 시민사회와의 소통창구 역할을 담당했다. 사패산 터널 공사, 새만금 개발, 방사능 핵폐기장 건설, 한-미 자유무역협정 등 참여정부 초기부터 정부와 시민사회 사이에 빈번하게 벌어진 사회적 갈등을 해결하기 위해 시민사회에 대한 이해가 높고 경험이 풍부한 인사들로 조직을 구성, 갈등 해결의 매개자 역할을 담당해 왔다. 그러나 참여정부 후반에 들어 〈시민사회수석실〉은 한-미 자유무역협정 등 국가적 갈등이슈에 대한 찬반양론이 팽팽하게 대립하고 있을 때 이에 대한 의견조정을 하지 못한 채 갈등조정에 실패함으로써 사실상 무력하게 되었다.

국무총리실의 〈시민사회발전위원회〉는 매월 1회 전체회의를 개최하여 정부와 NGO의 협력모델 개발 및 검토, 한국 시민운동 육성 및 보호를 위한 관련 법제 정비, 선진국의 NGO 육성 및 보호정책 연구 등에 대한 종합적 검토와 함께 수시로 발생한 사회적 갈등에 대해 국무총리께 자문하는 역할을 수행하면서, 사회적 갈등에 대한 정부와 시민사회의 의견을 교환하는 창구로서 자리매김했다. 정부는 이를 통해 참여연대, 환경운동연합, 한국여성민우회, 한국YMCA연맹, 시민단체연대회의, 소비자시민모임, 함께하는시민행동, 아름다운재단 등 한국의 대표적인 시민단체와 공식적인 네트워크를 형성했다. 하지만 국무총리 훈령에 따른 자문기구라는 한계를 가지고 있었다. 이에 따라 시민단체에서는 단순한 자문기구를 넘어 일정한 권한을 가진 위원회로 전환을 요구했지만 그렇게 나아가지는 못했다.

〈저출산·고령화대책 연석회의〉는 가시적인 성과를 낸 후 '국민대통합연석회의'를 대통령 소속으로 격상시켜 양극화 해소, 국민연금 등의 사회 의제를 처리하려 했다. 그러나 정부 주도의 회의 진행과 차이에 대한 내부 조정이 원활히 작동하지 않게 되면서 연석회의의 실질적인 성과도 높지 않았다. 그리고 국민연금 의제와 관련한 보건복지부와 연석회의의 입장차이로 인해 의제선정과 해결과정에서 시민단체의 동의와 야당의 호응을 얻지 못하면서 '제도적 상설기구'로 전환하는 데 한계를 보여주었다. 그럼에도 1기 때는 국공립보육시설 30% 확대, 연금제도개혁, 비과세감면, 조세제도 개혁 등 포괄적 협약을 맺었고, 2기 때는 연금개혁에 대한 합의를 시도했으나 실패했고, 3기는 아동청소년의 건강과 안전에 대한 협약을 체결했다. 높은 성과를 거둔 기구는 아니었으나 사실상 제 사회계층, 각 분야의 대표들이 함께 참여한 폭넓은 사회적 대화기구의 모양새를 갖추었다는 점에서 의의가 크다.

이명박 정부는 집권 초반기에 노무현 정부 때와 비교해 볼 때, 시민단체들의 참여가 부족했던 것은 사실이다. 하지만 이명박 정부는 쇠고기 촛불시위 이후 소원했던 시민사회와의 관계 개선을 도모하기 위해서 국정 거버넌스에 대한 여러 가지 노력을 시도하였고, 시민단체들도 이에 이전 정부에서 계승된 각종 위원회에 참여했다. 시민단체의 참여를 활성화하기 위한 이명박 정부의 대책들을 살펴보면 다음과 같다.

첫째, 청와대는 사회통합수석실내에 차관보급의 세 개의 비서관실(국민소통비서관, 시민사회비서관, 국민권익비서관)을 설치하여 운영했다. 둘째, 이전 정부와 다르게 특임장관실을 신설하여 구체적인 민관협력 사업을 수행했다. 특임장관실은 '시민사회단체 공익활동 지원 사업'과 '시민사회단체 해외연수 시행사업'을 꾸준하게 진행했다. 또한 특임장관실은 시민사회와의 소통채널과 협력사업을 제도화하기 위해 노력했다. 셋째, 청와대와 특임장관실은 사회통합과 국민경제의 균형 있는 발전의 제도적 기반이 되는 제3섹터의 활성화를 위해 사회적 기업법과 협동조합법을 제·개정하는 데 많은 역할을 했다. 넷째, 특임장관실 내에 〈시민사회발전자문위원회〉를 설치하여 시민단체와의 의견수렴과 협력을 위한 소통창구를 마련하고, 그것을 기초로 시민사회발전을 위한 청사진의 집필을 진행했다. 마지막으로, 기존에 존재했던 부패방지위원회, 국민권익위원회, 지속가능발전위원회 등의 조직을 발전적으로 승계하고, 조직의 정비를 통해서 국민권익위원회와 녹색성장위원회, 사회통합위원회 등의 위원회를 유지 또는 기능 조정을 통해서 민관협력을 지속할 수 있는 위원회를 구성했다.

2) 시민단체의 과제

시민단체가 정부, 기업의 영역을 견제하고 감시하면서도 그들과 공동의 목적과 가치를 위해 협력하는 등 제3섹터로서 자기 본연의 역할을 수행하기 위해서는 무엇보다 자체적인 역량과 지속가능한 발전에 대한 비전이 있어야 한다. 자체적인 역량과 지속가능한 발전에 대한 비전을 갖는 것이 시민단체의 당면한 과제이다.

이를 위해서는 첫째, 시민단체의 규모 현황과 시민단체의 역량에서 드러난 문제점을 시민단체 스스로가 인식하고 해결하기 위한 자기 역량을 함양하는 것이 중요하고, 둘째, 그동안 시민단체와 정부 그리고 시민단체와 기업 간의 관계에서 드러난 적대적이고 부정적인 인식을 개선하고 서로를 파트너로 존중하는 가운데 협력을 도모하는 것이 중요하다. 셋째, 시민단체의 역량강화를 위해서는 시민단체 간에 불거지고 있는 이념상·정파상의 갈등과 활동방식상의 차이를 줄이고, 시민의 생활과 눈높이에서 연대와 협력을 중심으로 하는 네트워크를 모색하는 것이 중요하다.

〈표 6-4〉 한국 시민단체 수 연도별 현황 비교

연도	1997	2000	2003	2006	2009
단체 수	3,900	7,600	18,180	23,017	25,886
증감(%)	-	+94.87	+139.21	+26.61	+12.46

* 출처: 『한국시민사회연감』(2012), 847쪽을 토대로 저자 재구성.

우선적으로 시민단체의 문제점을 시민단체 스스로 인식하고 해결하는 가운데 시민단체의 자생력과 체질을 강화하는 것이 중요하다. 시민단체의 현황과 문제점을 살펴보면 다음과 같다. 〈표 6-4〉는 1997년에서부터 2009년 현재까지 시민단체의 수 규모의 추이를 보여주는 자료이다. 이 자료에 의하면, 한국 시민단체의 수는 1997년 3,900개에서 2000년 7,600개, 2003년 18, 180개, 2006년 23,017개, 2009년 현재 25,886개로 점차 증가하고 있는 추세이다. 그 증가추세는 2009년 현재 1997년 대비 약 6배의 성장세를 보여주고 있다. 그렇다면 2009년 현재 한국 시민단체의 분야별 분포는 어떠한가?

(사)시민정보센터가 조사해 발표한 『한국시민사회연감』(2012)에 의하면, 환경이 12.0%, 인권이 2.0%, 평화통일이 4.0%, 여성이 6.0%, 권력 감시가 2.0%, 정치경제가 11.0%, 교육연구가 4.5%, 문화체육이 4.0%, 복지가 20.0%, 청년아동이 9.0%, 소비자권리가 1.0%, 도시가정이 3.0%, 노동빈민이 3.0%, 외국인이 2.0%, 모금이 0.5%, 자원봉사가 7.0%, 국제연대가 2.0%, 대안사회가 2.0%, 온라인 활동이 2.0%, 기타가 2.0%를 보여준다. 전체적으로 순위가 높은 복지(20.0%)와 환경(12.0%) 그리고 정치경제(11.0%)가 전체의 43.0%를 차지하는 것으로 나타났다.

『한국시민사회연감』(2012) 자료를 통해 드러난 2009년 현재 한국 시민단체의 분야별 분포를 정부-시장-시민사회 간의 관계를 고려하여 크게 〈비판형〉, 〈협력형〉, 〈자생형〉으로 나누어 그것의 비중 경향을 살펴보면 다음과 같다. '복지분야'가 대체로 〈협력형〉에 가깝고, '환경'과 '정치경제'가 〈비판형〉에 가까우며 '모금'과 '자원봉사' 및 '대안사회'는 〈자생형〉에 수렴된다는 점을 볼 때, 그 비율이 〈협력형〉이 주도

하는 가운데 〈비판형〉이 따르고 있고 〈자생형〉이 매우 낮은 비율인 것으로 보인다.

이러한 유형의 특징은 한국 시민단체가 정부-시장-시민사회의 바람직한 관계설정측면에서 볼 때, 과거에 비해 시민사회의 자율적이고 자생적인 영역인 제3섹터 영역이 증가하고 있기는 하지만 아직까지 정부와 시장에 대한 〈비판형〉과 정부와 시장에 대한 〈협력형〉이 다수를 점하고 있어 상대적으로 제3섹터로서 시민사회 영역의 자율성을 반영하는 〈자생형〉이 적다는 문제점을 보여주고 있다.

이어서 시민단체 역량의 문제점을 살펴보면 다음과 같다. 첫째, 시민단체의 사회적 신뢰성, 영향력 약화이다. 동아시아연구원((EAI)이 2005년부터 2011년 현재까지 조사한 한국의 대표적인 시민단체인(민변, 참여연대, 경실련, 뉴라이트)의 신뢰도와 영향력의 추이를 조사한 자료에 의하면, 신뢰도와 영향력 모두에서 2005년에 비해 2011년 현재 그 시민단체의 신뢰도와 영향력이 감소하는 것으로 나타나고 있다. 즉, 신뢰도는 2005년 5.02로 시작하였으나 2011년 현재 4.6로 하락하였으며, 영향력 또한 2005년에 4.81로 시작하였으나 2011년 현재 4.32로 하락하고 있다.

이러한 지표는 시민단체의 대국민 영향력과 신뢰도가 어떠한 문제로 인하여 하락하고 있다는 것을 보여주고 있다는 점에서, 시민단체의 역량 강화의 필요성을 제기한다. 시민단체의 신뢰도와 영향력이 다소 하락하는 배경에는 다음과 같은 요인들이 연관되어 있다. 1) 시민단체의 관성화이다. 2) 시민단체의 관료화이다. 3) 시민단체의 무책임성이다. 4) 시민운동의 권력지향성이다. 5) 시민단체의 과도한 중앙

집중성이다. 6) 시민단체의 과도한 정파편향성이다. 7) 시민과 회원보다는 지식인, 전문가 중심성이다. 8) 매니지먼트와 자원동원방식의 과도성이다. 9) 이념적-정파적 편향성 등에 대한 시민들의 비판과 불만이다.

둘째, 〈자생형〉의 시민단체의 부족이다. 2009년 현재 한국 시민단체의 지역별 분포비율을 보여주는 『한국시민사회연감』(2012)에 따르면, 한국 시민단체들은 서울에 28.7%, 경기에 20.80%, 인천에 4.71%, 대전에 3.15%, 부산에 6.42%, 울산에 2.83%, 대구에 5.3%, 광주에 3.99%, 제주에 1.41%, 강원에 4.28%, 충남에 3.44%, 충북에 3.69%, 경북에 2.20%, 경남에 2.96%, 전남에 1.94%, 전북에 4.87%로 분포하고 있다. 서울 28.74%, 경기 20.80%, 인천 4.71% 등 수도권 전체의 합이 54.25%로 나타나 한국의 시민단체가 수도권에 집중되어 있는 것으로 보인다. 인구비율로 볼 때, 수도권 인구가 우리 전체 인구의 약 50%라는 점에서 수도권에 우리나라의 시민단체가 54.25%로 몰려 있는 것이 당연한 수치라고 볼 수도 있다.

〈표 6-5〉 시민단체 수도권 집중 연도별 추이(%)

연도	2000	2003	2006	2009
편중률(%)	66.00	49.88	54.70	54.25

* 출처: 『한국시민사회연감』(2012), 839쪽을 토대로 저자 재구성.

하지만 2000년 이후 2009년까지 시민단체의 수도권 집중 추이를 비교해 보면 상황이 달라진다. 즉, 우리나라의 시민단체의 수도권 집중성이 여전히 큰 것으로 이해된다. 우리나라 시민단체의 수도권 중심성은 〈표 6-5〉에서처럼, 2000년에 66.00%, 2003년에 49.88%, 2006년에 54.70%, 2009년에 54.25%로 점차 약화되고 있으나, 2009년 현재에도 여전히 과반수가 넘고 있다는 점에서 문제의 심각성을 보여준다.

이것은 우리나라 시민단체의 근거지가 대체로 수도권 중심성을 벗어나지 못하고 있다는 보여준다. 역으로 지방과 지역이라는 풀뿌리 공간에 근거하지 못하거나 그러한 전망을 갖지 못하고 있음을 보여준다. 이러한 현상이 발생하는 배경에는 지방차원에서 시민단체의 성격이 대체로 제3섹터로서 시민사회 영역의 자율성을 반영하는 〈자생형〉이 부족한 가운데, 상대적으로 수도권과 중앙차원에서 정치권력과 시장권력에 대한 〈비판형〉이 많았기 때문인 것으로 추론된다.

〈표 6-6〉 한국의 시민사회지표: 구조(Structure)

차원	하위차원	항목
구조 1.5	자원 1.0	재정적 자원 0.3 인적 자원 1.3

* 출처: 주성수, 『한국시민사회지표』, 32, 정미애(2006) 재인용.

셋째, 시민단체의 열악한 재정적·인적 자원부족이다. 〈표 6-6〉 한국의 시민사회지표가 보여주듯이, 한국 시민단체의 재정적·인적 자원은 매우 열악한 수준이다. 시민단체에서 일하려는 활동가의 부족 그리고 열악한 활동비는 시민단체에 몸담으려는 예비활동가들에게 비전을 제시하지 못하고 있다. 또한 국내 시민단체 중 참여연대, 환경운동연합 등 소위 '회원규모 1만 명 이상의 메이저급'으로 불리는 단체들의 예산에서 회비수입이 차지하는 비율은 70-80%로 매우 높은 편인데 반해 지역에서 활동하는 시민단체들의 회비 수입은 이보다 훨씬 낮은 편이다. 아울러 시민단체에 참여하려는 회원의 부족이 문제다. 회원 확보는 시민단체의 자립과 시민단체의 영향력 면에서 매우 중요한 물적·인적 자원에 해당한다.

위에서 지적된 시민단체가 직면한 문제점을 해결하기 위해서는 다양한 고민과 접근이 필요하다. 지면의 제약상 핵심적인 사항으로 'NGO 기금 설치'에 대해 제안하고자 한다. 시민단체의 역량강화를 위해 중앙정부 차원에서 NGO 기금을 설치하고 이것을 토대로 독립적으로 운영할 수 있는 재단을 설립해 자체적으로 모금과 배분 활동을 전개해 시민단체의 재정적 어려움을 해소하면서도 단체 활동의 독립성과 자율성을 보장하는 안이다. 행정안전부를 비롯한 중앙부처에서 지원하는 재원을 모아 독립적인 공익재단을 설립하고 이곳에서 기금을 조성해 공개적이고 투명한 절차를 통해 시민단체를 지원할 필요가 있다. 이것을 위해서는 다음과 같은 점을 고려할 필요가 있다.

첫째, 시민단체의 변화된 인식이 필요하다. 이러한 제안에 대해 그동안 시민단체들은 NGO의 자율성이 훼손된다는 이유로 이것의 구체적인 논의를 유보한 바 있다. 하지만 최근 NGO의 자율성이 상대적으로 향상되었다는 점에서 이러한 논의를 새롭게 진행할 필요가 있다. 특히, 민간단체에 대한 정부의 재정지원과 기금 설치 등에 대한 논의는 이미 1997년 '민간운동지원에관한법률(안)'이 제출되면서 본격화된 바 있다. 이 법안에 따르면 민간운동을 지원하기 위해 법인성격의 진흥재단(6조 2항)을 만들고, 민간운동단체에 지원금을 교부하기 위하여 진흥재단에 민간운동진흥기금을 설치(7조 1항)하도록 하였으며, 재원은 국가 및 지방자치단체의 출연금(7조 2항), 국내외 단체·법인 또는 개인의 출연금 또는 기부금(7조 2항), 기금의 운영으로 발생하는 수익금(7조 3항)으로 조성하는 방안 등이 구체적으로 명시되어 있다.

둘째, NGO 기금의 설치는 국무총리실 산하에 관설민영의 '독립재단'을 두고, 여기에 정부가 예산을 지원하는 방식을 상정하는 운영모델을 검토할 필요가 있다. 이 모델은 관설민영의 NGO재단과 기금을 통해 현재 정부 기준에 의한 운영으로 문제가 되고 있는 사업기간의 다변화, 지원금 배분의 불균형, 보조금 교부시기의 문제, 보조금 교부 등의 지원과 감독을 수행하고, 재정 운영방식의 독립성과 투명성을 보장할 필요가 있다.

셋째, 독립재단의 기금은 정부출연을 기본으로 하되 기업과 시민 등 사회구성원 전체가 참여하는 방식으로 재원모금의 방식을 개방화할 필요가 있다. 우선 기금확보를 위한 정부의 출연을 이끌어내기 위해서는 국민적 공감대가 전제되어야 하므로 정부와 시민단체는 1997년 '민간운동지원에 관한 법률(안)'에서 제기된 기금 관련 내용을 다시 의제화하는 노력이 필요하다.

참고문헌

(사)시민운동정보센터. 2011. 『한국시민사회연감 2012』.

김동춘. 2015. 「시민권과 시민성: 국가, 민족, 가족을 넘어서」. 《서강대 대학원 신문사》 135호.

김준기. 2006. 『정부와 NGO』. 서울: 박영사.

김태룡. 2013. 『현대사회와 NGO』. 서울: 대영문화사.

안하이어, 헬무트·사이벨, 볼프강. 2003. 『제3섹터란 무엇인가: 비영리조직에 대한 비교 연구』. 서울: 아르케.

이동수 편. 2014. 『시민사회 파트너십과 공공성』. 고양: 인간사랑.

이동수·채진원 외. 2012. 『시민사회발전을 위한 청사진』.

정미애. 2006. 「시민사회 발전전략」. 『개방화시대 정부의 역할과 시민사회 발전전략』. 대통령자문정책기획위원회 정책보고서.

정수복 편역. 1993. 『새로운 사회운동과 참여민주주의』. 서울: 문학과지성사.

조희연. 2000. 「한국 시민사회단체의 역사, 현황과 전망」. 『NGO란 무엇인가』. 서울: 아르케.

주성수. 2006. 『한국 시민사회지표: CIVICUS 국제공동연구 한국보고서』. 서울: 아르케.

행정자치부 민간협력과. 2001. 『비영리민간단체 등록현황』.

Salamon, Lester M. & Helmut K. Anheier. 1994. *The Emerging Sector: An Overview.* Johns Hopkins Univ. Institute for Policy Studies.

7장
지구촌과 세계시민

장명학

1. 시장의 세계화와 지구촌

현대인들은 자신의 일생 대부분을 특정한 국민국가의 구성원으로 살아가게 된다. 어려서부터 우리는 가정이라는 가장 기초적인 사회 내에서 교육을 받은 다음 초등학교부터 중학교 그리고 고등학교로 이어지는 학교제도 속에서 사회화 학습과정에 참여하게 된다. 뿐만 아니라 자신의 가족이나 가정이 속해 있는 마을공동체의 구성원으로서의 역할이나 과제도 필요할 경우 해결해야 하는데, 이를 위해서는 당연히 적절한 상호부조의 정신을 교육받아야 할 것이다. 성년이 된 우리는 제각기 학업을 더 하거나 사회에 진출해 직장인으로서 사회적 삶을 시작하게 된다. 그리고 예로부터 이러한 교육을 통한 사회화 과정은 국민국가 내에서 이루어지는 아주 자연스러운 현상이었다. 그러나 오늘날 우리는 적지 않은 사람들이 직장의 업무 때문에 그리고 해외여행 때문에 자신이 몸담아온 국민국가의 경계를 넘어 세계 각국을 돌아다닐 수 있는 가능성이 활짝 열려 있는 시대에 살고 있다. 매년 약 6억 명이 넘는 세계시민들이 지구촌을 여행할 정도로 국민국가의 시민들이 국경을 쉬이 넘나드는 오늘날의 현상은 과거에는 감히 상상도 할 수 없었던 일이었다.

이러한 변화의 가장 중요한 동인은 바로 경제적인 측면에서의 전 지구적인 시장 확장 현상, 즉 자유시장 경제의 세계화 또는 지구화(globalization)[1]라는 표현으로 압축할 수 있다. 시장경제의 전 지구적인 확산은 무엇보다도 지난 1989년 베를린장벽의 붕괴 그리고 동서 냉전체제의 와해와 함께 급격하게 진행되었다. 요컨대 냉전체제의 해체는 시장으로 엮어진 '하나'의 세계를 의미하는 지구화 또는 세계화 추세

---

1 세계화(globalization) 또는 지구화라는 용어는 전통적으로 사용되던 '국제화'(internationalization)라는 용어와는 구별되어야 할 것이다. 국제화는 정치, 경제 등 다양한 측면에서 국가들 간의 국경을 인정하며, 자국을 토대로 타 국가들과 일정한 관계 속에서 교류활동을 펼쳐나가는 것을 의미하지만, 세계화 또는 지구화는 주권적 국민국가의 국경 장벽을 뛰어넘어 지구촌 전체를 하나의 시장경제활동 단위로 재편하는 것을 의미하며, 더 나아가 다양한 영역에서의 상호연계성의 확산과 심화를 뜻한다. 이에 대해서는 한스 페터 마르틴·하랄트 슈만, 강수돌 역, 『세계화의 덫』(서울: 영림카디널, 2006), 112 참조.

에 박차를 가하게 했다. 이러한 시장의 세계화는 특히 상품과 노동력 그리고 자본과 금융 등에서 국경을 초월하는 교류를 가능케 했고, 세계시장의 단일화 경향은 동시에 지구촌의 다양한 국민국가들의 전통적인 주권적 위상 또한 상당한 정도로 위축시키기에 충분했다.

우리 한국 사회도 이러한 세계화 추세에서 벗어나 있을 수 없었다. 1980년대부터 한국 사회에 불어닥치기 시작한 세계화는 보호무역의 빗장을 제거하지 않을 수 없는 시장개방 압력으로 나타났다. 무엇보다도 1997년의 IMF금융위기 관리체제는 이러한 전 방위적인 시장개방 압력의 극단적 사례가 아닐 수 없다. IMF체제는 우리나라가 그때까지 견지해 왔던 주권국가의 위상을 무색하게 만들었다. 한국정부는 IMF체제의 조언으로 기존의 경제체제를 최단 시일 내에 개편해서 산업 전반에 걸친 구조조정과 개방을 통해 신자유주의적 세계시장에 부응하는 무역 및 금융 체제를 변화시켜야 했던 것이다. 이와 동시에 고용안정을 보장하는 노동시장 보호정책을 폐지함으로써 그 후 한국 사회에서의 노동시장 불안정과 근로조건의 취약성을 고착화시켰다.

그 후 시장경제의 지구화 과정은 특히 중국이라는 거대한 국가의 경제력을 불과 20년 사이에 G2의 차원에까지 이르게 했을 정도이다. 주지하다시피 중국은 원래 공산주의국가이다. 그러나 중국의 지도자 등소평은 경제성장을 지상가치로 자리매김하고 경제영역에 이념이 개입하는 것을 거절하는 흑묘백묘론을 펼쳤다. 이에 따른 중국의 경제성장 노력은 중국 사회를 일약 시장자본주의 경제권으로 급속히 편입되게 했다. 최근에 미국에서 보호무역주의의 기치를 내걸고 대통령에 당선된 도널드 트럼프의 등장은 그동안 시장경제의 혜택을 톡톡히 보았던 중국 당국을 긴장시켰다. 그래서 중국의 국가주석 시진핑은 다보스포럼에 참석해서 중국 주도로 세계시장의 단일화내지 지구화를 이끌어가겠다고 천명했을 정도로 과거 동아시아 공산주의 종주국으로서의 위상을 박차고 나가 시장세계화의 주도적 역할을 떠맡기로 자처했다.

그만큼 지난 세기말부터 금세기초에 이르기까지 전 방위적으로 진행되어온 자본주의적 세계화 과정은 전 지구적 차원에서 자본과 노동력의 국제적인 흐름과 이동을 하루가 다르게 심화시켜왔다. 다만 지난 2008년 미국의 금융위기 이후 시장세계화 과정은 잠시 주춤하긴 했다. 그럼에도 불구하고 자본과 노동력의 국제적인 교류와 이동은 지속적으로 증가해왔다. 앞으로도 이러한 금융자본과 노동인구의 이동 추세는 거침없이 늘어날 것으로 전망되고 있다.[2] 그리고 국제이주민의 증가는 특히 영국, 프랑스, 독일 등 서유럽 선진국이나 미국 등지로 이주하는 외국인 노동력의 급속한 증가를 가져왔다. 원래 근대 국민국가 형성 이후 서유럽 각국은 민족 또는 국민통합을 위해 비교적 동질성을 기반으로 하는 정치적, 문화적 동화(assimilation) 정책을 추구함으로써 국민통합의 극대화를 기했다. 요컨대 근대국가는 국민들의 '동질성'을 확보하기 위해 통일된 공동의 언어와 문화를 공

2 국제이주기구(IOM)는 2010년 당시 국제적으로 이동한 노동인구의 수가 약 2억1천만 명에 달한다고 보고했다. 그리고 앞으로 이러한 추세가 지속된다면 다가오는 2050년에는 국제이주 노동자의 수가 현재의 2배에 달하게 될 것이라고 내다봤다. IOM, *World Migration Report 2010. The Future of Migration: Building Capacities For Change* (Geneva, 2010), XIX.

고히 했고, 이에 대립되는 '이질성', 즉 이질적인 요소들은 가급적이면 배제하는 배타성을 그 특징으로 하고 있다.[3] 이러한 서유럽 선진국들의 국민국가적 동질성은 그러나 신자유주의적 시장 세계화와 이주노동력의 증가로 중대한 고비에 처하게 되었다.

이처럼 세계화내지 지구화 과정은 우선적으로는 경제적인 시장단일화의 동기에 의해 추동되었지만 점차 정치, 교육, 문화, 생태, 범죄, 기술 등 여러 영역에서의 복합적인 현상을 지칭하는 말이기도 하다. 따라서 오늘날의 세계화 문제를 보다 정확히 인식하기 위해서는 특히 이 현상의 경제적인 측면과 함께 환경적 및 정치적인 측면 등 다양한 측면으로 구분해서 분석하는 것이 필요하다. 왜냐하면 세계화란 정치적, 경제적 그리고 환경적 측면에서 그 특징이 가장 두드러지게 나타나고 있기 때문이다.

이들 중 가장 먼저 살펴보아야 할 대상은 경제적인 측면에서의 세계화이다. 즉 자유로운 시장경제의 세계화는 지구촌에 존재하는 각국의 다각적인 물류 및 금융 등의 교류를 확산 및 추동시키는 가장 중요한 동인이었다. 흔히 국가 간 자유무역 관계를 지칭하는 시장경제의 세계화는 1970년대 후반부터 가속화되기 시작했다. 특히 서유럽과 미국에서의 시장경제의 자유화 추세는 영국의 대처주의(Datcherism)와 미국의 레이거노믹스(Reagonomics)로 지칭되는 국가 간 무역자유화와 금융교류를 촉진시키는 계기가 되었다. 게다가 1980년대 말 동구공

3 Will Kymlicka, *Multikulturalismus und Demokratie* (Hamburg, 1999), 28.

산권 체제의 붕괴와 냉전체제의 종식은 신자유주의적 시장메커니즘의 전 지구적인 확산을 초래했다. 여기서 국민국가 경제체제의 대외적 개방을 의미하는 시장 세계화를 추동시킨 요인으로서는 무엇보다도 자본주의 내지 자유시장 경제체제가 지닌 고도의 효율성과 생산성을 들 수 있다. 이와 함께 국제통화기금(IMF), 세계무역기구(WTO), 세계은행(World Bank) 등과 같은 국제기구들은 전통적인 국민국가의 경제활동 영역을 넘어서는 전 지구적인 차원에서 시장경제를 관리내지 조율하는 기능을 담당하게 되었고, 이는 동시에 자유시장경제의 세계화를 용이하게 했다.[4] 이에 따라 오늘날의 세계경제는 자본과 경영, 노동과 생산이 국경을 초월하여 조직화되고 있는 글로벌 시장메커니즘에 의해 급속하게 재편성되어왔다.

나아가 자유시장의 세계화는 고도로 발전된 현대의 과학기술에 힘입은 바가 크다. 무엇보다도 교통수단의 획기적인 발전은 인적 및 물적 자원의 신속한 이동을 가능케 함으로써 '지구촌'(global village)[5] 사회의 거리를 축소시켜 하나의 동네로 연결하는 데 크게 일조했다. 뿐만 아니라 정보통신기술과 컴퓨터를 통한 인터넷 연결망 등 전자통신기술의 비약적인 발전은 전 세계를 하나의 통신네트워크로 통합하

4 정기웅, 「세계화와 민족주의」, 『국제질서의 패러독스』(고양: 인간사랑, 2005), 380.

5 1965년에 마샬 맥루한(Marshall McLuhan)이 처음 사용한 지구사회를 지칭하는 용어이다.

는 것을 가능케 했다[6]. 이러한 통신네트워크의 구축은 지구촌의 시민들에게 실시간으로 정보를 제공할 수 있게 함으로써 이른바 '정보화' 사회의 구축을 가능케 했다. 정보화 사회의 도래는 오늘날 개인과 사회 그리고 국가의 고유한 정보들이 시공간의 제약을 넘어서 전 세계적으로 자유로이 교류 및 유통되는 것을 의미한다. 특히 고성능 PC의 확대보급과 인터넷 사용의 급증 그리고 통신수단의 다양화 등은 현대인의 일상적인 삶의 양식을 송두리째 뒤바꾸어 놓았다.[7]

정보통신기술의 비약적인 발전은 나아가 금융세계화, 즉 글로벌 금융시장의 출현을 가능케 했다. 인터넷에 의해 실시간 접속이 가능한 글로벌 금융시장은 뉴욕, 런던 그리고 홍콩과 도쿄 등 금융거래 중심지들 사이의 지리적 거리를 없애버렸다. 금세기 초에는 매일매일 거래되는 금융의 규모 또한 세계무역거래의 약 40-50배에 해당하는 6,500억 달러에 달했다. 이 액수는 미국, 영국, 일본 등 3개국 중앙은행의 한 달간 외환보유고를 모두 합한 총액의 두 배에 해당한다. 이처럼 엄청난 규모의 금융거래는 이들 경제대국들조차 이제는 더 이상

---

6 Roland Robertson, *Globalization: Social Theory and Global Culture* (Sage, 1993), 58-59.

7 라디오의 경우, 5천만 명에 달하는 국민들에게 보급되기까지는 약 38년이 걸렸지만, 개인용 컴퓨터의 경우 단지 16년밖에 걸리지 않았고, 국민들 다수가 인터넷을 사용하기까지는 불과 4년도 채 안됐다. 이처럼 오늘날의 정보통신기술 혁명은 지금까지의 인간의 삶의 양식을 송두리째 바꾸어 놓았다고 할 수 있다. 배영자, 「정보화와 국제정치경제 변화」, 국제관계연구회 엮음, 『세계화와 한국』(서울: 을유문화사, 2003), 404.

관리하거나 통제할 수 없을 정도로 확대됐다.[8] 이러한 급속한 세계화 과정, 즉 금융거래와 물류 이동의 신속함은 다름 아닌 정보통신기술의 비약적 발전과 교통수단의 발전에 의거한 바 크다.

이와 동시에 시장의 세계화는 지구촌의 다양한 문제 해결을 위한 각종 정부 및 비정부기구들의 급속한 증가를 촉진시켰다. 20세기 초반 당시에 불과 37개였던 국제정부기구(IGO)들은 1996년에는 8천여 개로 증가했다. 그린피스(Greenpeace)나 국제앰네스티(Amnesty international) 등과 같은 국제적인 비정부기구(NGO)의 경우, 처음에는 약 1백여 개에 불과했지만 지금은 약 4만5천여 개로 증가했다.[9] G8회담이나 G20회담 등과 같은 국가원수회담 또한 현재 전 세계적으로 4천여 개가 넘는 것으로 보고되고 있다.[10] 이러한 국제교류의 활성화를 보더라도 국제사회에서 고립된 개별국가란 이제는 더 이상 존재하기 힘들 정도로 정치적인 측면에서의 세계화 또한 심화되어왔다. 이처럼 신자유주의적 세계화는 타국의 간섭을 원칙적으로 배제하는 근대 국민국가의 정치적 자율성을 의미하는 주권적 위상을 축소시키는 결과를 초래했다. 이러한 점은 앞서 말했듯이 1997년 IMF금융관리 체제하의 우리 한국 사회가 직접 경험했던 사례이기도 하다.[11] 다만 이러한

---

8 임혁백, 『세계화시대의민주주의』(파주: 나남출판, 2003), 27-28.

9 존 베일리스 외 편저, 하영선 외 역, 『세계정치론』(서울: 을유문화사, 2015), 33.

10 David Held & Anthony Mcgrew, *Governing Globalization: Power, Authority and Global Governance* (Cambridge: Polity, 2002), 2-7.

11 1997년 외환위기와 IMF구제금융을 받을 당시 우리 한국정부는 주권적인 국

고삐 풀린 시장경제를 전 지구적 차원에서 확산시키는 세계화는 다른 한편 여러 가지 부정적인 결과들 또한 초래했던 것이다.

2. 세계화와 지구촌의 위기

이처럼 전 지구적인 차원에서 숨 가쁘게 진행되어온 세계화는 긍정적인 측면도 적지 않았지만, 특히 자본주의 시장경제를 지탱하는 '도구적 합리성'(instrumental rationality)의 논리에 의거한 경제운용은 많은 부작용 또한 초래했다. 주지하다시피 근대 이후 자본주의 시장경제는 산업의 합리화와 규격화 그리고 표준화와 획일화를 통해서 효율성과 생산성의 극대화를 지향했다. 이처럼 자본주의 시장경제는 경제적인 측면에서 '최소비용으로 최대효과'를 추구하는 도구적인 합리성의 논리에 의거하고 있다. 도구적 합리성의 논리는 이익극대화를 지향했기에 최종적으로는 근대적 개인과 사회 그리고 국가 간의 치열한

민국가의 위상을 제대로 발휘할 수 없었다. 왜냐하면 IMF는 한국의 경제구조 자체의 개혁에 깊숙이 간여했고, 이를 위해 정치적인 영향력까지 행사했기 때문이다. 그 후에도 한동안 '무디스'라는 신용평가회사는 한국의 국가적인 신용등급을 조정함으로써, 정부의 국가경영과 행정 등에 간접적으로 개입하는 막강한 영향력을 지니게 되었다. 이는 근대국가의 주권적 절대성이 세계화되고 있는 경제에 종속되는 경우를 극명하게 드러내주는 좋은 사례가 아닐 수 없다.

경쟁, 요컨대 무한경쟁을 야기했다. 그리고 오늘날 자유시장경제의 세계화는 생산성과 효율성 그리고 최소비용으로 최대효과라는 슬로건을 전 지구적으로 확장함으로써 지구촌 세계시민들을 무한경쟁의 장으로 내몰았다. 이 문제를 보다 구체적으로 살펴보면 다음과 같다.

우선 도구적 합리성의 논리는 세계시민들의 생존을 위협하고 있는 여러 가지 문제들을 함께 불러왔는데, 환경오염 문제는 그 대표적인 사례이다. 근대의 산업혁명이 진행된 이래 지속적으로 성장, 발전을 거듭해온 현대의 산업사회는 오존층 파괴로 인한 지구온난화와 해양오염, 미세먼지 확산 등과 같은 대기오염의 문제 등 환경문제를 유발했다. 즉 20세기 후반부터 급속히 진행된 산업화 과정에서 효율성과 생산성만을 최고의 가치로 여겼던 성장지상주의는 황금만능주의와 비인간화 그리고 끊임없는 자연 파괴를 추구함으로써 인류가 그때까지 생각하지 못했던 여러 가지 환경문제를 초래했다.

지구촌 곳곳에서 가속화된 산업화 과정은 세계인구의 급격한 증가를 불러왔고, 이는 다시금 식량부족 문제와 영양실조의 확산을 초래했다. 인구증가로 인한 문제는 또 있다. 인구의 증가는 재생 불가능한 자원들의 고갈을 초래했고, 자원의 무제한적 사용은 환경훼손과 파괴를 자초했던 것이다. 특히 환경문제는 각국의 산업화의 진행 정도에 따라 더욱더 심각한 문제로 부각되고 있는 전 지구적인 관심사이다. 그런데 환경문제는 이미 개별 국민국가가 홀로 대처하기에는 힘이 부치기에 초국가적인 행위자들의 협력이 요청되고 있다. 다시 말해서 개별국가의 정부 간 협력뿐만 아니라 국제 비정부기구(NGO)인 그린피스 등과 같은 초국가적인 환경보호단체의 국제연대를 절실히 필요로 하고 있다. 이처럼 환경문제의 경우, 지구시민사회에서 심화되고 있는 국제적인 상호협력, 즉 국제사회의 연대를 시급히 요청하고 있는 중요한 사례이다.

환경문제에 대한 위기의식은 무엇보다도 자연을 다시금 생각하는 생태주의(ecology) 운동의 태동을 불러왔다. 생태주의는 현대인들의 인간중심주의적 사고방식에 대해 의문을 제기하는데, 특히 자연을 인간생활에 편리한 도구로 간주하여 무분별하게 개발한 것을 반성하며, 자연 그 자체를 보존해야 한다는 점을 강조한다. 그리고 인간은 자연의 일부이기 때문에 탈산업화를 추진하여 생태주의적 삶을 지향할 것을 강조한다. 이처럼 생태주의는 인간과 자연환경과의 상관관계를 밝혀냄으로써 환경문제를 해결하기 위해 하나의 사회운동으로 자리매김해 나갔다. 생태주의자들은 인간중심주의가 환경문제의 근본적인 원인이라고 간주한다. 이들은 노예에 대한 귀족의 우월의식, 그리고 흑인에 대한 백인의 우월의식, 여성에 대한 남성의 우월의식이 근거가 없듯이 동물 및 자연에 대한 인간의 우월의식 또한 근거가 없다고 강조한다. 여기서 자연은 인간의 도구가 아니라 그 자체로 고유한 가치를 지니고 있기 때문에 동물이나 식물, 생태계로 구성되는 자연 자체가 도덕적 고려의 대상이 되어야 한다고 본다.[12]

환경문제뿐만 아니라 시장세계화는 전 지구적 차원에서의 심각한 빈부격차를 심화시켜 왔다. 특히 1980년대 이후 세계경제는 신자유주

---

12 이동수, 「환경위기와 생태」, 이동수 편, 『지구촌과 세계시민』(고양: 인간사랑, 2017), 13-16.

의적 세계화의 길로 접어들었다. 이러한 세계화는 시장경제 체계의 지구화내지 시장경제의 글로벌화를 촉진시켰다. 즉 오늘날 단일시장으로 재편되고 있는 세계경제는 무역, 투자, 금융, 노동, 기술, 정보 등을 비롯하여 생산, 유통 그리고 소비라는 모든 경제활동 자체를 국민국가의 경계를 벗어나 전 지구적으로 확대되는 단계에 접어들게 했다. 그만큼 세계경제의 상호의존성이 확대되고 상품, 노동, 자본시장의 단일화로 수렴되는 세계시장의 통합추세가 심화되어가고 있는 것이다. 특히 신자유주의적 세계시장화는 그동안 견지되어온 국민국가 제일의 논리를 벗어던지고 '이익 극대화'라는 자본의 논리에 충실하게 부응했다. 그만큼 신자유주의적 세계화는 과학기술의 발전과 정보통신기술의 혁신을 바탕으로 개인, 기업 그리고 국가의 행위 모두가 이제는 개별 국민국가의 국경을 무차별적으로 넘나들며 진행되고 있는 것을 의미한다. 세계경제 체제의 이러한 전환은 산업자본보다는 금융자본이 주도하는 초국적 자본주의의 행태에서 더욱더 그 모습을 자세히 살펴볼 수 있다. 초국적 자본은 현재 뉴욕, 런던, 홍콩 등 세계적인 금융시장 네트워크를 통해 24시간 동안 실시간으로 작동함으로써 상품 무역거래의 약 40-50%에 달하는 금융거래가 이루어지고 있다.

여기서 문제는 이러한 신자유주의적 세계화 또는 경제의 글로벌화가 불러온 부작용이 적지 않다는 점이다. 세계화가 진행되는 과정 속에서 오늘날의 인류가 직면한 가장 큰 위험은 경제적 격차의 확대에 따른 빈부의 양극화 문제이다. 신자유주의적 세계화가 불러온 가장 심각한 부작용 중의 하나가 바로 국가들 사이의 불평등과 동시에 개별국가 내의 빈곤과 불평등을 심화시켜 만성적인 경제위기를 주기적으로 반복시키는 데 있다. 이러한 빈부의 양극화 문제는 여러 가지 형태의 사회적 문제와 고통을 유발한다. 특히 국가들 사이의 불평등과 함께 단위국가 안의 불평등 문제의 심화는 지구촌 사람들의 생계와 생존을 위협함으로써 시민다운 생활을 영위할 수 없게 하는데 문제가 있다. 뿐만 아니라 헤지펀드 등 투기자본이 활개를 치는 금융시장의 세계화는 서구의 선진 사회보장국가들조차 이미 복지수당과 사회적 비용의 대폭적인 축소를 단행하지 않을 수 없게 만들었다. 이 때문에 선진국 또한 빈익빈부익부 현상에 봉착하게 함으로써 정치적 갈등을 확산시켜왔던 것이다. 요컨대 세계화는 주지하다시피 20%에 달하는 소수의 부자들과 80%에 달하는 대다수의 빈곤층으로 사회를 양극화시켜 온 것이다.[13] 지구화 또는 세계화는 부자를 더욱 부하게 하고 빈자를 점점 더 빈곤의 나락으로 내몰고 있는 무한경쟁의 장이 아닐 수 없다. 따라서 제3세계 국가들은 지구화시대의 자유경쟁시장에서 점점 더 살아남기 힘든 상황에 내몰리고 있다.[14]

지구촌 사회의 경제적 불평등과 양극화의 심화는 특히 고용문제와 관련해 청년들의 노동시장 진입을 어렵게 하는 청년실업으로 나타나곤 한다.[15] 1997년의 IMF사태 이후 20여 년이 지났지만 우리 한국

---

13 한스 페터 마르틴·하랄트 슈만, 『세계화의 덫』, 112.

14 로버트 A. 아이작, 강정민 역, 『세계화의 두 얼굴』(서울: 이른 아침, 2006), 5-9.

15 지금까지 청년실업문제를 해결하기 위한 역대 정부의 노력은 무기력하기 그지 없다. 왜냐하면 그동안 수차례 민주적인 정권교체가 이루어졌으나, 경제정책의 측면에서는 세계화에 부응하기 위해 신자유주의적 경향을 견지해 왔기 때

사회를 지배하는 화두의 하나는 바로 청년실업의 문제이다. 물론 청년실업을 위시한 청년세대의 빈곤은 비단 우리나라만의 문제는 아니다. 즉 이미 개별국가의 문제만이 아니라 전 지구적 차원에서 불거지고 있는 문제이다. 그리고 정규직과 비정규직 간의 임금격차 문제도 갈수록 심화되는 경향을 보이고 있다. 단기계약직이나 임시직 등 비정규직의 경우 점증하는 임금격차는 결국 빈곤, 질병, 우울증, 폭력 등 여러 가지 형태의 사회적 문제를 유발하는 결과를 낳게 된다. 그 중 가장 심각한 문제가 바로 경제적 불평등에 기인하는 빈곤과 질병일 것이다.[16] 사람들에게 빈곤은 질병의 원인이 되기도 한다. 뿐만 아니라 의료보건을 비롯한 사회보장제도의 미비는 다수의 사람들에게 사회적 관계의 점진적인 파괴와 고립, 이로 인한 여러 가지 형태의 사회적 고통과 비용을 초래할 수 있다.

따라서 환경문제와 빈부격차 문제 그리고 빈곤과 질병 및 이민 문제 등과 같이 세계화 시대의 지구촌 사회가 당면하고 있는 다양한 문제들을 올바르게 해결하기 위해서는 지구시민사회 차원에서의 국제적인 연대와 국제기구들에 의한 정치적인 해결이 요청되고 있다. 왜냐하면 이러한 문제들은 한 나라의 국민들이 해결할 수 있는 문제의 범위를 넘어서고 있기 때문이다. 이에 부응하여 오늘날에는 다양한 국제기구들, 특히 국제적인 정부기구나 비정부기구들의 활동이 비약적

문이다. 민경국, 『자유주의와 시장경제』(서울: 위즈비즈, 2003), 5-13.

16 이명원, 「빈곤과 질병」, 이동수 편, 『지구촌과 세계시민』(고양: 인간사랑, 2017), 75-77.

으로 확대되었다.

그 뿐이 아니다. 신자유주의적 세계화 과정의 심화는 오늘날 산업자본주의를 금융자본주의로 재편하면서, 산업적 생산양식이 지식정보화라는 차원의 생산양식으로 변화하게 했다. 따라서 인간의 노동은 이제 점차 기계에 의한 자동화로 대체됨으로써 지구촌 시민들의 일자리를 급속히 축소시키는 경향을 초래했다. 특히 노동시장의 세계화 경향은 저임금의 이주노동자들이 증가하는 현상을 지구촌 도처에서 확인할 수 있게 했다. 요컨대 선후진국 간의 경제력 차이는 국경을 넘나드는 자본이동과 함께 노동력의 국제이동, 즉 노동인력의 이민 또한 급속히 증가시켰다.

3. 지구화와 상호문화적 공존

시장경제의 세계화와 함께 국제적인 노동이주민의 급속한 증가는 특히 서유럽 선진국 현지인들의 거부반응을 의미하는 외국인 혐오증, 곧 '제노포비아'(Xenophobia) 현상 또한 심화시켜왔다. 지금까지 살펴보았듯이 세계화, 즉 전 지구적인 차원에서의 시장경제의 확장은 비단 물류와 금융 교류만 촉진한 것은 아니었다. 시장경제의 지구화 과정은 동시에 경제활동에 필요한 외국 노동인력의 국경을 초월한 이동을 촉진시켜왔다. 이러한 노동력의 국제적인 이동은 여행 산업의 급속한 신장으로 인한 외국인여행객들의 증가와 함께 지구촌 사람들의 생활

환경을 급격히 변화시켜 놓았다. 지구화 또는 세계화의 과정은 그때까지 국민국가의 경계 안에서만 생활하던 각국의 시민들이 본격적으로 타국을 여행하거나 타국에서 경제활동에 종사할 수 있는 계기를 마련해주었다. 여기서는 서유럽 선진국의 사례를 통해 노동이주민 문제의 심화현상을 살펴보기로 한다.

우선 제2차 세계대전 직후 신속한 경제재건을 위해 서유럽 각국은 많은 노동력이 필요했으나, 전쟁에서 희생된 수많은 젊은이들 때문에 심각한 노동력 부족현상에 시달리지 않을 수 없었다. 이 때문에 서유럽 각국은 우선 외국인 노동자 이민을 통해서 노동력 부족문제를 해결하고자 했다. 그중 영국은 영연방이라는 옛 식민지 지역 내에서 이주노동력을 충원했지만, 독일은 전후인 1950년대의 급속한 경제부흥 과정에서 단기간 내에 수많은 외국인 노동력을 도입해야 하는 처지에 놓여 있었기에 주로 터키에서 이주노동자들을 받아들였다. 그리고 프랑스는 이들 양국 사이의 중간적인 모습, 즉 북아프리카의 옛 식민지 출신들과 기타 외국인 노동자들을 받아들이는 정책을 취했다. 그 후 오늘날의 노동 이주민 현상은 무엇보다도 냉전체제의 붕괴와 밀접한 연관이 있다. 베를린장벽의 붕괴로 상징되는 냉전체제의 해체는 동구권 국가들에서도 '신자유주의적' 시장경제 질서의 확산을 초래했다. 이에 따라 상대적으로 빈곤한 동구권국가에서 많은 실업자들이 서유럽으로 흘러들어오게 되었다.[17]

---

17 Stephen Castles, "Migrations and Minorities in Europe. Perspectives for the 1990s: Eleven Hypotheses," John Wrench and John Solomos. eds., *Racism and*

원래 서유럽 선진국들의 경제개발에 투입된 외국인 노동자들은 유럽 사회에 정착하면서 대체로 현지인들이 꺼려하는 3D업종에 종사하곤 했다. 그러나 이러한 업종조차 세계화의 영향으로 최근에는 일자리가 눈에 띄게 줄어들게 되었고, 이 때문에 현지주민들과의 갈등과 경쟁 또한 점차 심화되어왔다. 노동시장에서의 경쟁은 외국인 이주노동자들의 문화적, 종교적 이질감에 대한 본토인들의 반감으로 나타나곤 했다. 최근 유럽 각국에서는 이방인에 대한 잠재적인 공포감내지 적대감이 확산되면서 제노포비아, 즉 외국인 혐오증[18]이 증가했다.

문제는 이러한 제노포비아 현상이 지구촌 사회에서 서구 이외의 선진산업국에서도 얼마든지 정치·사회적 갈등과 불안정을 초래할 수 있을 뿐만 아니라, 국가 간의 외교마찰과 분쟁을 촉발하는 불씨로 작

Migration in Western Europe (Oxford: Berg Publishers, 1993), 17-34 참조.

18 외국인 혐오증은 외국인에 대한 적대감을 말한다. Christoph Butterwegge, *Rechtsextremismus* (Freiburg, Basel, Wien, 2002), 12-13 참조. 여기서 인종주의와 제노포비아는 다음과 같이 구별될 수 있다. 우선 인종주의는 유럽에서 국민국가의 형성과 함께 등장한 용어이다. 이 용어는 제국주의 시대에 식민지 경영을 위한 노동인력의 '강제 동원'과 함께 등장한 타 인종에 대한 경멸과 배척 경향을 의미하고 있다. 반면에 제노포비아는 노동력이동과 인력공급이 상대적으로 '자발적으로' 이루어지고 있는 현대세계에서 등장한 개념으로서, 인종주의와는 그 발생배경을 달리하고 있다. 인종주의는 유색인종에 대한 백인 우월주의를 의미하며 지역적으로도 서구 백인사회에 국한된 현상이다. 그러나 제노포비아는 상대적으로 발전된 선진국에 유입된 이민자들이 존재하는 사회에서는 어디든지 발생할 수 있다는 점에서 인종주의와는 구별되는 현대적인 현상이다. 장명학, 「다문화시대의 공존」, 이동수 편, 『지구촌과 세계시민』(고양: 인간사랑, 2017), 297-298 참조.

용할 수 있다는 데 있다.[19] 최근 유로바로미터(Eurobarometer)의 여론조사 결과에 의하면, 2000년대 초 유럽 이외 국가들에서 온 이민자에 대한 거부반응이 유럽연합 회원국 시민들의 약 1/3에 달했지만, 2015년 현재 외국인 혐오증은 유럽연합 시민들의 약 1/2 이상인 56%로 급격히 늘어났다. 이 때문에 현지인 내지 본토인과 이주노동자 또는 이주민들 사이에 일어난 폭동이나 테러 등의 형태로 갈등이 급증하고 있다.

간략히 예를 들어보면, 2005년 11월 프랑스 파리 외곽에서 시작된 이민2세 청소년들에 의한 폭동은 무려 2주 가까이 지속되면서 파리 시내의 차량 수천여 대를 불태우고 파괴했다. 이보다 앞서 영국에서는 2005년 7월 런던의 지하철과 버스에서 폭탄테러가 발생해 무려 57명의 무고한 생명들을 앗아갔다. 뿐만 아니라, 2004년 3월 11일에는 191명의 사망자와 무려 1천5백 명에 달하는 부상자를 낸 스페인의 마드리드열차 폭파사건이 터졌다. 그해 11월 2일에는 이슬람 여성처우문제를 비판적으로 영화화한 네덜란드의 영화감독 테오 반 고흐(Theo van Goch)가 극단주의 무슬림 청년에 의해 피살되었다.[20] 2005년 10월에는 덴마크의 한 신문이 이슬람의 창시자 마호메트를 풍자하는 만화를 게재해 유럽거주 무슬림들의 분노를 자아냈고, 폭력행위를 유

19 Sara De Master and Michael K. Le Roy, "Xenophobia and the European Union," *Comparative Politics*, Vol. 32, No. 4 (2000).

20 《한겨레》, 2005년 3월 23일자 참조.

발했다.[21] 최근인 2015년 1월에는 파리의 잡지사 '샤를리 에브도' 편집인들이 이슬람 근본주의자들에게 집단 살해되었다. 이슬람 극단주의자들에 의한 테러는 그해 11월의 파리 연쇄테러, 그리고 이듬해에는 프랑스 남부의 휴양지 니스에서의 테러와 브뤼셀 공항의 테러 등으로 심화되어 유럽연합 시민들을 위협했다. 최근의 이러한 테러행위는 특히 시리아와 이라크 등지에 터를 마련한 이슬람국가(IS)처럼 종교를 배경으로 한 이슬람극단주의에 의한 테러였다. 이러한 일련의 사건들은 우연한 사건들이 아니다. 그만큼 유럽 사회는 현재 토박이 현지인들과 이민자들 사이의 갈등이 폭증하고 있다는 것을 잘 보여주고 있다. 이민자들에 의한 폭동은 다시금 현지의 본토인들의 외국인 혐오증으로 심화되었고 이를 토양으로 현재 유럽에서는 극우주의 정당들이 준동하고 있다. 이들 극우정당들은 인종주의와 제노포비아, 즉 외국인 혐오증을 빌미로 나날이 그 세력을 확대하고 있기 때문에 심각한 문제가 아닐 수 없다.

그러면 서유럽 선진국 사회는 왜 이러한 문제에 봉착하게 되었을까? 그리고 전후 이들 서유럽 선진국들은 시급한 경제성장 때문에 아무런 대책도 없이 외국인 노동력을 받아들였을까? 물론 이들 국가는 제각기 나름대로 이주노동력의 현지사회 통합을 위해 노력했다. 특히 서유럽의 대표적인 선진국들인 영국, 독일, 프랑스 등은 처음에는 제국주의 시대부터 적용했던 동화주의(assimilationism) 정책을 이주민 통

21 《중앙일보》, 2006년 11월 20일자 참조.

합정책으로 내놓았다. 동화주의는 지배적인 하나의 중심문화(현지인 문화)에 귀속됨으로써 동질성을 확보하고, 이질적인 소수자 집단의 문화적 정체성(이주민 문화)이 소멸되는 것을 의미한다. 그러나 이 정책은 외국인 이주노동자들이 자신의 문화를 고집하는 경향 때문에 잘 먹혀들지 않게 되었다. 그래서 두 번째로 추진한 정책이 다문화주의(multiculturalism) 정책이다. 다문화주의는 현지의 주류문화와 이주민의 소수문화를 모두 인정함으로써 이주민들의 사회통합을 추구하는 정책이다. 즉 영국, 프랑스, 독일의 이주민 통합정책은 궁극적으로는 이주노동자들의 다양한 소수문화를 존중하면서 이들을 주류사회의 문화와 함께 공존하는 정책을 구사하는, 즉 다문화 사회를 지향하는 정책 또는 다문화주의 정책을 추구했던 것이다.

그러나 세기말 서유럽 각국에서의 제노포비아의 확산과 극우세력의 발호는 급기야는 본토인과 이주민 사이에 폭동과 테러를 불러왔고, 나아가 2001년 미국의 9·11테러는 기존의 다문화주의 정책에 대한 회의를 불러왔다.[22] 더욱이 최근에는 이들 국가에서 이슬람극단주

22 최근에 다문화주의 정책은 소수 이민자뿐만 아니라 다수의 본토인에게서 공히 부정적으로 평가되기도 했다. 왜냐하면 다문화주의라는 용어는 본토인들의 주류문화에 비해 소수만이 향유하는 이민자문화를 지칭하며, 따라서 강자인 주류문화에 비해 약자의 비주류문화이자 저급한 문화로 인식되곤 했기 때문이다. 그뿐 아니라 다문화주의 정책의 일환으로 지원되는 이주민 지원 사업에 대해 본토인들은 자신들의 세금을 소수 이민자들에게 퍼부어준다고 비난했고, 이민자들 또한 이러한 지원 사업이 이민자들에 대한 본토인들의 사회적 편견을 조장한다고 비판하곤 했다. 이에 대해서는 장명학, 「다문화시대의 공존」, 333 참조.

의 테러가 기승을 부리고 있는 상황을 고려해볼 때, 다양성이 존중되어왔다고 자부했던 유럽 사회에서 이러한 다문화주의적 이민자 포용정책이 그 한계에 도달했을 뿐만 아니라 효력을 상실했다는 인식이 다수 유럽인들에게 확산되었다.[23]

그리고 전후 유럽의 다문화주의 정책은 유럽 각국에서 '게토'(ghetto)로 불리는 이민자 밀집거주 지역의 형성에 적지 않은 책임이 있다. 왜냐하면 다문화 정책은 주류 사회의 관용으로 비주류 사회 구성원들인 이주민들을 도시의 외곽에 자신들만의 공간을 구축해나가게 한 부정적인 결과를 초래했기 때문이다. 요컨대 이주민 집단 거주지역의 형성은 달리 말하면 토박이 현지인들과의 접촉이나 교류의 부재를 의미하며, 함께 거주하기보다는 자신들만의 공간을 구축함으로써 교류와 소통이 배제되고 문화적인 고립이 심화됨으로써 사회적 통합에 역주행하는 결과를 초래했기 때문이다. 오늘날 유럽 사회 곳곳에서 일어나고 있는 갈등과 폭동 그리고 연이은 끔찍한 테러는 바로 그러한 정책의 결과이기도 하다. 다문화정책에 대한 이러한 인식과 동시에 서유럽 각국의 제노포비아 현상의 확산은 영국의 민족전선(NF)이나 프랑스의 국민전선(FN) 그리고 독일의 대안당 등과 같은 극우정치세력 발호의 온상이 되는 역설적인 상황을 초래했다.

23 다문화주의 정책의 문제점에 대한 독일, 영국 그리고 프랑스 정부의 지적과 함께 유럽의회 차원의 다문화 정책의 실패에 대한 다양한 논의는 오정은, 「유럽의 상호문화정책 연구: 상호문화도시 프로그램을 중심으로」, 『다문화와 평화』 제6권 (2012), 특히 38-39 참조.

다만 유럽 사회는 최근에 '상호문화주의'(interculturalism)라고 불리는 새로운 이민자 통합방안에 관심을 기울이게 되었다. 상호문화주의는 원래 1970년대 당시 캐나다 정부가 연방 차원에서 다양한 민족들을 통합하는 정책원리로서 다문화주의를 공식 채택하자 이에 대한 반발로 등장했다. 즉 퀘벡주의 다수파인 프랑스계 민족은 연방정부의 다문화정책이 캐나다 내 프랑스계 민족을 여러 소수 민족들 중 하나로 취급한다고 비난하면서 격렬히 반발했다. 그들은 연방의 다수를 차지하는 영국계 민족과 결코 차이가 없는 동등한 국가구성원임을 강조했다.[24] 즉 캐나다의 주류 민족에 속하는 영국계와 상대적으로 소수민족이긴 하지만 자신들의 동등한 대우를 요구하는 프랑스계 민족이 동등한 대우를 해야 한다는 주장을 관철시키려 했던 정책이 바로 상호문화주의인 것이다.[25] 요컨대 상호문화주의의 핵심은 다민족 국가에서 여러 민족문화들 사이의 상하관계를 부정하고, 동등한 지위에서 상호간에 상대방 문화를 존중하고 상호 교류하는 데 주안점을 두었던 것이다.[26]

---

24 Cory Blad and Philippe Couton, "The Rise of an Intercultural Nation: Immigration, Diversity and Nationhood in Quebec," *Journal of Ethnic and Migration Studies*, Vol. 35, No. 4 (2009), 645–667.

25 Gérald Bouchard, "What Is Interculturalism?" *McGill Law Journal*, Vol. 56, No. 2 (2011), 462.

26 이러한 맥락에서 보면 다문화주의 정책이 한 국가 내의 여러 문화들 사이의 수동적이고도 단순한 '공존'에 역점을 두어왔다면, 상호문화주의의 관점은 다양한 문화들 사이의 대등한 상호작용과 '교류'를 강조하는 데 그 핵심이 있다고 할 수 있다. 오정은, 「유럽의 상호문화정책 연구: 상호문화도시 프로그램을

이러한 맥락에서 지구촌 시민사회의 발전은 문화적 다양성이 존중되면서도 각국의 국민이자 세계시민들이 서로 함께 소통하고 교류할 수 있는 가능성이 얼마나 열려 있는가에 달려 있을 것이다. 이 때문에 유럽에서는 지금 상호문화주의적인 정책 전환을 시도하고 있고, 특히 독일과 프랑스 등의 국가에서는 시민교육 차원에서도 적용하고 있다. 다문화주의 시민교육의 주안점이 타 문화를 교육해서 그 문화를 수용 내지 관용하도록 했던 점에 그 핵심이 있었다면, 상호문화주의에 입각한 시민교육은 다문화주의의 소극적인 공존방안 모색을 넘어서서 다수의 서로 다른 문화집단들 사이의 대화와 교류를 촉진함으로써 다양한 문화집단들이 더불어 살아가는 방법을 익혀나가게 하는 데 기여할 것이다. 요컨대 오늘날의 세계화는 상대적으로 빈곤한 국가에서 부유한 국가로 이주하는 외국인 노동력의 증가 현상을 불러왔다. 따라서 경제적인 측면에서의 빈곤과 불평등의 문제는 그만큼 지구촌 사회의 문제로 부각되고 있다. 그리고 이러한 문제는 지구촌의 또 다른 갈등과 분쟁을 초래하는 원인이 되기도 한다.

중심으로」, 42-43.

4. 지구촌의 갈등과 분쟁

지구촌에서 살아가는 오늘날의 세계시민이 당면한 가장 큰 문제들 중의 하나는 식량 및 에너지 등과 같이 인류의 생존에 필수적인 자원의 고갈문제일 것이다. 이러한 자원고갈 위기는 현대사회를 살아가는 지구시민들이 당면한 매우 긴급한 현안이 아닐 수 없다. 이미 맬더스가 『인구론』(1789)에서 예측한 인구의 폭발적인 증가의 문제, 즉 인구는 기하급수적으로 증가하는 반면에 물자는 산술급수적으로 증가하기 때문에 과잉 인구로 인한 인류의 빈곤화는 피할 수 없는 문제라고 강조했던 점은 현대의 세계시민들이 해결해야 할 중요한 과제이기도 하다.

무엇보다도 자원 위기의 핵심적인 원인은 폭발적인 오늘날의 인구증가에 있다. 이대로 가면 2050년에는 세계인구가 약 90억 명에 달할 것이라고 추정되고 있다. 따라서 이러한 폭발적인 인구증가에 대비하기 위해서는 식량 및 에너지 자원의 증산이 인구증가에 비례하여 요청되고 있지만 자원의 증산 가능성은 애석하게도 전무하다는 데 문제의 핵심이 있다. 더욱이 식량 증산은 한정된 토지 등 여러 가지 이유 때문에 지체되고 있고, 에너지 자원의 문제도 주지하다시피 끝없이 생산될 수 있는 것이 아니다.[27]

---

27 이명원, 「자원갈등과 지속가능성」, 53－54.

따라서 전 지구적 차원에서 볼 때 식량과 에너지 자원을 둘러싼 분쟁과 갈등의 가능성은 더욱 고조될 것이다. 그것은 최근 중국의 사례를 보더라도 알 수 있다. 즉 중국과 같은 후발개발도상국의 경우에는 특히 산업화에 따른 급속한 인구증가와 화석연료 등 에너지자원 사용의 급격한 증가를 초래했다. 중국은 현재 온실가스 배출량의 증가로 인한 기후변화와 환경오염의 문제, 특히 미세먼지의 양산 등과 같은 여러 가지 환경적 차원에서의 재앙을 초래하고 있는 대표적인 국가이다. 그리고 이러한 문제는 앞으로 동북아에 위치한 국가들인 한국과 일본 등 이웃국가들과의 갈등과 분쟁을 고조시키지 않을 수 없을 것이다.

나아가 시장의 세계화에 상응하게 초국적 자본에 의한 곡물과 에너지시장의 독점과 투기 그리고 각국에서 추구하는 식량과 에너지자원의 안보무기화 문제 등도 지구촌 세계시민들의 당면 과제이다. 대체에너지로 여겨지는 원자력발전은 후쿠시마 사태에서 보듯이 잠재적 위험의 통제 불가능성과 함께 핵폐기물의 지속적인 관리비용 문제 때문에 위험성의 비중이 높다. 이러한 문제들은 세계시민들이 함께 머리를 맞대고 풀어나가야 할 과제들이 아닐 수 없다. 요컨대 미래사회에서 식량 및 에너지 자원의 지속적인 자급을 가능케 하는 지구촌 시민들의 대안마련 노력이 절실히 요구되고 있다.

식량과 에너지 자원을 둘러싼 분쟁과 갈등이 지구촌 사회의 세계시민들이 당면한 중요한 과제라면, 다양한 종교와 문명들 간의 상호이해와 관용 또한 지구시민들이 함께 해야 할 중요한 과제가 아닐 수 없다. 우선 정보통신기술의 발전은 전 지구적 차원에서 각 민족내지 국가 단위의 문화들 사이의 다양한 교류와 소통을 급격히 신장시켰다. 이러한 소통의 확산은 서로 다른 문화들 사이의 이질성을 줄이고 차이보다는 동질성을 증대시킬 것이란 기대를 품게도 했다. 그리고 이를 바탕으로 특정 개별국가에 구속되지 않는 세계시민(cosmopolitan citizen)의 이념이 제기되기도 한다.

그러나 과학기술의 도움으로 확장된 지구촌 사회의 문명들 사이에는 아직도 적지 않은 차이가 존재하고 있다. 요컨대 지구촌의 각 지역의 문화나 국가적 삶에 기초하는 문화들이 지금도 강력하게 견지되고 있다. 그만큼 문화의 구분, 즉 세계 각 지역의 개별 문화들의 구분 자체가 없을 수는 없다. 문화 간의 소통은 때때로 우월한 것으로 간주되는 문화에 맞서서 자신의 문화를 대등한 것으로 자리매김 시키려 하거나, 또는 자신의 문화를 타자의 그것에 비해 우월한 것으로 간주하려는 경향으로 나타나기도 했다. 앞서 말했듯이 오늘날 인구에 회자되는 '다문화'(multiculture)와 같은 용어는 개별국가 내에서 여러 상이한 문화들이 공존하는 상황에서 문화적 우열을 함축하지 않는 용어라고 간주되었으나 개별국가에서 현실적으로 나타나는 타문화에 대한 상호존중은 여전히 쉽지 않은 문제이기도 하다.

지구화 시대에 세계시민들은 실시간으로 세계 각처에서 일어나는 사건들을 직접 보고 들을 수 있다. 다양한 형태의 빈곤과 빈부격차 그리고 불평등의 문제들은 각 나라나 민족집단 그리고 문화내지 문명집단들 사이의 분쟁과 갈등을 축소시키기도 했지만 다른 한편 심화시키기도 했다. 이러한 맥락에서 종교는 문화내지 문명을 구성하는 가장 중요한 요소이기도 하다. 새뮤얼 헌팅턴은 문명의 충돌이란 말로 탈냉전 시대에 다시금 확인되고 있는 종교적 정체성의 끈질긴 속성을 강조한다. 동서냉전 시대를 규정하던 정치적 이념들이 힘을 상실하면서 사람들은 새로운 방식으로 자신들의 집단적 정체성을 구성하려 했다. 바로 이러한 욕구를 충족시켜주는 가장 중요한 요소들 중의 하나가 바로 종교였다. 헌팅턴은 베버(M. Weber)의 세계종교 구분이 대체로 주요 문명들과 연계되어 있다는 점을 강조한다. 이러한 맥락에서 종교는 문명을 규정하는 핵심 요소이며, 위대한 종교가 위대한 문명의 기반이라고 강조했다.[28] 그리고 그는 냉전이 종식된 1990년대 이후 대부분의 국제정치적인 분쟁이 문명들 사이의 갈등에 기인한다고 강조했다. 여기서 문명들 사이의 갈등은 여러 종교 집단들, 특히 이슬람교도들과 다른 종교들 특히 기독교와의 갈등에 의한 무력충돌이 대표적인 사례이다.[29] 여기서 우리는 종교가 사회나 개인의 삶에 긍정적인 영향을 미치기도 하지만, 부정적인 영향 또한 적지 않다는 점을 확인할 수 있다. 다문화사회로 지칭되는 북미와 서유럽을 비롯한 선진사회에서 일어나는 갈등이나 테러 등의 핵심 동인은 배타성을 근본적 속성으로 하는 종교 문화의 차이에서 비롯되었다고 할 수 있다. 이런 태도는 한편으로는 다른 종교에 대한 공격으로, 그리고 다른 한편으로는 종파 간의 첨예한 싸움으로 나타나곤 한다. 특히 종교적 극

---

28 Samuel P. Huntington, *The Clash of Civilizations and the Remaking of World Order* (New York: Touchstone, 1996), 47.

29 최정운, 「'새로운' 질서의 한계: 헌팅턴의 '문명충돌론' 비판」, 『동아시아비평』 (한림대학교 아시아문화연구소, 1999), 6.

단주의는 지구촌 사회의 골칫거리로 부각된 지 이미 오래되었다.

적어도 동서냉전 체제가 붕괴된 이래 지구촌의 분쟁과 갈등은 주로 종교적 문화적 차이 또는 문명 충돌 현상으로 볼 수도 있다. 냉전체제의 붕괴 이후 지구촌의 세계시민들은 유고슬라비아 내전에서 보듯이 발칸반도의 민족내지 인종분쟁을 통해 낡은 민족주의의 부활을 목도할 수 있었다. 1991년부터 4년간 지속된 보스니아 내전으로 슬라브족과 이슬람인종 간의 갈등은 끔찍한 고문, 학살, 강간 등에 의해 약 25만여 명의 사망자와 200여만 명의 난민이 발생했다. 그리고 그만큼 민족주의는 냉전 이후 이데올로기 갈등이 사라지자 각 민족 집단의 정체성을 공고히 하고 타 민족을 배제하는 위험성을 내재한 이념으로 등장한 것이다.[30]

민족주의가 냉전 직후 불거져 나온 집단적 갈등과 분쟁의 주된 동인이었다면, 금세기초 미국 뉴욕에서 일어났던 9·11테러는 지구시민들의 관심을 종교적 근본주의로 몰아넣었다. 이슬람근본주의자들에 의한 9·11테러는 그때까지 지구상에 존재했던 수많은 테러의 양상을 벗어나 소위 전쟁의 단계에까지 올라선 새로운 형식의 분쟁이라고 할 수 있다. 이제는 국가 간의 분쟁과 전쟁의 차원에 익숙했던 지구시민들을 '테러리즘의 지구화'라는 새로운 차원의 부정적인 결과에 봉착하게 했다.

종교적 근본주의가 지닌 폭력성은 국가단위의 전쟁이 주된 특징

30 안성호, 「보스니아 평화협정 이후 구유고지역의 민족문제연구」, 『한국정치학회보』(1997), 288.

을 이루었던 근현대 전쟁의 양상을 완전히 뒤바꾸어 놓았다. 무엇보다도 현재 국가가 아니면서도 국가 행세를 하는 이슬람국가(IS)는 중동의 정세를 뒤흔들어 놓을 정도로 그 위세가 대단했었다. 2011년 시리아 내전의 혼란을 틈타 2012년 시리아의 지방 거점도시 라카를 중심으로 세력을 확장한 이슬람국가는 인간의 존엄성을 무시하는 듯이 어린아이들을 동원한 살인과 비무슬림 외국인 참수 그리고 대량학살과 테러를 일삼았다. 이슬람국가는 무슬림 종교의 절대성을 기치로 내걸고 테러를 자행함으로써 지구촌의 세계시민들에게 도전장을 내밀었다. 이들의 적대자에 대한 처형 방법은 매우 지능적이며, 자신들이 벌인 테러의 합리화나 선전방식은 지구촌의 언론을 통해서 순식간에 파급되었을 정도이다. 궁극적으로는 이들의 행위가 결코 지속될 수 없을 것이지만, 적어도 이슬람국가는 종교를 빌미로 한 끔찍한 폭력집단이 아닐 수 없다.[31] 그만큼 이슬람국가는 역설적이긴 하지만 오늘날의 세계시민들에게 무엇이 옳고 그른지에 대한 올바른 분간과 판단을 역설적으로 강제함으로써 지구시민들이 보편적으로 공유해야 할 가치들이 어떠한 것들인지에 대해 일깨워주었다고 할 수 있다.

이 외에도 지구촌사회는 여러 가지 국가 간의 갈등상황에 직면해 있다. 남중국해 영유를 둘러싼 미국과 중국의 갈등, 북핵문제를 놓고 갈등하는 동북아 정세 등은 21세기 지구촌의 세계시민들이 직면하고 있는 대표적인 지역 갈등이라고 하겠다. 북핵문제는 미국과 일본 그리

---

31 박현도, 「『야만의 경영』을 넘어: IS의 이슬람국가와 지하드」, 『한국과 국제정치』 제32권 1호 (2016), 26-27.

고 한국에 대립하는 중국과 북한 그리고 러시아의 갈등구도를 여실히 보여주고 있다. 우리는 이러한 지역갈등 문제를 지혜롭게 헤쳐 나가야 할 것이다.

예로부터 국가 간의 갈등과 전쟁은 항상 존재해왔다. 전쟁이 끊이지 않았던 유럽 사회에서 그나마 합리적으로 전쟁을 통제할 수 있었던 계기는 무려 1백년 이상을 지속했던 종교전쟁의 결과였다. 1648년의 베스트팔렌(Westphalen) 조약은 전통적인 봉건군주와 종교권력의 상호작용에서 비롯된 종교전쟁을 특정한 영토 내 주권의 불가침성을 인정함으로써 내전의 가능성을 봉쇄했을 뿐 아니라 외세의 개입을 차단함으로써 내전과 외세개입의 악순환적 고리를 끊어냈다.[32] 이로써 근대국가의 주권성이 공고화되었다. 이러한 맥락에서 베스트팔렌 조약은 일반적으로 근대국가의 주권적 특성을 확립시킨 법적 기초를 제공한 것으로 간주되고 있다. 이로써 한 영토 안에서의 배타적인 최고의 통치권인 주권(sovereignty)과 이 주권이 미치는 한정된 영토의 절대성, 즉 영토성(territoriality)을 확립하게 된 것이다.[33] 어쨌거나 우리는 지구촌의 미래사회가 전쟁이 없는 평화적인 사회로 발전하길 기대하지만, 역사를 돌이켜보면 이러한 기대의 실현가능성에 대해 회의하지 않을 수 없다. 다만 베스트팔렌조약 이후 이러한 분쟁과 전쟁 상황이 합리적으로 통제되고 조정됨으로써 평화를 이끌어낼 수 있는 가능성

---

32 이현휘, 「주권과 국가이성」, 이동수 편, 『지구촌과 세계시민』(고양: 인간사랑, 2017), 204.

33 존 베일리스 외, 『세계정치론』, 41-42..

을 모색할 수 있게 되었다는 점을 염두에 두어야 할 것이다.

5. 지구시민사회와 세계시민

오늘날의 지구촌 사회는 정치적으로는 국민국가를 단위로 하고 있지만, 사회경제적 및 문화적인 차원 등에서는 이미 국민국가의 경계를 넘어선지 오래되었다. 물론 최근에 미국 등의 국가들이 다시금 보호무역주의를 들고 나오긴 하나 시장경제체제의 지구화 추세를 막아서기에는 어려움이 적지 않을 것이다.

아울러 오늘날의 지구촌 사회는 정보화 사회로 지칭된다는 사실에서 또 다른 중요한 의미를 지니고 있다. 현재 정보통신 과학기술의 혁신에 힘입어 전 지구적 차원에서 전개되고 있는 지식정보의 흐름과 유통의 범위와 그 용량은 가늠하기 힘들 정도이다. 그리고 정보통신기술의 발전은 지구촌의 세계시민들이 가상공간, 즉 사이버공간에서 직접 그것도 실시간으로 소통할 수 있게 해주었다. 이처럼 지구화시대의 급속한 정보화 과정은 우리 인간의 인식 능력의 범위를 한 지역이나 국민국가의 개념으로 포착할 수 없는 시공간적 한계를 제거했다. 동시에 지구촌 전체로 확장된 네트워크인 지구시민사회(global civil society)라는 무대를 형성해냈다. 오늘날은 지역적인 이슈와 전 세계적인 차원의 이슈가 정보통신기술 혁신에 의거한 글로벌 인터넷 네트워크를 통해 지식정보의 실시간 교류가 가능하게 되었다. 아울러 이러한 정보교류를 통해 세계시민들의 관심과 지지를 확보하고 이를 정치적으로 조직화함으로써 전 지구적 차원의 시민운동 또한 가능해졌다.

하지만 인터넷 네트워크에 의해 형성된 가상의 사이버공간은 여러 장점들이 있지만 단점, 즉 다양한 사회적인 문제들을 만들어내기도 한다. 그중 가장 대표적인 사례가 익명성(anonymity)에 기인한 문제이다. 네티즌들은 익명성의 베일에 숨어서 악성댓글로 상대방을 비방하거나 집단적인 왕따를 가할 수 있다.[34] 개인정보 유출과 악성 바이러스 및 허위정보 유포, 사이버 도박과 음란물 게재, 악의적인 해킹과 사이버 테러에 이르기까지 다양한 문제들이 오늘날 사이버 공간에서 등장하는 심각한 사회적 문제들이다. 뿐만 아니라 하루라도 소셜네트워크서비스(SNS)를 통해 새로운 정보나 사건들을 당장 알지 못하면 불안해하는 심리적 증상인 정보피로증후군 또한 최근 SNS가 넘쳐나면서 발생한 심각한 새로운 종류의 정신병이 아닐 수 없다.[35]

따라서 보다 건강한 인터넷 공동체를 유지 발전시키기 위해서는 다양한 노력들이 필요하다. 먼저, 전 지구적 차원의 이슈에 관한 정보를 쉽게 얻는 사이버상의 구조에서 정보교류에 참여하는 세계시민들

---

34 이러한 익명성에 의한 악성댓글의 폐단을 막기 위해 우리나라에서는 2007년부터 7월부터 '인터넷 실명제'를 도입했다. 박정원·이성흠, 「가상공간의 '악성댓글'에 대한 자율규제와 네티켓 교육」, 『교육법학연구』 제22권 1호 (2010), 22-23.

35 송경재, 「글로벌 사이버세계의 위험」, 이동수 편, 『지구촌과 세계시민』(고양: 인간사랑, 2017), 375-378.

은 모두 평등권, 자유권 등과 같은 보편적 가치를 존중하며, 이를 지켜내려는 시민성을 발휘해야 할 것이다. 예를 들면 인터넷 공동체에서 나의 존재가 소중하다면 타인의 존재도 소중하다는 상호존중의 정신은 사이버 공간에 참여하는 지구촌 시민들의 건전한 삶을 위해서 반드시 필요할 것이다. 인터넷은 양날의 칼과 같다. 따라서 인터넷 공동체의 규범을 준수하고 참여자들이 상호 존중하면서 교류하는 인터넷 문화를 창조해내는 일이 사이버 공동체의 발전에 무엇보다도 중요할 것이다.

둘째, 오늘날의 각 개별국가의 시민들은 한편으로는 자신이 속한 국민국가의 시민성을 지녀야 하겠지만, 다른 한편으로는 국민국가의 범위를 초월한 지구촌 사회의 구성원을 의미하는 지구시민 또는 세계시민으로서 지녀야 할 보편적 가치와 규범 또한 익히고자 노력해야 할 것이다. 예를 들면 자유나 인권의 소중함 그리고 모든 인간의 평등 문제는 어느 국가에 속하는 국민이더라도 지구촌의 시민이면 모두가 함께 할 수 있는 보편적인 가치일 것이다. 이러한 보편적 가치는 이미 유엔이 1948년 채택한 세계인권선언에서도 명시되고 있다. 이 선언은 지구촌의 세계시민이라면 당연히 지켜야 할 보편적인 인권규정들을 담고 있으며, 다시금 1966년 채택된 국제인권규약은 세계 최초로 법적 구속력을 지닌 보편적 인권에 관한 국제법이다.[36]

셋째, 오늘날의 세계시민들은 과거 그 어느 때보다도 국경을 넘나

36 조효제, 『인권의 풍경』(서울: 후마니타스, 2008), 326.

드는 왕래와 교류의 기회를 많이 가지게 되었다. 바로 여기에서 지구 시민들은 서로 다른 문화들을 이해하고 존중하는 노력을 기울여야 할 것이다. 내가 속한 사회의 문화가 소중한 만큼, 남들이 전통적으로 지켜온 문화자산들 또한 존중되어야 할 것임은 당연한 일이다. 지구촌 사회에서 어느 한곳의 문화만이 절대적인 가치를 지니고 다른 문화들은 그렇지 않다고 생각할 수 있는 사람들은 아마도 전무할 것이다. 그만큼 각 문화들은 문화적 상대성의 관점에서 이해되어야 할 것이다. 바로 이러한 관점에서 상이한 문화들에 대한 이해와 존중은 특히 인터넷을 통한 사이버 공간에서 각국 사람들과 교류하기 위해서는 반드시 요구되는 점이 아닐 수 없다.

오늘날 지구촌의 세계시민들은 한 나라의 시민일 뿐만 아니라 다른 나라 시민들과 경제적으로 상호의존하며, 문화적으로도 서로 영향을 주고받는다. 그 뿐이 아니다. 정보화시대라는 용어에 걸맞게 현대인들은 세계 곳곳의 사건들을 실시간으로 전달받고 판단하며 평가할 수 있는 시대를 살아가고 있기 때문에 오늘날 각국의 시민들은 모두 세계시민이기도 하다. 이처럼 세계시민으로 간주되고 있는 지구촌의 시민들이지만 이들은 상이한 문화와 역사적 전통을 가지고 있을 뿐만 아니라 서로 다른 정치 및 사회경제적 환경 속에 살고 있다. 다만 세계시민들은 지구촌 곳곳에서 벌어지는 사건들에 대해서 제각기 상이한 가치관과 의견을 통해서 판단하고 평가하곤 하지만, 환경문제 등에서 알 수 있듯이 그러한 문제들은 궁극적으로는 지구촌 시민들이 함께 지혜를 모아서 해결해야 할 공동의 관심사이기도 하다.

즉 정보화시대로 불리는 오늘날 지구촌 시민들은 사이버상에서 실시간으로 세계 도처에서 일어나는 사건들이나 문제들을 접할 수 있고 이에 대한 의견을 표명하며 해결방안을 제시할 수 있을 것이다. 그러나 이처럼 지구촌에서 발생하는 사건들이나 현안들은 대체로 이미 앞에서 언급했던 것처럼 신자유주의적 시장세계화의 진행과정 속에서 함께 배태되었던 문제들이기도 하다. 즉 지구촌에서 일어나는 다양한 문제들은 특히 경제영역에서의 도구적 합리성의 논리가 불가피하게 지구촌 사회의 다양한 영역들에 반영된 결과이기도 하다. 그만큼 도구적 합리성의 논리는 지구촌의 사회와 문화 그리고 정치적인 영역 등에 깊숙이 파고들었고, 그런 만큼 각 영역이 원래 지니고 있던 자율성, 즉 자율적 해결 역량 또한 위축시켜 왔다.

이에 상응하게 시장세계화에 내재된 도구적 합리성의 논리는 지구촌의 시민사회와 세계시민들의 일상적 삶의 영역인 생활세계 구석구석까지 지배하기에 이른 것이다. 무엇보다도 효율성과 생산성 그리고 '최소비용으로 최대효과'라는 슬로건을 기치로 한 신자유주의적 세계화는 이미 아렌트와 하버마스가 지적했듯이 개별 국가뿐만 아니라 개별 국가의 시민이자 지구촌 세계시민들의 생활세계, 즉 일상생활의 영역에까지 침투함으로써, 지구촌 시민들의 자율적이고도 민주적인 잠재력을 위축시키는 결과를 초래해왔다고 볼 수 있다.[37] 그 결과는 이미 지적했듯이 신자유주의적 세계화의 다양한 부작용으로 나타났던 것이다. 아울러 현재 지구촌의 다양한 문제들이 지루하게도 신

37 하버마스는 이를 '생활세계의 식민지화'라고 칭한다. Jürgen Habermas, *Theorie des kommunikativen Handelns*. Bd.2. (Frankfurt/M., 1981), 452.

속하게 해결되지 못하고 있는 이유 또한 바로 도구적 합리성의 논리에 기인하고 있지 않을까 생각된다.

따라서 지구촌 사회의 현안 해결을 위해서는 경제논리에 억압되지 않는 지구시민사회와 세계시민들의 민주적 잠재력 발현시키는 데 있고, 그렇게 함으로써 세계시민들에 의한 공론 형성이 가능할 것이다. 보다 구체적으로는 글로벌 지구촌 사회의 다양한 현안들을 해결하기 위서는 개별 국가나 거대 자본의 이해관계를 앞세우기보다는 지구촌 시민들의 보다 나은 미래를 위한 공동선의 실현에 관심을 기울이고 공론을 형성하며 또 이를 적극 실현하는 데 힘쓸 필요가 있다.

이러한 맥락에서 현재 지구촌 사회가 당면한 여러 가지 문제와 현안들을 해결하기 위해서는 어쩌면 세계시민 차원에서의 관심 진작과 이에 기초한 의견 및 의지형성을 거친 공론화가 매우 중요한 과제로 부각되지 않을 수 없다. 즉 경제 운영의 논리인 도구적 합리성의 원리를 잠시 뒤로 미루고, 세계시민들의 자율적인 공론화의 잠재력을 다시 활성화시키는 노력이 필요할 것이다. 요컨대 세계화로 인해 발생하는 지구촌의 여러 가지 문제들, 즉 경제적 불평등의 심화와 질병의 문제, 경제발전과 성장에 뒤따르는 환경훼손과 자원갈등, 노동이주에 따른 다문화적 통합의 문제, 지구촌 구석구석에서 끊임없이 발생하는 마약문제나 인권유린 그리고 테러리즘의 확산 문제는 전쟁과 평화의 문제 등과 함께 세계시민이라면 외면할 수 없는 초국가적이면서도 인류 공동으로 힘을 모아 해결해야 할 과제이기도 하다. 그것은 세계시민들이 각종 현안들을 해결할 의견들을 실시간으로 교환하고 또 논의함으로써 세계시민들이 함께 하는 공론 형성에 도달할 수 있을 것이다.[38] 그리고 바로 이러한 노력이 현재 지구촌이 당면하고 있는 다양한 과제들을 해결할 수 있는 기회를 제공해줄 것이다. 왜냐하면 세계 각국이 공동으로 문제를 해결하게 강제하는 강력한 세계 정부(world government)가 아직 탄생하지 않은 상황에서는 세계시민 차원에서의 관심을 진작하고 이를 공론화시켜 지구시민사회의 공감과 연대를 촉발할 수 있을 것이다.

그렇다면 보다 구체적으로 볼 때, 국가기구나 국제기구 또는 국제비정부기구 등의 구성원 또는 회원이 아닌 현대사회의 다수의 세계시민들은 지구촌 사회의 현안문제 해결에 과연 어떻게 참여할 수 있을까? 개별국가의 국민이자 세계시민이기도 한 오늘날의 지구촌 시민들은 각기 자신이 속한 국가의 공적 현안에 참여하는 것이 어려운 문제는 아닐 것이다. 그러나 지구촌 사회라는 공동체의 구성원인 세계시민으로서의 각 시민들은 어떻게 기후변화나 대량살상무기의 확산 등과 같은 초국가적인 이슈들의 해결을 위한 의견을 나눔으로써 다수의 세계시민들이 공감하는 공론을 형성하고 또 이를 실현할 수 있을까? 지구촌의 현안에 대한 공론을 형성하고 적극 참여하기 위해서 우리가 취할 수 방법은 다음과 같다.

첫째, 우리는 환경단체 그린피스나 인권단체 국제앰네스티 등 국제 비정부기구의 회원이 됨으로써 세계시민의 차원에서 적극적인 활동을 펼쳐나갈 수도 있을 것이다. 또는 인터넷 사이버 공간에서 현안

---

38 Hannah Arendt, *Vita Activa oder vom taetigen Leben* (München, 1958), 192-195.

에 대해 적극적으로 의견을 개진함으로써 공론 형성을 자극하거나, 치열한 토론에 참여함으로써 공론 형성에 기여할 수도 있을 것이다. 어쨌든 여러 가지 다양한 국제적인 현안들에 대한 의견 제시와 보다 나은 의견에의 공감과 지지 그리고 연대 등은 바로 이러한 세계시민적 차원에서의 활동이 아닐 수 없다. 오늘날은 국제적인 이슈들이 주로 언론과 인터넷을 통해서 정보가 실시간으로 전달되고 의견이 교환될 수 있기 때문에 지구상의 비슷한 생각을 가진 세계시민들을 조직하고 동원할 가능성이 높아졌다. 따라서 국제적인 이슈에 관심이 있는 대부분의 세계시민들은 사이버 공간에서의 치열한 토론을 거쳐 다수의 세계시민들이 공감하는 해결방안들을 함께 모색해낼 수 있을 것이다.

둘째, 지구촌의 여러 가지 이슈들은 국민국가의 범위 안에서 벌어지는 공론 형성과는 다소 차이가 있을 것이다. 그러나 오늘날 사이버상의 실시간 정보교류는 동시에 문제 해결을 위한 의견 제시와 토론을 거쳐 다수의 세계시민들이 함께 하는 공론의 형성을 가능케 할 것이다. 다만 이렇게 형성된 세계시민들의 공론이 지구촌 사회에서 구속력을 가지기 위해서는 각국의 대표기관이나 UN 등 국제기구 또는 국제적인 비정부기구들의 공감을 얻어야 할 것이다. 나아가 지구촌의 주요 현안들이 해결되기 위해서는 다수 세계시민들의 적극적인 관심과 참여를 필요로 할 것이다. 아울러 G7이나 G20을 비롯한 세계정상들의 모임이나 각국 정부 및 국제기구 등이 이를 실현하게끔 다양한 방식으로 요청하고 또한 이를 권유할 수 있는 역량을 키워나가야 할 것이다.

셋째, 지구촌의 공동 현안을 공론 형성을 통해 해결하고자 노력하는 다른 한편 우리는 특히 글로벌 거버넌스(global governance), 즉 지구적 차원의 협치를 통한 문제 해결에도 관심을 기울여야 할 것이다. 왜냐하면 선후진 국가 간의 경제적 불평등이나 개별국가의 통제 범위를 넘어서는 다국적 자본의 유동성과 불안전성 문제 등과 같은 문제들은 현재 지구적 차원의 협치를 통해서만 해결 가능성이 높기 때문이다[39] 이러한 글로벌 거버넌스에는 공공기구인 국가기구나 국제기구 그리고 민간이 주도하는 따라서 지구촌의 세계시민들이 참여하는 국제적인 비정부기구(NGO)나 초국가적 네트워크 등이 주된 멤버로서 참여할 수 있다.

마지막으로 지구촌의 세계화는 지금까지 협소하게는 개인, 지방, 지역에서 시작하여 개별국가 그리고 세계 수준에서 기회와 함께 위기를 몰고 왔다. 앞서 논의했듯이 세계화는 인류, 즉 세계시민 전체가 공동으로 해결해야 하는 지구촌의 다양한 문제들을 수반하고 있다. 이러한 문제들은 세계시민 모두가 함께 풀어나가야 할 과제이기도 하다. 그리고 이러한 과업을 수행하는 데 있어서 시민교육의 역할은 그 어느 때보다도 시급하다. 다시 말해서 이러한 지구촌 사회의 다양한 현안이나 문제 해결에 참여하는 세계시민들의 시민의식의 함양이 요청되며, 이는 동시에 세계시민정신 함양을 위한 시민교육 또한 절실히 필요로 할 것이다. 나아가 전 지구적인 현안의 해결만이 아니라 세계

39 김윤철, 「글로벌경제와 불평등」, 이동수 편, 『지구촌과 세계시민』(고양: 인간사랑, 2017), 134.

평화와 인류문화의 창달을 위해서도 세계시민으로서 취해야 할 자세란 무엇이며, 세계시민들 사이의 상호존중에 의한 공존의 삶이 어떻게 확보될 수 있을까 하는 문제 등에 대해서도 깊은 관심을 가져야 할 것이다.

참고문헌

김윤철. 2017.「글로벌경제와 불평등」. 이동수 편.『지구촌과 세계시민』. 고양: 인간사랑.

마르틴, 한스 페터/슈만, 하랄트. 강수돌 역. 2006.『세계화의 덫』. 서울: 영림카디널.

민경국. 2003.『자유주의와 시장경제』. 서울: 위즈비즈.

박정원·이성흠. 2010.「가상공간의 '악성댓글'에 대한 자율규제와 네티켓 교육」.『교육법학연구』 제22권 1호.

박현도. 2016.「『야만의 경영』을 넘어: IS의 이슬람국가와 지하드」.『한국과 국제정치』 제32권 1호.

배영자. 2003.「정보화와 국제정치경제 변화」. 국제관계연구회 엮음.『세계화와 한국』. 서울: 을유문화사.

베일리스, 존 외 편저. 하영선 외 역. 2015.『세계정치론』. 서울: 을유문화사.

송경재. 2017.「글로벌 사이버세계의 위험」. 이동수 편,『지구촌과 세계시민』. 고양: 인간사랑.

아이작, 로버트 A.. 강정민 역. 2006.『세계화의 두 얼굴』. 서울: 이른아침.

안성호. 1997.「보스니아 평화협정 이후 구유고지역의 민족문제연구」.『한국정치학회보』.

오정은. 2012.「유럽의 상호문화정책 연구: 상호문화도시 프로그램을 중심으로」.『다문화와 평화』 제6권.

이동수. 2017.「환경위기와 생태」. 이동수 편.『지구촌과 세계시민』. 고양: 인간사랑.

이명원. 2017.「빈곤과 질병」. 이동수 편.『지구촌과 세계시민』. 고양: 인간사랑.

_____. 2017.「자원갈등과 지속가능성」. 이동수 편.『지구촌과 세계시민』. 고양: 인간사랑.

이현휘. 2017.「주권과 국가이성」. 이동수 편.『지구촌과 세계시민』. 고양: 인간사랑.

임혁백. 2003.『세계화시대의민주주의』. 파주: 나남출판.

장명학. 2017.「다문화시대의 공존」. 이동수 편.『지구촌과 세계시민』. 고양: 인간사랑.

정기웅. 2005.「세계화와 민족주의」.『국제질서의 패러독스』. 고양: 인간사랑.

정원규. 2002.「민주주의의 기본원리: 절차주의적 공화민주주의 모델을 제안하며」.『철학』 제71집.

조효제. 2008.『인권의 풍경』. 서울: 후마니타스.

최정운. 1999.「'새로운' 질서의 한계 : 헌팅턴의 '문명충돌론' 비판」.『동아시아비평』. 한림대학교 아시아문화연구소.

《중앙일보》. 2006년 11월 20일자.

《한겨레》. 2005년 3월 23일자.

Huntington, Samuel P.. 1996. *The Clash of Civilizations and the Remaking of World Order*. New York: Touchstone.

Arendt, Hannah. 1958. *Vita Activa oder vom taetigen Leben*. München.

Blad, Cory and Philippe Couton. 2009. "The Rise of an Intercultural Immigration, Diversity and Nationhood in Quebec." *Journal of Ethnic and Migration Studies*. Vol. 35, No. 4.

Bouchard, Gérald. 2011. "What Is Interculturalism?" *McGill Law Journal*. Vol. 56, No. 2.

Butterwegge, Christoph. 2002. *Rechtsextremismus*. Freiburg, Basel, Wien.

Castles, Stephen. 1993. "Migrations and Minorities in Europe. Perspectives for the 1990s: Eleven Hypotheses." John Wrench and John Solomos. eds. *Racism and Migration in Western Europe*. Berg Publishers.

De Master, Sara and Le Roy, Michael K.. 2000. "Xenophobia and the European Union." *Comparative Politics*. Vol. 32, No. 4.

Habermas, Jürgen. 1981. *Theorie des kommunikativen Handelns*. Bd.2. Frankfurt/M.

Held, David & Anthony Mcgrew. 2002. *Governing Globalization: Power, Authority and Global Governance.* Cambridge: Polity.

IOM. 2010. *World Migration Report 2010. The Future of Migration: Building Capacities For Change*. Genova.

Kymlicka, Will. 1999. *Multikulturalismus und Demokratie*. Hamburg.

Robertson, Roland. 1993. *Globalization: Social Theory and Global Culture*. Sage.

8장
세계의 시민교육

이명원

1. 학교교육으로서의 시민교육

시민의 권리와 책임, 시민적 덕성을 체화하는 데 있어 학교교육은 매우 중요하다. 한국의 경우 교육기본법 제2조에는 다음과 같이 그 중요성을 명시하고 있다.

> 제2조(교육이념) 교육은 홍익인간(弘益人間)의 이념 아래 모든 국민으로 하여금 인격을 도야(陶冶)하고 자주적 생활능력과 민주시민으로서 필요한 자질을 갖추게 함으로써 인간다운 삶을

영위하게 하고 민주국가의 발전과 인류공영(人類共榮)의 이상을 실현하는 데에 이바지하게 함을 목적으로 한다.[1]

위의 교육이념에서는 한국의 교육이 홍익인간의 이념을 기초로 국민들의 인격도야와 자주적 생활능력, 민주시민으로서의 필요한 자질을 교육과정 안에서 적극적으로 반영할 것을 규정하고 있다. 인간다운 삶은 시민의 "자주적 생활능력" 뿐만 아니라 "민주국가의 발전"을 지탱하는 "민주시민으로서 필요한 자질"을 육성함을 의미한다고 규정되고 있다.

즉 이는 민주시민 되기, 그리고 시민적 덕성의 교육을 통한 체화 및 실천은 특정 교과목에 한정되지 않고 모든 교과목에서 확고한 이념적 준거로 강조되어야 한다는 의미한다. 이와 더불어 주목할 필요가 있는 것은 이것이 "인류공영의 이상"과 연결되어 서술되고 있다는 사실이다. 이것은 학교교육 현장에서 일국시민성과 세계시민성의 문제를 조화시키는 것의 필요성을 환기하고 있다는 점이다.

독립된 시민교육 과정이 교육과정 안에 존재하느냐의 여부와 무관하게 많은 교육선진국들은 교육과정 속에 시민성의 문제를 중심적인 교육이념의 하나로 간주할 것을 권고하고 있으며, 실제로 이를 위한 교육지침을 마련하고 있다.

가령 역사적으로 볼 때 최초의 민주공화정을 성립시킨 미국의 경

1 www.law.go.kr/법령/교육기본법 참조.

우는 시민교육센터가 중심이 되어 유치원에서 4학년, 5-8학년, 9-12학년에 이르는 각각의 교육과정 속에서 역량 있고 책임감 있는 시민의 육성을 촉진한다는 목표 아래, 교육과정에 필요한 학생표준, 내용표준, 수행표준, 교사표준, 학교표준, 주 및 지방교육 표준을 마련하고 있으며, 이를 〈미국 시민교육 지침서〉에서 체계화된 형태로 제시하고 있다.[2] 이 지침서에 따르면, 미국은 모든 교육 과정에서 시민교육에 대한 관심을 확대해야 하며, 역사·문학·지리·경제·과학과 같은 개별 교과에서도 시민교육에 비중을 두어야 한다. 더 나아가 학교에서 이루어지는 비공식적인 교육과정(informal curriculum)과 학교 공동체 내부 구성원들 간의 관계 양식 및 학교 운영도 이러한 표준의 성취를 염두에 두고 이루어져야 한다고 규정하고 있다.[3]

교육과정 안에서의 시민교육의 내용 표준은 학년과 무관하게 다음과 같은 항목으로 구성되어 있다. 1) 정부란 무엇이며 어떤 일을 하는가? 2) 미국 민주주주의의 기본가치와 원칙은 무엇인가? 3) 헌법에 의해 수립된 정부는 어떻게 미국 민주주의의 목적, 가치, 원칙을 구현하는가? 4) 미국은 다른 국가 및 세계와 어떤 관계를 맺고 있는가? 5) 미국 민주주의에서 시민의 역할은 무엇인가? 등의 항목이 그것이다.

이러한 항목들을 각 학령 시기에 따라, 교육내용과 이론적 근거, 내용표준을 제시함으로써 교사와 학생 모두가 시민성의 문제를 이론

2 미국 시민교육센터, 민주화운동기념사업회 기획, 임영빈 역, 『미국 시민교육 지침서』(민주화운동기념사업회, 2008) 참조.

3 미국 시민교육센터, 『미국 시민교육 지침서』, 8.

적·실천적으로 탐구하게 하고 있는 것이다.

미국은 학교교육에서의 시민교육의 중요성을 다음과 같이 강조한다.

> 미국인들이 지식과 기술을 개발하고 시민적 품성과 헌신성을 형성하는 데 도움을 주는 제도는 한둘이 아니다. 가족과 종교단체, 대중매체, 그리고 공동체 집단은 커다란 영향력을 행사하고 있다. 그러나 학교는 시민적 역량과 시민적 책임을 길러줄 특별한 역사적 책임이 있다. 학교는 입학 첫해부터 시작해서 학교 교육이 진행되는 전 과정 내내 지속적으로 형식적 및 무형식적 교육과정(formal and informal curricular)을 통해 그 책임을 수행한다.[4]

영국의 경우는 2002년부터 시민교육이 영국 중등학교(11-16세)의 법정교과로 지정되어있으며, 초등학교와 16세 이후의 교육 및 훈련에서도 중시되고 있는 학습 분야이다. 영국에서는 시민교육이 독립된 교과로 존재하고 있지만, 타 교과 역시 시민교육에서의 기본적인 교육이념을 공유한다.[5]

2002년 시민교육이 필수과목으로 제정될 당시의 핵심적인 교육

---

4 미국 시민교육센터, 『미국 시민교육 지침서』, 14.

5 영국의 시민교육과 관련해서는 영국 시민교육재단 외 6개 대표기관, 민주화기념사업회 기획, 신순미·이희재 역, 『영국 시민교육 지침서』(민주화운동기념사업회, 2008) 참조.

내용은 1) 사회적·도덕적 책임성, 2) 공동체 참여, 3) 정치력 문해력의 강화였다. 2007년에 이르면 이 교육목표는 1) 민주주의와 정의, 2) 권리와 책임, 3) 정체성과 다양성으로 변모하는데, 이 변모의 의미를 정재원은 다음과 같이 요약하고 있다.[6]

〈표 8-1〉 2007년 개정 후의 영국의 시민교육의 요소

시민교육 3가지 요소	내용
민주주의와 정의	•영국에 사는 시민이 정치제도와 사법제도 안에서 취할 수 있는 역할, 민주주의의 한 부분으로서의 자유. 정의로서의 공평과 법 규율, 힘과 권위, 책임이 포함 •청소년들은 다양한 수준과 종류의 책임을 학습해야 하며, 자신들에게 영향을 미치는 의사결정에 참여하는 지역사회수준에서의 책임에서부터 의회와 국회 등 중앙정부로부터 요구받는 책임까지도 인식하도록 요구받음
권리와 책임	•다양한 종류의 권리와 의무, 책임을 이해함. 즉 정치적, 법적, 사회적, 도덕적 수준에서의 권리, 의무, 책임에 대해서 이해할 수 있어야 함. 더 나아가 권리와 책임은 균형을 이루어야 함. 사회적 권리와 책임의 강조
정체성과 다양성	•영국의 다문화 역사, 현황 및 배경을 이해하고 다양한 정체성을 가졌지만 한 국가의 구성원으로서의 역할과 책임에 대해 배울 수 있어야 함. 또한 사회통합을 위하여 정치적, 사회적, 경제적, 문화적 변화에 의해 지속적으로 변화하게 될 영국사회를 이해하고 함께 어울려 공존하는 법을 배워야 함.

영국시민교육의 특징은 그것이 자체로 하나의 독립적인 교과로서 운영되면서 동시에 다른 교과목 속에 시민교육의 내용을 적극적으로 통합하고 있다는 점에 있다.[7] 이것은 미국의 경우 시민교육이 독립교

6 정재원, 「영국의 시민교육」, 이동수 편, 『시민교육과 대학』(고양: 인간사랑, 2013), 187.

7 정재원, 「영국의 시민교육」, 188.

과로 존재하지는 않지만, 그 교육이념이 타 교과에서는 물론 학교의 운영원리에 적극적으로 반영되어 있는 것과 유사하지만, 미국에 비해 시민교육이 독립교과로서 더욱 강조되고 있다는 점은 역시 특징적이다.

한국에서는 초중등교육에서 시민교육이 독립교과로 개설되어 있지 않으며, 미국과 영국의 경우처럼 체계적인 시민교육의 이론과 목표가 정립되어 있지 않다. 서구의 민주주의의 역사에 비하자면, 비교적 짧은 시간에 민주화를 성취해낸 반면, 민주주의 제도와 정부의 운영원리, 시민의 권리 및 책임 문제에 대한 교육을 통한 체화 및 성숙은 여전히 미약한 실정이다. 2011년부터 경희대학교 후마니타스칼리지는 시민교육을 기초필수 교과로 1학년을 대상으로 전면적으로 실시하고 있지만, 중등교육 단계에서의 시민성 교과의 부재와 문·이과 계열분리에 따른 교과과정의 분리는 고등교육에서의 시민교육의 교육목표의 실현을 어렵게 하고 있는 분명한 제약이라고 판단된다. 초중등교육에서 학생들이 민주주의와 시민성의 문제를 삶의 영역은 물론 정치적 세계 안에서 사유, 판단, 실천할 수 있는 교육과정이 체계적으로 준비될 필요가 있다.

2. 사회(평생)교육으로서의 시민교육

미국과 영국의 경우처럼 학교교육으로서의 시민교육이 강조되는 것과 함께, 사회교육 또는 평생교육으로서의 시민교육을 적극적으로 진행하는 모델도 존재한다. 이것은 학교공간을 떠난 시민이 삶의 제반 영역에서 시민적 주체성을 견지하고 강화해야 민주주의를 유지·보존·심화할 수 있다는 시각에서 출현한 것이다.

가장 대표적인 것이 독일에서의 정치교육(politische Bildung)을 들 수 있다. 독일은 헌법인 기본법의 제1조 및 제20조의 규정에 따라, 학교교육에서의 정치교육을 체계적으로 이수하는 한편, 비학교공간에서의 정치교육을 체계적으로 진행하고 있다. 독일의 시민교육 즉 정치교육의 특징 가운데 가장 대표적인 것은 1976년 합의 제정된 '보이텔스바흐 합의'인데, 이것이 학교교육과 평생교육에서의 시민교육의 기본원리로서 채택되고 있다. 그 핵심적인 내용은 1) 강제교화 주입 금지의 원칙, 2) 논쟁성의 재현, 3) 현실을 자신의 이해관계와 연계시키기 등으로 요약될 수 있다.[8]

강제교화 주입 금지의 원칙은 교수자가 자신의 정치적 관점과 입장을 학생들의 자주적 판단을 저해하는 방식으로 교육과정에서 강제하지 않아야 한다는 것을 의미한다. 논쟁성의 재현이란 교육공간 안에서 논의하는 모든 의제가 현실의 상이한 정치세력, 입장, 이해관계가 갈등하고 대립하는 것처럼, 교육공간 안에서도 다양한 입장이 제시되고 비판적으로 논의될 수 있어야 한다는 것을 의미한다. 마지막으로 가장 중요한 것은 정치적 주체인 피교육자 자신이 제시된 의제

---

8 독일 정치교육의 교육이념과 특성에 대해서는 장명학, 「독일의 시민교육」, 이동수 편, 『시민교육과 대학』(고양: 인간사랑, 2013) 참조.

와 입장들을 자기 자신의 이해관계의 측면에서 검토할 것을 요구받는다는 점에 있다.

정치적 영역에서의 숱한 의제들은 그것이 설사 대단히 추상화되고 거시적인 논의라고 할지라도, 궁극적으로는 개인의 삶과 일상의 이해관계와 맞닿아 있다. 정치적 선택과 판단의 영역에서 대립적인 위치에 있는 시민들의 이해관계는 때로 갈등하고 충돌하는 것이 불가피한데, 민주적 의사결정의 과정에서는 갈등을 사회화하는 한편 그것을 자신의 직접적인 이해관계와 요구 속에서 합리적으로 판단하고 실천하는 것이 필연적이다. 시민적 주체화는 정치·경제·사회·문화적 의제 모두에서 '자신의 판단과 선택'을 타자들과 더불어 논의하고 민주적으로 합의·타협하는 과정을 의미한다. 시민적 주체성이란 공동체 안에서 '나'가 주체적으로 정치적 결정이 미칠 긍정/부정의 결과를 공동체의 정의·공정성의 관점에서 뿐만 아니라, 자기 이익·손실의 관점에서도 동시에 판단하는 역량을 의미한다. 공동체 안의 개인이면서, 자유로운 개인들의 연합으로서의 공동체를 가능하게 하는 선순환의 원리가 바로 그것이다.

평생교육 또는 사회교육으로서의 독일의 정치교육의 특성은 위에서 언급한 보이텔스바흐 협약의 기본원리를 준수하면서, 각종의 비학교기관에서 청소년기는 물론 생애주기 전반의 교육을 진행한다. 청소년기에는 학교교육 이외에 자율청소년센터, 청소년휴게소, 청소년복지단체, 연방청소년 협회에 소속된 각종 단체 등에서 현안에 대한 정치적 판단과 분석능력을 제고시키는 교육을 실시한다. 성인교육은 각종의 시민대학(Volkshochschule)이나 노동조합, 교회, 직업단체, 경제단체 및 각 정당과 관계되는 정당재단, 민간단체나 협회 등이 시민 정치교육을 대행한다.[9] 이러한 비학교공간에서의 시민교육 또는 정치교육을 체계적으로 진행하기 위해 독일은 연방정치교육원을 연방내무부 산하에 두고 학교와 비학교공간 모두를 포괄하는 체계적인 시민교육 또는 시스템을 구축하고 있다.

비학교공간에서의 시민교육은 각 나라마다 매우 다채로운 형태가 존재하고 있지만, 가장 중요한 것은 시민교육의 교육목표를 어디에 두는가 하는 점이다. 특히 사회적 갈등 및 정파적 대립이 유별한 상황을 뛰어넘어, 진보와 보수 모두가 최소한 합의할 수 있는 독일의 보이텔스 바흐 협약 식의 공통규약을 일정하게 합의할 필요성이 있다. 이러한 합의가 부재할 경우 시민교육 역시 정파적·당파적 이해관계에 따라 그 교육이념과 내용이 수시로 변동될 가능성이 높고, 특히 민주주의가 착근되지 못하는 국가의 경우 정권의 이해관계에 따라 시민교육의 애초의 취지가 훼손될 가능성도 높다.

한국에서도 형식적인 민주화 이후 시민교육과 관련한 논의는 오랫동안 지속되어 왔으며, 비학교공간·기관을 중심으로 한 시민교육 프로그램 역시 실천적으로 모색된 바 있다. 2016년 민주주의연구소에서 간행한 시민교육과 관련한 한 보고서에는 그간의 한국의 비학교공간에서 진행한 시민교육의 교육이념과 프로그램의 교육목표와 한계에 대해 다음과 같이 유형화한 바 있는데[10], 비학교공간에서의 시민교

---

9 장명학, 「영국의 시민교육」, 255-256.

10 이영제·김윤철·윤종희, 『공동체와 민주주의 발전을 위한 시민교육』(한국민주

육을 검토하는 자리에서 참고할 만한 사항이라고 판단된다.

〈표 8-2〉 시민교육의 목적과 프로그램[11]

목적	책임성 있는 시민	참여적 시민	정의지향적 시민
전제	사회문제를 해결하기 위해서는 책임감이 강하며 법을 준수하는 시민이 필요	기존의 제도적 틀 내에서 지도력을 발휘하고 집합적 목적을 성취하는 데 필요한 전략에 능통한 시민이 필요	불의(不義)를 재생산하는 사회제도와 구조를 비판할 수 있는 시민이 필요
프로그램	서비스러닝 (service learning)	실태조사 후 정책대안 제시	사회내부의 권력관계 분석, 이를 변혁하기 위한 실천
한계	정치의식이나 정치참여를 배제 (정치 없는 시민성)	사회문제의 구조적 원인에 대한 맹목	지나치게 근본적인 비판에 치우쳐 실천적으로 무능력

위의 표에서 제기되는 문제점을 요약하면 다음과 같다. 첫째, 시민적 책임성을 강조하지만, 많은 경우 비학교공간에서의 시민교육은 사회봉사 실천과 같은 '정치 없는 시민성'으로 존재하는 경우가 많았다. 둘째, 참여적 시민을 양성하기 위한 비학교공간에서의 시민교육은 표면적으로 나타난 갈등의제를 해결하는 데는 유용했으나 사회문제의 구조적 원인에 대한 분석과 탐구에 있어서는 한계를 지녔다. 셋째, 비학교공간에서의 시민교육은 '정의' 개념에 입각해 사회내부의 권력관계를 변화시켜야 한다고 주장하고 이를 실천의 영역으로 강조했지만, 많은 경우 그것은 지나치게 원론적이거나 근본적인 비판에 치우

주의연구소 연구보고서, 2016 권2호).

11 이영제·김윤철·윤종희, 『공동체와 민주주의 발전을 위한 시민교육』, 24.

쳐, 결과적으로는 정치에 대한 냉소주의를 강화시키는 경향도 있었다.

물론 이것은 한국의 민주주의와 이에 대응했던 시민사회의 상황적 특수성에 기인한 것이겠지만, 이제라도 비학교공간에서의 시민교육의 기본 원칙이랄지 교육이념이랄지에 대한 합의된 규정이 필요하다고 생각된다. 위의 보고서에서는 그것을 다음과 같은 5개의 원칙으로 정리하고 있는데, 이를 제시하면 다음과 같다.

원칙1. 시민교육은 시민사회의 자발성에 기초하여 이루어질 때 목적을 성취할 수 있다.

원칙2. 민주주의를 배울 수 있는 가장 좋은 방법은 그것을 직접 실천하는 것이다. 따라서 시민교육의 모든 과정은 오직 사회적 관계 속에서 진행될 때 실질적인 효과를 거둘 수 있다.

원칙3. 시대를 초월하는 획일적 프로그램으로는 원래의 목적을 성취하기 어렵다. 시민교육은 당대의 구체적인 필요에 부합하는 시대 조응적 내용과 방식으로 진행되어야 한다.

원칙4. 차이와 특수성을 존중하면서 보편성을 지향한다.

원칙5. 정치이념의 다양성을 존중하되, 법과 제도를 부정하는 이념적 극단을 배제한다.

원칙6. 지역에 토대를 두고 세계를 바라본다.[12]

---

12 이영제 외, 『공동체와 민주주의 발전을 위한 시민교육』, 26-27.

그런데 필자의 판단에는 위에서의 6가지 원칙은 추상성을 벗어나고는 있지만, 시민교육 과정에서 제시되어야 할 교육내용에 대해서는 섬세하게 제시하고 있지는 못하다. 물론 이어지는 장인 〈시민교육의 기본구성과 프로그램의 틀〉에서 시민적 지식, 시민적 기술, 시민적 실천, 상황과 행동규범, 우선순위의 설정, 권위의 형성 등을 프로그램의 구체적 내용으로 제시하고 있기는 하지만, 가령 아래와 같은 독일연방 정치교육원이 제시한 시민교육 또는 정치교육의 명료한 교육내용에 비해서는 여전히 추상성에 머물러 있는 것으로 보인다.

(A) 민주적 국가질서 및 사회발전에 대한 이해

(B) 민주적 독일연방 정치체제의 정당성과 합법성에 대한 교육

(C) 자유민주주의에 배치되는 극단적인 정치세력, 즉 극우(나치)와 극좌(공산주의)에 대한 비판

(D) 시사문제뿐만 아니라 과학기술 발전의 성과와 그 부정적 결과 등에 대한 전망

(E) 국제관계 그리고 세계경제문제 등에 대해 교육하고 국내문제와의 연관성 이해

(F) 유럽연합, NATO, 유럽안보 및 협력, UN 기구 그리고 국제평화와 안보보장에 대한 교육

(G) 통일 이후 동족주민의 새로운 체제에의 올바른 적응을 위한 민주적 사고능력 함양과 비판적 대응력 제고

(H) 독일연방의 사회적 시장경제체제의 공과와 그 비판적 이해[13]

위에서 거론된 교육내용을 실현하기 위해 독일의 연방정치교육원은 1) 대중매체를 통한 교육사업, 2) 출판간행물 등을 통한 교육사업, 3) 학교 외 정치교육 및 학술지원, 4) 학교 내 정치교육 지원, 5) 외부 정치교육단체 지원 등 다양한 활동을 진행하고 있다.[14]

물론 비학교공간에서 진행되는 사회교육 또는 평생교육으로서의 시민교육이 독일과 같은 방식의 일원적이고 체계적인 형태로 진행되는 것은 이상적이지만, 각각의 정부나 시민사회가 처해 있는 상황이 각기 다르기 때문에 이러한 교육구조와 내용을 획일적으로 적용시킬 필요는 없다.

그러나 역시 분명한 사실은 학교교육으로서의 시민교육이건 평생교육으로서의 시민교육이건, 시민교육의 보편적인 교육이념과 내용을 규정하고, 이것을 실제 교육현장에서 진행할 수 있는 교육방법론의 모델을 구성하려는 노력은 필요해 보인다. 동시에 비학교공간에서의 시민교육에 일국시민성의 문제와 함께 세계시민성의 문제를 체계적으로 논의할 수 있는 시야를 더욱 강조할 필요가 있다.

이는 사회 속의 시민이 세계화 과정 속에서 끝없이 이동하고, 낯선 타자들 및 정체성의 문제를 일상적으로 경험하는 주체이기 때문이다. 시민적 주체성과 타자와의 공존을 가능케 하는 공감능력 및 커뮤

---

13 장명학, 「영국의 시민교육」, 258.

14 장명학, 「영국의 시민교육」, 258.

니케이션 역량의 동시 확보는 비학교공간에서의 시민교육에서 중요한 문제가 아닐 수 없다.

3. 시민학으로서의 시민교육

구미의 시민교육 상황을 검토해 보면, 학령 초기단계부터 체계적으로 시민적 권리와 책임의 문제를 강조하고, 민주주의를 작동시키는 권력기구(입법, 행정, 사법)에 대한 상세한 이해를 중시하고 있음을 알 수 있다. 동시에 자국의 민주주의가 성립되는 과정의 역사적 기억의 문제를 학생들 개개인이 적극적으로 음미할 것을 요청하고 있다. 독일의 경우처럼 설사 그것이 부정적인 과거사라고 할지라도 '기억투쟁'이라는 관점에서 과거사의 공과를 객관적으로 학습하고 상기하는 교육이 시민교육 과정을 통해 진행되는 것은 인상적이다.

유럽의 여러 국가들이 일찍부터 다민족·다인종·다문화 국가로서의 성격을 갖고 있었든, 세계화과정에서 그것이 심화되었건 간에, 유럽연합(EU)과 같은 광역적 정치·경제공동체의 형성 이후의 새로운 상황에 대응하기 위해 세계시민교육에 박차를 가하는 현상도 주목할 필요가 있다. 가령 유럽연합의 『민주시민교육 프로젝트: 유렵평의회 EDC 보고서』(2000. 9)에는 '시장의 한계'에 대한 자각의 필요성과 감께, 지구화가 초래하는 시민권의 의제들을 1) 가치융합, 2) 문화적 혼성화, 3) 세계시민권, 4) 민주주의의 전망, 5) 학습사회라는 관점에서

예측하고 유럽연합 회원국의 교육과정에 적극적으로 반영할 것을 권고하는 내용이 눈에 띈다.[15]

물론 2016년 오늘의 상황에서 보자면, 이러한 교육적 의제들에 대한 예측은 타당한 부분도 있고, 변용된 부분도 존재한다. 가령 가치융합의 의제에서 유럽연합은 소비에트 및 동구의 몰락 이후 자유민주주의로의 정치적 통합 문제를 집중적으로 고려한 것으로 보이는데, 시간이 흘러 2016년 현재의 상황을 보면, 중동과 북아프리카에서의 이른바 자스민 혁명 이후의 격변과 시리아 내전 등의 원인으로 대거 유입된 난민 문제에 대한 범유럽적 연대도 여전하지만, 한편에서는 프랑스의 사례에서 보듯 문화적 다원주의와 프랑스 공화주의 사이의 갈등의제 역시 심심치 않게 부각되고 있다.[16]

동시에 영국의 유럽연합에서의 탈퇴 사태를 포함한 광역적 국가연합의 전망의 쇠락이랄지, 미국에서의 흑백 간의 갈등 격화랄지, 일본에서의 외국인 차별 및 증오 발언의 증대랄지 하는 인종주의적·국수주의적 정념에 의존한 배외주의와 차별주의적 경향의 확대는 세계시민성의 심화나 확대가 아닌 그것의 반동적 성격에 대해 고민하게

---

15 이명원, 「시민교육의 역사와 전개」, 이동수 편, 『시민교육과 대학』(고양: 인간사랑, 2013) 참조.

16 2004년 프랑스에서는 공립학교에서 일체의 종교적 의상을 착용하지 못하도록 하는 법을 통과시켰다. 특히 이슬람 여성들이 착용하는 히잡, 차도르, 니캅, 플라드 등의 이슬람권의 종교적 의상착용 금지를 둘러싼 논란은 사회적 쟁점이 되기도 했다. 이에 대해서는 세일라 벤하비브, 「세계화 시대의 타자의 권리」, 『제2의 탄생』(경희대학교 출판문화원, 2016) 참조.

만든다.

민주주의의 전망 역시 여러 형태의 난제들이 존재한다고 볼 수 있다. 큰 틀에서 보자면 근대 민주주의의 기본 형태인 대의제의 한계에 대한 여러 형태의 고민이 존재한다. 근대 민주주의는 근대 자본주의의 출현과 함께 했다. 정치적 자유와 평등권의 요구와 함께 재산권의 존중이라는 문제는 시민권의 문제에서도 중요하게 조명되었다. 문제는 1990년대를 기점으로 종래의 자본주의가 신자유주의의 지구화 과정에서 심각한 양극화와 불평등을 야기했으며, 이런 과정 속에서 민주주의를 지탱할 중산층이 몰락하는 경향이 가파르게 나타났다는 사실이다. 자본주의적 축적이 산업자본주의에서 글로벌 금융자본주의로 이행하는 과정 속에서, 지구적 양극화는 물론이고 국민경제 안에서의 자산·소득 양극화 역시 매우 심각하게 나타났다.

문제는 글로벌한 수준에서 나타나는 이 양극화와 부의 집중 문제를 대의제 민주주의를 통해, 또 일국적 수준의 정치적 리더십으로 극복하는 것이 갈수록 어려워지고 있다는 사실이다. 2008년 미국의 투자은행 리먼 브러더스의 파산으로부터 시작된 청년들의 월가 점령 집회는 그것이 단순히 경제투쟁에만 머무는 것이 아니라, 민주주의 정치제도가 시장의 예측할 수 없는 불안정성에 종속되어 경제적 불평등은 물론 정치적 불평등을 심각하게 초래하는 사태에 대한 상징적·물리적 저항의 형태로 나타난 것이다. 당시 청년들은 미국의 민주주의가 1%의 금융자본가들에 의해 무력화되고 있으며, 현실정치세력 역시 이들 자본의 힘에 조종되거나 종속되어 99%의 시민들을 무력화시키고 있다고 항의했다.

양극화에 의한 불평등의 심화는 그것이 특히 청년세대에게 집중되어 있다는 점에서, 또 이 청년세대들의 절망감이 제도 정치나 대의제 민주주의에 대한 불신의 형태로 나타나고 있다는 점에서, 이들의 직접행동이 지닌 상징적·징후적 중요성을 이해하고, 그것을 정치과정에 반영할 수 있는 정책이 긴요한 실정이지만, 현재의 민주주의 제도가 이러한 요구에 제대로 호응할 수 있는 개방성과 탄력성을 갖고 있지는 못한 실정이다.

이상의 몇 가지 사례만 고려하더라도, 이른바 세계시민교육이 사유하고 실천해야 될 의제들은 여러 형태의 현실적 난제들을 내포하고 있다. 이러한 난제들에 대한 이해·분석·대안제시를 위한 활동들을 체계화된 프로그램으로 제시해야 하는 것이 오늘날 시민교육이 당면한 문제이다.

그러나 시민교육을 일국적 수준이든 지구화된 지평에서든 의미 있게 구축하기 위해서는 '시민'을 둘러싼 다양한 맥락에 대한 학문적 접근이 필요할 것 같다. 단순하게 수행적 차원에서의 시민교육의 문제를 고민하는 데서 멈추지 않고, 이른바 '시민학으로서의 시민교육'이라는 총체적 관점에서 시민교육의 문제를 사유하는 것이 필요하다는 것이다.

시민학으로서의 시민교육이란 관점은 현재까지 문제 제기 수준에서 멈춰 있다. 시민학의 필요성에 대한 주장 역시 현재로서는 홍윤기의 문제 제기를 제외하면 찾아보기 어렵다. 그는 시민학의 성립조건과 탐구의 필요성을 다음과 같이 제시하고 있는데, 좀 장황한 느낌이 들기는 하지만, 그의 주장을 아래에 제시해 보도록 하겠다.

무엇보다 학문적 탐구를 필요로 하는 문제의식에 있어 시민학은 시민과 관련해 그 어떤 객관적 현안에 앞서 "시민이란 누구이며, 무엇이어야 하는가?"라는 시민적 정체성과 주체성의 체현을 시민과 관련된 학문적 탐구의 철학적 기점으로 삼는다. 이 점에서 시민학은 탈주체적인 현상의 객관적 인과관계를 해명하는 데 주안점을 둔 근대의 학문 주류 위에 서면서도 성인이나 군자처럼 특정 문명 세계의 이상을 완벽하게 구현하는 인격의 완성을 지향한 근대이전의 수양학修養學과 비슷한 양상을 띤다. 이 점에서 시민학은 그 어떤 현대 학문보다 시민적 덕성이나 시민적 위상 같은 시민적실존의가치요소를 지향한다. 다시 말해서 시민학은 일차적으로 시민가치학(市民價値學)이다(요건①).

그렇지만 시민학은 시민적정체성과 시민적 주체성이 구현된 인격의 완성을 시민 개인의 심성에 대한 준準종교적 수련이 아니라 시민 생활의 안정과 성숙에 연관시킨다는 점에서 근대 이전의 수양학과 확연하게 구분된다. 따라서 시민학의 탐구 영역은 시민국가, 시민 정치, 시민 경제, 시민사회, 시민 문화, 나아가 전 지구적 시민사회 등처럼 시민 생활에 영향을 미치는 현대 사회의 분화된 영역들과 중첩적으로 연관된다. 그 학문적 완성을 시민의 실존적 인격을 중심으로 한 시민 생활의 기획과 건설에 두고 있다는 점에서 시민학은 시민생활학市民生活學이며, 시민 생활이 그 지식체계의 내용을 구성한다는 점에서 시민지식市民知識의 체계적 탐구를 지향한다(요건②~④,⑥).

바로 이런 점 때문에 시민학의 탐구 방식은 어떤 분과 학문보다도 '학제 간 의사소통'과 아울러 '학문-시민-상호 소통'처럼 소통에 대한 의존도가 높은 방식을 택한다. 이 방식은 객관주의에 편향적으로 매몰되기 쉬운 기존의 학문적 탐구 방식이 시민적 관심과 연관돼 시민적 상호주관성으로 발전될 수 있도록 하는 데 결정적으로 기여한다. 따라서 시민학은 시민적 의사소통을 조직하고, 참여를 권유하고, 논변하면서 그 결론들을 축적해나가는 시민의 능력을 촉진한다는 점에서 시민기능학市民技能學이라고도 할 수 있다(요건⑤).

이렇게 실존적인 주체의 성장을 동력으로 삼는 시민학의 효능은 시민 생활의 안정과 성숙을 지향하는 과정에서 제기되는 문제와 도전을 해결하는 실천적 능력의 충원과 작동에서 확인된다. 시민학은 어떤 경우에도 학문적 결론이 시민 생활을 방관적으로 파악하는 것이 아니라 시민 생활의 활기를 고취할 수 있는 시민 실천에 대한 조직적 대안을 제시하는 시민실천학市民實踐學이 된다. 그 결과는 자유로운 민주 사회에서 시민이 국가의 주권자이며, 세계 시민사회의 주도자로서 시민 생활에 영향을 미치는 모든 활동 영역에서 시민적 역능 확보(civic empowerment)이다(요건⑦~⑧).

궁극적으로 그 학문적 비전에서 시민학은 현대 문명의 극점에 시민 공동체를 바탕으로 시민국가와 전지구적시민 문명이 도래할 것을 예감하면서 그 공동체와 국가와 세계문명을 이상적으로 구현할 '시민'이라는 인격적 실존을 선취하고, 다가오는 시민세계에 대한 기획을 체계적으로 수행하는 쪽으로 그 발간의 동선을 그

려왔다(요건⑧)[17]

위에서 홍윤기는 시민적 덕성·위상을 탐구한다는 의미에서의 시민가치학, 시민생활의 기획과 건설에 두고 있다는 점에서 시민생활학, 시민적 의사소통·참여를 탐구한다는 점에서 시민기능학, 시민실천의 조직적 대안을 추구한다는 점에서 시민실천학의 요소를 포괄하고 있다고 말한다.

이런 관점에서 시민학은 일종의 학제적 성격을 띠는 학문으로 시민국가, 시민정치, 시민 경제, 시민사회, 시민 문화, 나아가 전 지구적 시민사회 등처럼 시민 생활에 영향을 미치는 현대 사회의 분화된 영역들과 중첩적으로 연관되는 새로운 학문으로서의 정체성을 갖는다는 것이다.

물론 홍윤기가 제안·설정하고 있는 시민학의 범주와 내용에 대해서는 이후 체계적인 논의가 뒤따라야 하겠지만, 그 총론적 문제의식에 있어서는 중요한 문제 제기를 하고 있다고 판단된다. 학교교육·사회교육(평생교육)으로서의 시민교육의 수행적 실천이 중요한 것은 말할 필요도 없지만, 시민주체를 중심으로 한 제반 학문의 통합 및 재구성이 '시민학'이라는 새로운 학문적 필요성을 요구하고 있다는 점은 분명해 보인다.

물론 지금 이 자리에서 시민학으로서의 시민교육의 내용을 심층

---

17 홍윤기, 「시민학의 정립, 시민적 역능확보의 학문적 토대」, 『시민과 세계』 제21호 (2012), 38-39.

적으로 제시하는 것은 어렵다. 그러나 중요한 것은 이전에 우리가 생각해 보지 못했던 학문적 필요성에 대해서 우리가 생각해 보고, 그것의 '학'으로서의 가능성과 필요성을 적극적으로 음미해 보는 태도인 것이다. 분과학문 체제에서 시민교육은 그 학문의 성격상 제한된 분야에서의 이론적·실천적 조명의 대상이 될 수밖에 없었다. 그러나 일국적인 차원은 물론이고 세계시민적 차원에서 시민의 주체성과 정체성, 실천의 문제는 갈수록 중요한 의제가 될 것이다. 이런 관점에서 시민교육의 문제를 보다 체계적이고 거시적인 통합적 학문으로서의 '시민학'이라는 관점에서 이론적으로 정립하는 노력의 필요성은 부정하기 어렵다.

4. 시민교육의 미래

시민교육의 미래를 생각하기 위해서는 불가피하게 문명의 전환을 염두에 둘 수밖에 없다. 이에 따라 시민의 정체성과 주체형성의 조건이 변화하고, 연대와 협력을 통해 일국적·세계시민적 문제를 해결할 수 있는 시민적 개입이 가능해지기 때문이다.

반면, 오늘의 현실은 시민교육에 대한 교육적 필요성에 대한 합의가 부재하고 있는 상태다. 초중등 교육과정이나 고등교육 과정에서 '시민교육'은 정규교과로서 존재하지 않는다. 물론 민주적 시민양성은 교육기본법상의 중핵적인 목표이기는 하지만, 그것이 실제의 교육현장에서 강조되지 않는다면, 시민교육은 불특정 다수의 대중을 상대로 한 교양강좌 정도의 이미지로 머물 확률이 높다.

시민의 주체성과 책임성이 강조되기 위해서는 초·중등 교과에서 시민교육이 정규교과로 편성될 필요성이 있다고 생각된다. 구미의 경우에서 우리가 확인한 것은 각성한 시민들의 존재가 정치·경제·사회·문화의 전 영역에서 지속가능한 미래를 가능케 하는 동력이 될 수 있다는 것이다.

이것이 가능하려면 교육과정의 단계에 따라 강조되어야 할 시민교육의 목표 및 수행 원리에 대한 탐구가 필요하고, 시민교육을 담당할 주체로서의 교사 양성 문제도 논의가 될 필요가 있다. 동시에 표준교육을 가능케 할 교과서와 교사용 지침서, 수업모델 등도 연구될 필요성이 있다.

초중등 교육에서의 시민교과가 제도화되게 된다면, 고등교육 과정 안에서의 시민교육의 내용과 성격은 좀 더 포괄적이고 심층적이며, 국내적이거나 지구적인 문제들을 이론적·실천적으로 탐구하는 여러 형태의 프로그램을 설계할 수 있게 될 것이다. 왜냐하면 대학생들은 '교복 입은 시민' 단계를 관통한 주체이기 때문이다.

시민교육의 잠재적 미래에는 문명전환의 문제와 이에 수반되는 지구적 난제들의 여러 형태의 역량들을 강조하는 방향으로 교육과정이 설계될 필요가 있다. 오늘날의 현실에도 창조성, 문제발견능력, 의제의 합리적 분석능력, 사회적 커뮤니케이션 능력, 실천적 개입능력과 비전제시 능력은 간헐적으로 강조되는 경향이 있다. 동시에 과학기술의 폭발적 진화와 혁신에 따른 의제들, 이를 테면 인공지능(artificial intelligence), 로봇공학(robotics), 나노 테크놀로지(nano technology), 유전공학(genetics)의 융합 및 공진화(co-evolution) 경향에 따른, 새로운 난제에 대한 시민적 문제 해결능력 또한 강조되게 될 것이다.

민주주의와 자본주의 역시 문명적 변환에 따른 거시적 변화에 대비해야 하는데, 이 역시 미래의 시민교육에서 주목해야 될 교육적 영역이다. 오늘의 입헌주의 및 국민국가의 모델은 18세기 이후의 시민민주주의의 모델에서 기원한 것이다. 그러나 21세기를 경과하는 과정에서, 주체, 통치, 생산양식 모두가 이전과 다른 방식으로 변환될 가능성이 높다. 디지털 테크놀로지의 혁신과 발전에 따라, 시민들의 직접 민주주의에 대한 요구는 기술적으로 가능한 수준에 도달했고, 자본주의적 생산양식 역시 산업자본주의와 금융자본주의 이후의 인지자본주의로의 변환을 고민해야 되는 시점에 이르렀다. 국민국가 모델 역시 세계화에 따른, 상품, 사람, 가치들의 이동과 혼성화에 따라, 그 통치성과 참여-대의성의 내용 및 형식이 변환될 수밖에 없게 되었으며, 무엇보다 인류의 존속과 번영을 가능케 했던 에너지와 식량, 교역을 둘러싼 조건이 구조적으로 변동되는 시점에 직면했기에, 시민교육에서의 여러 형태의 난제들은 더욱 다원화되고 복잡화되게 되는 양상으로 나타나고 있다.

시민교육의 미래는 이러한 구조적인 변화에 능동적으로 대응하는 교육모델과 수행·실천 양식의 계발을 우리에게 요구하고 있다. 그러나 한국에서 시민교육의 문제와 중요성에 대해 주목하고 있는 사람들은 양적으로 소수일 뿐 아니라, 그 문제의식과 실천의 양상에 있어서도 구미의 시민교육의 현황을 고려하자면 여러 한계를 노출하고 있다.

한국의 현실을 검토해 보면, 근대적 시민교육에 대한 관심조차 매우 미약한 수준이기 때문에, 탈근대적 시민교육에 대한 모색과 설계에 대한 문제의식은 사실상 부재에 가까운 상황이 아닌가 판단된다.

학교교육과 사회교육의 현장에서 시민교육의 문제를 근본적으로 사유하고 의제화하는 노력이 긴급하게 요청되는 것은 이런 까닭이다.

참고문헌

미국 시민교육센터. 2008. 민주화운동기념사회업회 기획. 임영빈 역. 『미국 시민교육 지침서』. 민주화운동기념사업회.

민주화기념사업회 기획. 2008. 신순미·이희재 역. 『영국 시민교육 지침서』. 민주화운동기념사업회.

벤하비브, 세일라. 2016. 「세계화 시대의 타자의 권리」. 『제2의 탄생』. 경희대학교 출판문화원.

이명원. 2013. 「시민교육의 역사와 전개」. 이동수 편. 『시민교육과 대학』. 고양: 인간사랑.

이영제·김윤철·윤종희. 2016. 『공동체와 민주주의 발전을 위한 시민교육』. 한국민주주의연구소 연구보고서. 2016 권2호.

장명학. 2013. 「독일의 시민교육」. 이동수 편. 『시민교육과 대학』. 고양: 인간사랑.

정재원. 2013. 「영국의 시민교육」. 이동수 편. 『시민교육과 대학』. 고양: 인간사랑.

홍윤기. 2012. 「시민학의 정립, 시민적 역능확보의 학문적 토대」. 『시민과 세계』 제21호.

저자 소개

이동수

서울대학교 정치학과에서 학사와 석사학위를 받았고, 미국 밴더빌트대학교(Vanderbilt University)에서 정치학 박사학위를 취득하였다. 대통령직속 녹색성장위원회 위원, 대통령실 정책자문위원, 경희대학교 공공대학원장과 교무처장을 역임하였고, 현재 경희대학교 공공대학원 교수로 재직 중이다. 『행복과 21세기 공동체』(편저), 『시민은 누구인가』(편저), 『민주주의 강의 4: 현대적 흐름』(공저), *Political Phenomenology*(공저), 「지구시민의 정체성과 횡단성」, 「민주주의의 이중성」, 「그리스 비극에 나타난 민주주의 정신」, 「소통정치와 미디어」 등의 저서와 논문이 있다.

김시천

숭실대학교 철학과를 졸업하고, 동대학원에서 철학박사를 취득하였다. 호서대학교 초빙교수, 인제대학교 연구교수, 경희대학교 연구교수를 지냈다. 현재 숭실대학교 철학과 초빙교수로 있다. 지은 책으로, 『철학에서 이야기로』, 『이기주의를 위한 변명』, 『기학의 모험 1, 2』(공저), 『번역된 철학 착종된 근대』(공저), 『찰스 다윈, 한국의 학자를 만나다』(공저), 『노자의 칼 장자의 방패』, 『무하유지향에서 들려오는 메아리』, 『논어 학자들의 수다, 사람을 읽다』 등이 있다.

이현휘

고려대학교 산업공학과를 졸업하고 동교 정치외교학과 대학원에서 석사 및 박사 학위를 받았다. 현재 경희대 NGO 국제연구소 연구교수로 재직 중이다. 주요 역서 및 논문으로 『이데올로기와 미국외교』(공역), 『파멸의 묵시록 : 과학적 패러다임과 일상의 사유양식』, 「소명으로서의 전쟁 : 미국 대외정책 정신과 신의 눈물」, 「미국 대외정책의 관습과 21세기 미중관계의 전망」, 「화이트헤드와 근대 세계관의 철학적 성찰」, 「북한 레짐 체인지? 칸트의 영구평화론, 윌슨주의, 그리고 국제정치적 파국」 등이 있다.

이병택

서울대학교 정치학과를 졸업하고, 동 대학원에서 석사학위를, 럿거스대학교(Rutgers University)에서 박사학위를 받았다. 현재 동북아역사재단 연구위원으로 있다. 연구논문으로는 「흄의 법사상」, 「정파의 대립과 법치」, 「유럽통합과 장 모네의 정치사상」, 「자유주의와 공동성」, 「리처드 2세의 폐위와 헨리 4세의 등극」 등이 있다.

송경재

경기대학교 경제학과를 졸업하고 경희대학교 일반대학원에서 「한국의 사이버 공동체와 정치참여에 관한 연구」 논문으로 정치학 박사학위를 받았다. 신문발전위원회 연구위원, 방송통신심의위원회 통신분과 특별위원 등을 역임했으며 현재 경희대학교 인류사회재건연구원에 교수로 재직하고 있다. 전공분야는 시민사회와 사회적 자본, 전자민주주의, 인터넷 정치과정이다. 주요 논문으로는 「사회적 자본과 지역 사이버 커뮤니티의 민주주의(2015)」, 「한국의 웹캠페인 규제와 선거법 개정의 정치적 해석(2015)」, 「네트워크사회 소셜 시티즌의 사회적 자본(2015)」 등이 있다.

채진원

2009년 경희대학교 일반대학원에서 「민주노동당의 변화와 정당모델의 적실성」이란 논문으로 정치학 박사학위를 받았다. 현재 경희대학교 후마니타스칼리지의 교수로 〈시민교육〉, 〈NGO와 정부관계론〉 등을 강의하고 있다. 전공분야는 비교정치과정(의회, 선거, 정당, NGO)이다. 주요 논문으로 「원내정당모델의 명료화: 대안적 정당모델과의 비교논의」, 「대화형 정치모델의 이론적 탐색: 아렌트의 '공공화법'과 바흐친의 '다성악적 대화법'」, 「민주주의의 사회적 기반: 자원봉사활동의 의미와 정치적 상관성을 중심으로」, 「세계화시대의 시민성과 대학교육」, 대표 저서로는 『지구화시대의 정당정치』와 『한국 민주주의 어디까지 왔나』 등이 있다.

장명학

서울대학교 철학과와 동 대학원 정치학과를 졸업했다. 독일 베를린자유대학교(Freie Universitaet Berlin)에서 정치학 박사학위를 취득하고 현재 경희대학교 NGO국제연구소 연구교수로 재직하고 있다. 학문적 관심분야는 서양 근대정치사상, 공화주의와 민주주의 그리고 시민사회와 NGO 등이며 한국정치평론학회 부회장으로 활동하고 있다. 주요 논문으로는 「헤겔의 권력개념」, 「하버마스의 공론장이론과 토의 민주주의」, 「지구화시대 한국의 공화민주주의」, 「해방정국과 민주공화주의의 분열」, 「제국과 영방의 긴장 속의 신상로마제국 정부」 등이 있다.

이명원

서울시립대학교 국문과를 졸업하고, 동대학원에서 석사학위를, 성균관대학교에서 박사학위를 받았다. 1993년 〈문화일보〉 신춘문예 평론 부문에 당선, 문학평론가로 활동하고 있다. 〈상상비평상〉, 〈성균문학상〉, 〈한국출판문화상〉을 수상했다. 한국작가회의 대변인, 실천문학사 주간, 서울디지털대 문예창작학부 교수를 역임하고, 현재 경희대학교 후마니타스 칼리지 교수로 있다. 저서에는 『시장권력과 인문정신』, 『말과 사람』, 『연옥에서 고고학자처럼』, 『타는 혀』 등이 있으며, 「문학의 탈정치화와 포스트 담론의 파장」, 「김현의 문학비평과 기독교사상」, 「류큐왕국 시기 오키나와의 지배 - 종속 관계」 등의 논문을 발표했다.

시민학과 시민교육

발행일 1쇄 2017년 5월 30일

지은이 이동수 편

펴낸이 여국동

펴낸곳 도서출판 인간사랑

출판등록 1983. 1. 26. 제일－3호

주소 경기도 고양시 일산동구 백석로 108번길 60－5 2층

물류센타 경기도 고양시 일산동구 문원길 13－34(문봉동)

전화 031)901－8144(대표) | 031)907－2003(영업부)

팩스 031)905－5815

전자우편 igsr@naver.com

페이스북 http://www.facebook.com/igsrpub

블로그 http://blog.naver.com/igsr

인쇄 인성인쇄 **출력** 현대미디어 **종이** 세원지업사

ISBN 978－89－7418－366－0 93340

* 책값은 뒤표지에 있습니다. * 잘못된 책은 바꿔드립니다.

이 도서의 국립중앙도서관 출판시도서목록(CIP)은 서지정보유통지원시스템 홈페이지(http://seoji.nl.go.kr)와 국가자료공동목록시스템(http://www.nl.go.kr/kolisnet)에서 이용하실 수 있습니다.(CIP제어번호: CIP2017011762)